KB271208

마케팅 리엔지니어링 이야기

이것이 마케팅이다

미야 에이지 지음／김동기 박사 감수／한국산업훈련연구소 편역

한국산업훈련연구소

マーケテイング
by Eiji Miya

Copyright © 1993 by Eiji Miya

Translation Copyright © 1993 by Korea
Industrial Training Institute., Publishers
Printed in Korea

　본인이 대학에서 마케팅을 전공하기 시작한 지 23년이 되었습니다. 20년 전만해도 마케팅이란 말의 참뜻을 이해하는 사람이 별로 많지 않았었는데 오늘에 와서는 마케팅이라는 말이 TV나 신문, 잡지 등 매스컴에서 자주 사용되는 것을 볼 수 있고 그럴 때마다 마케팅 학자의 한 사람으로서 기쁜 마음을 금할 수가 없습니다.

　그러나 느닷없이 "마케팅이란 무엇입니까?" 하고 질문을 받게 되면 새삼스레 놀랄 때도 있습니다. 그런 질문을 하는 사람들이 문외한이라면 또 몰라도 은행 지점장이나 마케팅 비전공 교수, 대기업의 부장 등 지위나 식견이 높은 사람들로부터의 질문이기 때문에 더욱더 놀라움을 금치 못합니다. 이럴 때에는 가급적 진지하게 설명은 해주지만 한가닥의 의문이 머리를 스치곤 합니다.

　"마케팅이라는 말을 많은 사람들이 사용하고 있기는 한데 아직까지 그 참뜻을 제대로 이해하지 못하고 있는 게 아닐까? 심지어 일상적으로 마케팅이라는 용어를 사용하고 있는 사람들조차도 마케팅이 무엇인지 잘 모르고 있는 것이 아닌가?" 하는 의문이 생깁니다.

　마케팅이 일본에 수입된 지 이미 30년이 지났는 데도 이 정도의 인식이라면 필경 일반인들에게는 마케팅 개념이 제대로 주지되어 있지 않다는 결론이 됩니다. 그 원인으로서 마케팅 학자들이 일반에게 널리 알리려는 노력을 게을리 했기 때문에 대부분의 사람들이 아직도 마케팅을 제대로 이해하지 못하고 있는 것이라고 판단됩니다.

　이러한 현실은 마케팅 학자들의 태만으로 인하여 마케팅이라는 것을 마케팅 하는 데 실패한 결과라고 하겠으며 마케팅 학자로서 간과해서는 안될 중대한 문제라고 할 수 있습니다. 이러한 견지에서 마케팅 학자의 한 사람인 본인은 마케팅이란 무엇인가를 일반에게 알기 쉽게 깨우쳐 주어야겠다는 일념(一念)으로 감히 본서를 쓰게 된 것입니다.

　마케팅이란 본래 소비자를 제일의(第一義)로 생각하고 기업을 경영해야 한다는 발상에서 비롯된 것으로서 기업경영 전반에 걸쳐 가장 필요한 철학이기도 합니다. 소비자에게 단순히 상품을 만들어 팔기만 하는 것이 아니라 팔리는 상품을 만들어야 된다는 발상의 전환에서 출발한 것이 마케팅입니다. 말하자면 마케팅은 코페르니쿠스적 역전(逆轉)의 발상과 함께 출현한 경영철학이라고 하겠습니다.

　따라서 마케팅은 유연(柔軟)한 발상이나 남들이 미처 느끼지 못한 발상을 중시합니다. 독창적인 발상의 가치를 인정하고 타사에 비해 특색있는 발상을 기업에 요구하고 있습니다.

　이러한 마케팅의 발상법을 알기 쉽게 서술한 것이 본서입니다. 누구든지 가급적 쉽게 받아들일 수 있도록 문장을 구성해 마케팅 전체를 이해할 수 있도록 했습니다. 그리고 마케팅의 에센스를 독자들이 체득할 수 있게 구체적인 사례를 들어 설명했습니다. 특히 비즈니스에 관계하고 있는 분들에게 도움이 되도록 서술했

습니다. 이 책을 읽으면서 여러분들이 담당하고 있는 업무를 다시
한 번 마케팅의 발상적 측면에서 음미해 보는 동시에 회사의 경
영전략을 마케팅적으로 재검토해 보기 바랍니다.

　오랜 세월 같은 회사 같은 업계에 몸담고 있다 보면 자신도
모르는 사이에 업계의 고정관념, 회사의 고정관념에 사로 잡혀
그 범주 내에서의 발상밖에 할 수 없게 됩니다. 따라서 이 책을
읽고 그러한 고정화된 관념의 늪에서 벗어나기를 바랍니다.

　현대 비즈니스 사회는 기업간의 경쟁이 더욱 치열해지고 있으며
타업계로부터의 침투도 계속되고 있는 데다가 소비자의 기호 역시
부단히 변화되고 있습니다. 그런가 하면 혁명적인 신제품이 계속
탄생되고 국제적 경쟁도 격화되는 등 경영은 날이 갈수록 어려운
환경에 처해지고 있습니다. 이러한 시대에서는 지난날의 성공의
노하우는 전혀 통하지 않습니다.

　그뿐만 아니라 과거의 중요한 경험이 새로운 사회에서 기업이
존속해 나가는데 오히려 장해가 되기도 합니다. 끊임없이 창출되는
새로운 발상과 어떠한 환경이라도 대응할 수 있는 유연한 발상
그리고 기존의 상식을 타파하는 혁신적 발상, 이런 것들을 충족
시켜 주고 제공해 주는 것이 마케팅입니다.

　이 한 권의 책을 통해 머리속에 자리잡고 있는 고정관념을 씻
어내고 눈꺼풀을 덥고 있는 근시안적 비늘〔鱗〕을 벗겨내기를 바
랍니다. 그리고 본서가 독자들에게 상쾌한 청량제가 되기를 바
랍니다.

또한 이 책에서는 마케팅을 보다 실천적인 측면에서 이해를 돕기 위해 많은 사례를 인용했습니다. 모두 실명(實名)으로 다루었으며 성공한 경우만이 아니라 실패한 경우도 소개하여 원인분석이 가능하도록 시도했습니다. 실패한 케이스로 거명(擧名)된 기업체에 대해서는 대단히 미한한 마음을 금할 수 없으나 마케팅 학습을 위한 연구재료라는 측면에서 널리 양해해 주시기 바랍니다.

이 책을 통해 마케팅의 탁월한 이점과 다이내믹한 맛을 체득하고 활용해서 큰 발전 이루시기를 바라는 마음 간절합니다.

끝으로 본인의 소저 『알기쉬운 마케팅』을 비롯하여 『外食비즈니스』와 『타임마케팅』이 한국산업훈련연구소에 의해 한국어판으로 번역되어 독자들의 호평을 받고 있던 중 또다시 본인의 최근 저서 『이것이 마케팅이다』가 동연구소에 의해 번역·출판된 것을 대단히 기쁘게 생각하는 바입니다.

전 10개의 장으로 구성된 소저가 혁신적 발상의 전환으로 한국적 마케팅을 창출(創出)하는 데 다소나마 기여하게 된다면 이 이상 더 다행한 일은 없을 것입니다.

1993년 11월

미야 에이지(三家英治)

역자의 말

1991년에 당연구소가 번역, 출판한 일본 교토학원대학의 미야에이지(三家英治) 교수의 『알기쉬운 마케팅』이 뜻밖의 호평(好評)을 받게 되었습니다. 연이어서 『外食비즈니스』, 『타임마케팅』 등을 내놓았던 바 계속 높은 평가를 받아 금번 또다시 본서 『이것이 마케팅이다』를 발간하게 된 것을 기쁘게 생각하며 독자 여러분의 성원에 감사를 드리는 바입니다.

본서는 미국과 일본의 마케팅 실전의 귀중한 교훈과 자료를 모아 마케팅의 정수를 알기 쉽고도 재미있게 엮은 저서로서 그 내용이 뛰어날 뿐만 아니라 특히 일본 마케팅사(史)에 담겨진 성공과 실패의 실상을 자세히 해설하고 있어 우리나라 기업의 마케팅 전략 혁신과 획기적인 발상의 전환을 촉진시키는 데 크게 도움이 되어지리라고 확신하여 이 책을 발간하게 된 것입니다.

끝으로 본서의 한국어판 출판을 흔쾌히 승낙해 주신 저자에게 깊은 감사를 표하며 아울러 부언해 두고자 하는 것은 원서에 표기된 일본식 발음(특히 상호나 상품명)은 우리나라 발음으로 고쳐서 표기했으며 발음상에 약간의 차이가 있을지도 모르나 이 점 널리 양해해 주시기 바랍니다.

1993년 11월
한국산업훈련연구소
회장 박달규

제 5 장 마케팅 찬스의 발견

제 6 장 차이의 추구

제 7 장 이익은 기업노력의 결과

제 8 장 마케팅 전쟁

제9장 마케팅 믹스전략

제10장 마케팅 베리에이션(variation)

1

마케팅의 유래

마케팅의 유래

1. 마케팅의 발상

마케팅이란 말은 영어의 시장(市場)이란 뜻의 market에 ing가 붙어 marketing이 된 것이다. 즉 상품을 시장에 출하(出荷)하여 매매(賣買)하려고 하는 적극적인 의미(ing라는 현재 진행형)가 변하여 시장에서 상품을 팔기 위한 활동이라는 뜻이 되었다. 나아가서 팔기 위해서는 소비자를 만족시켜야 하기 때문에 소비자에게 만족을 주기 위한 기업활동이란 뜻이 된 것이다.

마케팅이란 말이 탄생된 곳은 미국이며 19세기 후반부터 사용되기 시작했고 학문적인 전문용어로서 등장한 것은 20세기 초엽의 일이다.

19세기 후반부터 미국에서는 상품의 대량생산이 시작되었고 시장도 서부개척과 아울러 확대되어 생산도 시장도 급성장해 나갔다. 그러나 19세기 말엽부터 시장은 서서히 포화상태(飽和狀態)가 되어 20세기 초엽에는 드디어 시장보다 생산력이 커지고 기업의 창고에는 재고품이 넘쳐흐르게 되었다.

그래서 메이커측에서는 어떻게 해서든 재고상품을 처분하려고 광고나 활발한 영업활동, 디자인의 개선 등에 힘을 쏟아 소비자의 구매의욕을 부채질하려고 했다. 한편 소매점 역시도 저렴한 가격, 양적인 상품의 진열, 활발한 전단의 살포, 심지어 경품을 곁들이기까지 하여 소비자의 구매의욕을 고취시키려고 가진 노력을 시도했던 것이다.

이처럼 남아도는 상품을 어떻게든 판매하려고 지혜를 짜내 시장으로 하여금 상품을 받아들이도록 기업이 노력하는 학문이 마케팅이었다.

그러나 아무리 팔기 위해 기업이 노력을 기울인다 해도 시장을 구성하고 있는 소비자 한 사람 한 사람이 만족스럽게 사주려는 마음이 없으면 상품은 팔리지 않는다. 그러므로 소비자가 구입하여 만족을 느낄 수 있는 상품을 만들고 소비자가 바라는 방법으로 판매하는 것이 결국 소비자의 만족에 이어지는 것이라는 생각이 든다. 따라서 소비자 만족을 추구하는 것이 기업으로서는 가장 중요한 과제이며 그렇게 하기 위해서는 기업노력을 경주해 나가야 한다.

이와 같은 소비시장에 대해 소비자의 입장에서 생각하는 것이 소비자 지향(消費者志向)이라고 하겠으며 이런 점을 인식하고 학문으로서 체계화한 것이 마케팅이다.

이제까지는 메이커가 만든 상품을 소비자에게 판매할 경우 때에 따라서는 강매하는 것이 판매나 영업의 본질이라고 생각했고 만들어 놓은 상품을 나눠 주는 곳이 시장이며 혜택을 받는 사람은 소비자라고 생각했다. 그리고 기업(메이커나 소매점까지 포함)은 고객에게 마치 선심이나 쓰듯이 "만일 살 생각이 없으면 사지 않아도 좋습니다"라는 식의 태도가 일반적이었다. 이러한 태도는 생산량은 적은 데 반해 사고 싶어하는 고객(소비자)이 많을 경우에 흔히 발생한다. 그러나 생산량이 폭발적으로 증대하고 상품이 남아도는 생산과잉의 시대에서는 결코 용납될 수 없는 사고이다. 오히려 이와 같은 거만한 기업은 소비자로부터 외면을 당하고 만다.

이처럼 일방적으로 만들어 낸 상품을 일방적으로 판다는 논법(論法)이 아니라 소비자가 바라는 상품을 만들어서 판매한다는 코페르니쿠스적인 역전의 발상법(發想法)이 마케팅의 기본적 발상이다. 마케팅의 발상에는 항상 소비자 만족이 함축되어 있어야 한다. 이 소비자 만족을 중심으로 경영을 생각해 나가는 것이 마케팅이다.

2. 마케팅의 정의

그렇다면 마케팅에 대해 어떻게 정의할 수 있겠는가. 여기에서는 "소비자 만족을 얻기 위해 전개하는 비즈니스 활동"이라고 정의를 내렸으면 한다. 마케팅은 기업만이 아니라 국가나 지방자치단체, 미술관, 도로공사, 학교, 교회, 사찰(寺刹) 등에서도 훌륭하게 실천되고 있다. 그러나 마케팅의 기본적인 사고는 기업활동에서 생겨난 것이기 때문에 여기에서는 기업이 존속해 나가기 위한 비즈니스 활동이라고 규정해 두려고 한다.

마케팅을 기업이 살아가기 위한 활동이라고 말하는 것은, 기업은 사회환경(社會環境) 속에서만 존재할 수 있으므로 부단히 사회환경에 적응해 나가지 않으면 안되기 때문이다. 그러기 위해서는 사회환경, 즉 소비자의 사고나 사회의 가치관에 기업이 따라가지 않을 수 없다. 기업의 존재의의는 기업이 소비자로부터 인정을 받고 기업이 제공하는 상품이나 서비스를 소비자가 사줌으로써 비로소 성립되는 것이다.

기업은 자사의 존속을 위해 필사의 각오로 소비자로부터 인정을 받으려고 애쓰며 소비자를 설득시켜 상품을 구입하도록 만드는 동시에 소비자의 만족을 획득하려고 노력한다. 이 소비자 만족을 충족시키기 위한 노력과 소비자 만족을 추구하는 철저한 사고를 모든 기업활동에 반영시켜 나가려는 노력이 마케팅이다.

그러나 지나치게 소비자 만족을 추구한 나머지 기업활동을 해 나가기 위한 이익 또는 앞으로의 기업활동을 위한 재투자의 자금까지도 소비자에게 제공하는, 즉 극히 싼값으로 상품이나 서비스를 판매함으로써 기업이 자금면에서 존속할 수 없게 된다면 비즈니스 행동은 아무런 의미도 없다. 기업은 비즈니스 활동을 통해 사회에 공헌하는 것이기 때문에 비즈니스 활동을 유지할 수 없게 된다는 것은 반비즈니스 활동이라고 할 수 있다. 즉 비즈니스를 통한 사회공헌을 전혀 수행하지 못하게 된다는 것이다.

그렇기 때문에 마케팅에서는 이익을 기업활동을 위한 노력의 결과라고 말한다. 따라서 특정인의 이익을 추구하기 위해 기업활동을 한다고는 생각하지 않는다. 극대이익(極大利益)의 추구만을 목적으로 기업활동을 해나간다면 필연적으로 이익을 남기기 위해 보다 많은 이익의 폭을 생각하게 된다. 따라서 어떻게 해야 소비자가 눈치채지 못하게 이익을 남길 것인가, 경우에 따라서는 어떤 식으로 소비자를 속여 이익을 챙길 것인가를 궁리하게 된다.

이러한 부도덕한 '돈벌이의 악순환'은 기업의 경영자들이 유혹받기 쉬운 것인데 창업(創業) 당시에는 소비자 만족을 모토로 기업노력을 해왔으나 기업이 대규모화되고 그 누구에게도 간섭을 받지 않게 되면 이익을 획득하기 위해서 수단과 방법을 가리지 않는 행동을 취하게 된다.

그러나 소비자도 언제까지나 속아넘어가지는 않는다. 단기적으로는 간단히 속아넘어가지만 장기적으로는 그들은 매우 현명하여 결코 당하고만 있지 않는다. 그동안 잘 속여먹었다고 회심의 미소를 짓던 기업도 어느 틈엔가 소비자로부터 외면당하고 소비자 만족을 추구하는 다른 기업과의 경쟁에서 패하여 마침내 시장에서 사라지고 만다.

마케팅이란 이렇듯 현명한 소비자로부터 만족을 얻기 위해 여러 가지 노력을 해나가는 사고의 에센스(essence)를 연구하는 학문이다.

3. 마케팅의 성장과정

마케팅의 기본적 발상은 소비자의 입장을 생각하고 비즈니스를 실천하는 일이다. 그렇다면 원시사회에서 물물교환이 행해졌을 때, 상대편의 입장을 생각하고 물물교환을 했다면 이미 마케팅 활동은 성립되었다고 볼 수 있지 않겠는가.

예를 들어 상대편이 연어 세 마리를 가지고 항아리와 교환하려고 먼 길을 왔다고 하자. 상대편은 큰 항아리 하나와 교환하려고 했는데 이쪽에서는 먼 길을 찾아온 것을 고마워한 나머지 큰 항아리에다가 큰 접시 한 개를 덤으로 얹어서 교환하기로 했다. 상대편은 크게 기뻐하고 그 후 정기적으로 생선을 가지고 와서 옹기그릇과 바꿔 갔다. 따라서 이쪽에서는 상대편이 필요로 하는 항아리와 접시를 계속해서 만들게 되었고 그 소문을 들은 사람들이 생선을 가지고 와서 항아리와 접시를 교환해 갔다.

　이것은 분명히 원시적인 마케팅의 형태이다. 상대편에게 오로지 팔아먹어야겠다는 태도가 아니라 상대편의 만족을 중시하는 형태로 거래한 것이다. 어느 한쪽도 손해보지 않고 서로가 만족한 상태에서의 거래이다.

　이처럼 소비자 만족의 충족이라는 면에서 생각해 보면 반드시 마케팅이 19세기에서 20세기 초엽에 걸쳐 미국에서 탄생했다고 단정하기는 어렵다. 다만 많은 학자들은 기업이 소비자의 입장을 생각해서 상품을 만들거나 광고를 하거나 적절한 가격을 설정하는 등 기업의 조직적 활동이 이루어지는 시점에서 마케팅이 성립되었다고 생각한다. 즉 주체는 어디까지나 조직적 행위를 하는 기업으로 기업활동에 의해 소비자 만족을 실현시키기 위한 기업노력을 마케팅이라고 한정한다.

　원시시대의 물물교환의 예는, 마케팅 정신은 충분히 인정되지만 조직적인 기업행동이라고 말하기는 어려우며 현대적 의미로서의 마케팅은 아니다. 그러나 마케팅이 그 후 발전하여 기업만이 아니라 모든 조직체에도 응용되었고 때에 따라서는 개인활동에도 적용되는 경우가 있다. 그러나 어디까지나 기본은 마케팅의 조직행동이다. 본서에서도 마케팅을 기업의 마케팅으로 한정해 두려고 한다.

　최근 사회주의 체제나 공산주의 체제가 붕괴되어 가고 있는데에도 중국은 이러한 체제하에서 기업활동을 인정하고 있다. 과연 이러한 체제하에서 마케팅이 가능한지는 의문이다.

　사회주의 체제나 공산주의 체제하에서는 아무리 국민을 위해 상품을 생산한다고 해도 단지 국민에게 배급하는 데에 그칠 뿐이다. 이들 체제하의 조직이 자유로운 경쟁을 통하여, 한걸음 더 나아가 자신의 존망을 걸고 소비자 만족을 실현하기 위해 상품은 물론 판매방법까지도 개량(改良)해 나가는 동시에 가격을 시장의 결정에 맡긴다는 것은 결코 실현불가능한 일이라고 할 수 있다.

이러한 체제하에서는 마케팅은 성립되지 못하며 국가로부터 일방적으로 소비자 부재의 상품을 강요당할 뿐이다. 바꿔 말해 마케팅이 존재하고 있다면 소비자 만족을 계속 추구해 가기 때문에 상품은 끊임없이 소비자가 바라는 방향으로 개량되고 발전해 나갈 것이다. 마케팅을 실시하는 주체가 자신의 흥망(興亡)을 걸고 독자적인 판단에 의해 결사적으로 소비자 만족 실현에 도전하는 것이 올바른 의미의 마케팅이다. 다시 말하거니와 모든 권력이 집중되어 있는 사회주의, 공산주의 국가의 기업활동으로는 결코 마케팅이 생겨나지 못한다.

진정 마케팅이 성립되고 있느냐의 판단기준은 상품이나 서비스가 소비자가 원하는 방향으로 발전되어 가고 있느냐 하는 것이다. 또한 마케팅을 실시하는 주체가 기업의 운명을 걸고 소비자의 목소리에 귀를 기울여 그들의 요구를 실현시키려는 노력을 하고 있느냐가 판단의 기준이 되는 것이다.

이러한 조건이 처음으로 미국에서 실현되었는데, 그것은 19세기 말에서 20세기 초에 걸친 시기였다. 당시 미국은 개척시대도 종말을 고하고 서점운동(西漸運動)에 따른 시장확대도 한계에 도달한 시기였으며 대량생산을 기초로 한 거대기업(메이커)은 수요를 훨씬 상회(上廻)하는 생산능력을 가지고 있었다.

이렇게 되면 생산을 하더라도 재고(在庫)만 늘어나며 타사와의 경쟁도 더욱 격화되어 결국 기업의 입장도 "소비자에게 팔아 준다! 상품을 소비자에게 억지로 강매한다!"는 사고에서 벗어나 소비자가 원하는 상품을 만들어 그 상품이 팔리도록 기업이 노력을 시도하게 된다. 즉 공급이 수요를 상회함으로써 기업 경영자에게 반성과 각성의 계기를 마련해 준 것이다.

상품은 소비자가 구입해 주어야만 존재의의가 있으며 반대로 팔리지 않는 상품이라면 그것은 한낱 쓰레기더미에 불과하다.

이러한 생각에 눈을 뜨게 된 것이 1900년 전후의 일이다. 이때부터 소비자 만족이나 소비자 지향이란 낱말이 생겨나게 되었다.

4. 마케팅의 변천

미국에서 탄생된 마케팅은 재고증가를 해결하기 위해 어떻게 해서든 소비자가 물건을 사주기를 바라는 염원에서 생겨난 것이며 초기에는 판매지향의 색채를 짙게 띠고 있었다. 어쨌든 광고나 가격(특히 저가), 유통채널(유통경로) 정책 등이 마케팅의 중심 과제가 되어 연구에 열을 올렸던 것이다.

그 후 마케팅에 관계되는 여러 가지 것들을 통합하는 움직임이 제기되었다. 광고, 판매촉진, 영업, 가격, 유동채널, 물류(物流) 등을 전체적인 통합적 시각에서 생각하기 시작했다.

특히 1929년에 발생한 대공황으로 인하여 마케팅은 크게 변화되었다. 생산규모는 그때까지의 호경기 때문에 거대화(巨大化)되었는데 큰 불황으로 인하여 상품이 전혀 팔리지 않게 되었다. 그렇다면 그것들을 팔기 위해서는 어떻게 해야겠는가. 대답은 아주 간단하다. 즉 팔리는 상품을 만들어 팔면 되는 것이다. 당연한 역전의 발상이다. 그 결과 제품(상품) 계획은 마케팅의 한 부분으로서 위치가 확립되었다. 신제품 계획을 중심으로 한 마케팅의 등장으로 마케팅 행동의 선택의 폭이 넓어졌으며 마케팅 자체도 한단계 비약(飛躍)했다.

제2차 대전 후에도 마케팅은 큰 변화를 가져왔다. 즉 마케팅이 기업의 전사적 활동(全社的活動)으로까지 향상되었다. 생산, 재무, 인사(人事) 등도 마케팅적 관점에서 컨트롤되었으며 마케팅 담당 매니저가 임명되는가 하면 브랜드별로 사업이 관리되는 브랜드 매니저제가 도입되는 등 마케팅이 전사적으로 행해졌다.

그 후 마케팅은 계속 발전하여 마케팅을 전략, 전술, 계획, 컨트롤 오퍼레이션 등 체계적(시스템적)으로 다루는 마케팅 매니지먼트가 등장하게 되었다. 소비자 만족의 추구도 다양해지고 수많은 마케팅 기법도 개발되었다. 마케팅은 이 시기에 일반화되었으며 마케팅이라는 이름이 붙은 부서도 기업 내에서 흔히 눈에 띄게 되었다. 또 우수한 마케팅을 행하는 회사를 '마케팅 컴퍼니(Marketing Company)'라고 부른 것도 바로 이 시기의 일이다.

마케팅 매니지먼트의 등장과 함께 새로운 마케팅이 싹트기 시작했다. 소비자의 생활양식(生活樣式)을 중심으로 전개해 가는 라이프 스타일 마케팅, 사회와 기업과의 관계를 강조한 사회적 마케팅, 산업재(産業財)의 마케팅을 다루는 인더스트리얼 마케팅(industrial marketing), 기업 이외의 비영리 조직을 대상으로 하는 비영리 조직 마케팅, 소비자에게 보다 만족과 신뢰를 주기 위해 상품에다가 단점을 명시하거나 수요를 억제시키는 발상의 디마케팅(demarketing), 지역 단위로 보다 섬세하게 마케팅을 실시하려는 에어리어 마케팅(area marketing) 등이 속속 등장하게 되었다.

현재 새로운 마케팅의 개발이 계속 진행되고 있는데, 마케팅은 개별기업의 전략에 의해 상대기업을 누르려는 전략적 색채를 강하게 띠고 있다. 각 사(社)의 기업전략은 사회적 문제나 환경문제까지도 고려하기 시작했고 각자 살아남기 위한 마케팅 전략은 보다 비장(悲壯)하고 보다 전투적인 전략지향의 마케팅으로 변해 가고 있다. 그 이유는 기술혁신으로 거의 하드면에서의 격차는 없어졌다고 할 수 있어 차라리 소프트면이나 전략적인 면에서의 차별화를 추구하는 것이 성공률이 높다는 사고에서 찾을 수 있다.

그 너무나 치열한 기업간의 경쟁은 보편화된 방식의 라이벌간의 경쟁에 머물지 않고 다이내믹한 마케팅 경쟁으로 차원을 높이고 있다. 글자 그대로 사느냐 죽느냐의 절박한 마케팅 전쟁의 시대에 돌입한 것이다.

5. 일본으로의 전파

그렇다면 미국에서 탄생한 마케팅이 어떤 경로를 통해 일본에 전해졌으며 어떤 식으로 침투되었는가.

학문상의 마케팅이란 용어는 1945년경 미국에서 전래되었지만 처음에는 그다지 주목을 받지 못했다. 역시 최대의 계기가 된 것은 이시사카(石坂泰三) 씨를 단장으로 한 최고 경영자 시찰단이 1955년 미국시찰을 마치고 돌아온 기자회견 석상에서 미국의 경영실무진들의 이야기에서 발단이 된 마케팅의 현황과 유익성(有益性)에 대해 설명한 데에 있다.

당시 경영자들 사이에서 마케팅이란 용어는 전혀 알려지지 않은 상태여서 처음 듣는 마케팅이란 낱말에 놀라움과 깊은 관심을 보였다. 이 매스컴의 보도로 인하여 마케팅이 일약 각광을 받게 되었으며 순식간에 마케팅 붐이 전 일본으로 확산되었다.

지금까지는 마케팅이란 용어만이 선행(先行)되고 있었기 때문에 궁극적으로 "마케팅이란 무엇인가?" 하는 의문이 제기된 것이다. 그래서 경영자들은 마케팅에 가장 관련이 있어 보이는 상업학

(商業學)이나 배급론(配給論)의 학자들에게 구체적인 내용을 알아보기 위해 여기저기로 뛰어다니기 시작했다.

그러나 당시의 상업학이나 배급론의 학자들은 구태의연(舊態依然)한 연구를 하고 있었으며 마케팅이란 낱말조차도 모르는 학자가 더 많았다. 그래서 황급히 마케팅을 연구하기 시작했고 미국의 마케팅 관련 서적들이 속속 번역되었다.

학문으로서의 마케팅은 직역(直譯)된 마케팅이나 수입(輸入) 마케팅에서 출발하였으며 실무적인 마케팅은 미국에서 도입된 것에서 비롯되었다.

그러나 중요한 것은 실무적인 요망(要望)에서 일본의 마케팅이 출발했지만 유감스럽게도 일본의 학자들이 전혀 실무를 주도(主導)한 일이 없다는 사실이다. 그 후에도 얼마간 일본에서는 실무가 항상 마케팅을 리드하는 결과가 되었고 실무자가 열심히 미국기업의 마케팅을 연구하게 되었다.

그러나 실무자는 마케팅의 현상만을 배우려는 경향이 강했기 때문에 체계적인 마케팅의 이해에는 미흡한 점이 많았으며 그때그때의 임시방편식의 마케팅 전략이나 마케팅이 무엇인지도 모르는 사람이 마케팅을 담당하기도 했다. 그 후 학문이 진전되기는 했지만 1960년대까지도 경영자나 마케팅 담당자는 미국을 흉내 내었으며 미국에서의 마케팅 혁명을 목격하고 나서야 막연하게나마 마케팅의 중요성만은 인식하게 되었다.

마케팅에 대해서 정확하게 알지는 못했으나 마케팅의 기본이 되는 소비자 지향만은 옛날부터 일본에서도 자리잡고 있는 '고객제일주의'나 '봉사정신'과 맥락을 같이 했기 때문에 마케팅을 이해하기는 용이했다. 예를 들어 1717년에 창업했던 다이마루(大丸)의 점훈(店訓)으로 선의후리(先義後利)라는 말이 있었다.

이 말은 고객에 대한 의리를 먼저 생각하고 상점의 이익은 나중에 생각한다는 뜻이다. 즉 마케팅에서 말하는 "기업노력의 결과로서 이익을 얻는다"라는 사고가 바로 그것이다.

마케팅은 옛날 일본의 상업정신과 매우 흡사했기 때문에 일본에 전래된 후 아무런 저항없이 급속히 확산되었고 마케팅이란 개념이 각 기업에 침투되기 시작했다.

처음에는 소비재 관련의 대기업에 보급되었으며 그 중에서도 대형식품 메이커가 제일 먼저 마케팅 연구를 개시하고 마케팅 부문의 설치나 영업부나 선전광고부를 마케팅부로 개명(改名)하는 등의 행위를 볼 수 있게 되었다. 또한 영업이나 선전광고 부문의 관심도 높아지고 제품기획부나 교육부 등에서 관심을 보이기 시작했다.

처음에는 판매와 마케팅의 차이를 이해하기 힘든 점도 있었지만 마케팅의 중요성이 차츰차츰 인식되어감에 따라 마케팅의 발생지인 미국에 이어 다음으로 마케팅이 뿌리내린 나라가 되었다.

그 후 도요다(豊田), 마쓰시다(松下), 혼다(本田), 소니(SONY), 산토리(SANTORY), 시세이도(資生堂), 가오(花王), 아지노모토(味の素)와 같은 마케팅에 뛰어난 기업이 다수 속출했고 마케팅의 큰집격인 미국의 대기업보다 더 뛰어난 우수기업이 늘고 있다.

에도(江戶) 시대로부터 줄곧 폐쇄적인 경제 속에서 격심한 경쟁에 휘말려 고객제일주의를 관철해 온 일본의 상업수준의 높이가 쇼화(昭和) 시대의 말에 이르러 마케팅이란 새로운 형태로 꽃을 피우게 된 것이다.

2

왜 마케팅이 기업에 필요한가?

왜 마케팅이 기업에 필요한가?

1. 기업은 시장 안에서 생존하고 있다

기업은 제품이나 서비스를 판매해서 이익을 얻어 사회 속에서 살아가는 조직체이다. 그러므로 사회 속에서 계속 생존해 나가는 것이 기업의 최고 과제라고 할 수 있다. 따라서 기업의 목적은 존속하는 데 있다고 해도 과언은 아니다.

아무리 훌륭한 기업목적을 지니고 사회에 공헌한다 해도 기업을 유지해 나갈 이익이 없으면 존속해 갈 수 없다. 반대로 아무리 이익이 생긴다고 해도 반사회적인 기업행동을 한다면 소비자로부터 외면당하고 계속해서 이익을 낼 수 없어 결국 그 기업은 소멸해 버리고 만다.

기업은 사회와의 연계(連繫) 속에서만 살아갈 수 있기 때문에 사회로부터 고립되지 않도록 끊임없이 사회와의 접촉을 유지하면서 사회에 잘 적응하여 기업 자신의 체질이나 행동을 스스로 수정하면서 존속해 나가지 않으면 안된다. 그 수정행동이 잘못되었거나 수정할 부분을 장기간 방치해 버리면 사회와 기업간에 괴리가 생긴다. 시일이 경과하면 그 괴리가 확대되어 돌이킬 수 없는 단절(斷絶)로 까지 발전되어 기업의 생명유지의 수단인 판매가 불가능해져 마침내 기업은 소멸되고 마는 것이다.

대기업이 되면 될수록, 또 시장에서의 과점화(寡占化)가 진행되면 될수록 그 거대기업의 제품이 팔리는 것은 당연하며 안 팔릴 까닭이 없지 않겠는가! 라는 오만한 생각을 갖게 된다. 심지어는 상품이 팔리지 않으면 억지로라도 소비자에게 사게 하면 되지 않겠는가라는 식의 유아독존(唯我獨尊)의 사고에 사로잡혀 시장은 자신의 독점물이며 내 기업이 있으므로 해서 국가도 존립될 수 있다는 교만한 생각까지도 갖게 된다.

옛날 일본의 철강회사의 경영자들은 "철은 산업의 쌀"이라고 말하며 철강이 일본을 떠받치고 있고 "철이 없이는 사회도 없다"고 호언장담을 서슴지 않았다. 정녕 "King of Industry(산업계의 왕)" 이라는 우월감에 도취되어 있었으며 모두 그렇게 알아 주었다. 재계의 주요한 자리도 독점하고 철의 황금시대를 구축했다.

그러나 "산업의 쌀"은 반도체로 옮겨졌으며 플라스틱, 알미늄, 세라믹, 신합금(新合金), 신섬유(新纖維) 등의 새로운 산업의 신소재가 개량되거나 출현하여 막강한 힘을 지니게 되었다. 철의 위력은 마치 녹슨 것처럼 약화되어 어느 사이엔가 산업계의 "one of them"이 되어 버렸다. 1그램당 가격은 무보다 싸며 개발도상국에게 시장을 빼앗기고 전로(轉爐) 메이커에게도 위협을 당할 만큼 약체가 되었다.

이익률도 철을 사용하는 자동차나 가전(家電) 메이커 쪽이 월등히 높으며 철강 메이커는 단지 저수익의 소재 제공자로 머물게 되었다.

 "언제까지나 영속(永續)한다고 생각하지 마라, 당신의 지위와 실력을"이란 명언을 실증해 보인 것이 철강〔高爐〕 메이커였던 것이다.

 기업이 장구한 시일에 걸쳐 존속되면 중대한 시장환경의 변화를 감지하지 못하거나 그런 것들을 무시해 버리거나 한다. 시장의 변화가 지나치게 크면 기존시장은 결정적으로 쇠퇴해 버린다. 쇠퇴 정도가 아니라 아예 소멸해 버리는 시장도 있다. 레코드 시장이 CD 시장으로 바뀌면서 완전히 소멸해 버린 레코드 침(針) 업계, 워드프로세서에게 시장을 내준 타자기 업계, 비디오 카메라에게 패배당한 8 mm 영사기 업계 등 이들 업계는 시장에 전혀 이질적인 신제품이 도입되어 시장은 소멸되고 태반의 기업이 도산하거나 업종전환을 하지 않을 수 없게 되었다.

 그렇다면 이들 기업들은 왜 아무런 대책도 강구하지 않고 시장이 소멸될 때까지 그대로 방치해 두었다는 말인가. 아마도 이들 기업의 경영자들은 이제까지 이 상품으로 밥을 먹고 살아왔으니까 앞으로도 어떻게 되겠지 하는 생각과 신상품 때문에 하루아침에 시장이 잠식당할 리 없다는 낙관적인 생각 때문이었다. 그런데 그것이 예상밖의 빠른 속도로 신제품과 대체(代替)되어 버린 것이다. 그래서 갑작스러운 변화에 새로운 상품개발도 하지 못하고 새로운 분야에의 진출도 하지 못한 채 무력하게 쇠퇴되어 가는 자신의 몰골을 지켜볼 수밖에 없었던 것이다.

 그러나 세상에는 쇠퇴되어 가는 상품을 우두커니 바라보면서 죽는 날만을 기다리는 기업은 거의 없다. 자구책(自救策)으로 새로운 분야에 도전해서 새로운 비약에 성공한 기업도 많다. 회로식 계산기 업계에서 전자식 계산기 업계로 전환해 대성공을 거둔 카시오(CASSIO) 계산기, 컴포넌트 스테레오 업계에서 레이저 디스크 업계로 전환한 파이어니어(PIONEER)가 있다. 또 시고쿠 카세이(四國化成)는 야쿠르트의 플라스틱 용기 제조로 대성공을 거두어 다시 플라스틱 우유병 제조를 시도했지만 73년도의 플라스틱 공해문제가 제기되어 우유병 생산이 중단되는 바람에 도산 직전까지 몰리게 되었다. 그러나 플라스틱 용기 제조에서 종이팩 생산으로 소재나 제품을 전환하여 세계 최대의 종이팩 메이커가 되었다.

이와 같이 시장은 끊임없이 변화한다. 그러한 시장 내에서 기업이 존재하고 있기 때문에 기업은 시장의 변화를 외면하지 말고 끊임없이 호흡을 함께 하면서 변화해 가지 않으면 안된다. 그러기 위해서는 항상 시장의 동태를 민감하게 파악하고 시장의 움직임을 예상해야 할 필요가 있다. 시장은 소비자에 의해 구성되기 때문에 시장의 변화는 곧 소비자의 변화이므로 이를 항시 염두에 두고 관찰해 나가지 않으면 안된다. 그리고 소비자의 변화에 병행하여 기업도 스스로 변화해야 하는 것이다. 소비자를 항상 인식하면서 기업을 경영해 가는 사고가 마케팅에 대해 가장 유효(有效)한 이론과 수단을 제공해 주는 것이다.

다시 말해서 마케팅은 시장과 기업의 파이프 역할을 하는 수단이며 시장 내에서 기업이 살아가는 방법을 가르쳐 주는 안내역이라고도 할 수 있다. 마케팅은 기업에 대하여 때로는 새로운 발상을, 때로는 시장에 도전하는 용기를, 때로는 기업의 자세나 존속방법을 가르쳐 주는데, 이런 것들을 연구하는 학문이 바로 마케팅이다.

2. 기회를 놓친 비즈니스 찬스는 매우 크다

마케팅이 기업에 있어서 필요한 까닭은 기업이 마케팅을 중시하면 비즈니스 찬스를 놓치는 일이 적기 때문이다. 마케팅은 소비자 만족을 부단히 추구하기 때문에 시장변화에 대하여 특히 민감하다. 마케팅은 시장의 미묘한 변화에도 주의를 기울여 앞으로 기업에 어떠한 영향을 미치게 될 것인가를 평가해 주는 동시에 그 대응전략(對應戰略)을 찾아 제시해 준다.

그렇기 때문에 사장변화로 인해 발생하는 비즈니스 찬스(시장기회, marketing opportunity라고도 함)를 놓치는 확률은 당연히 낮아진다. 마케팅을 철저히 실행하면 시장의 변화를 외면하거나 새로운 시장에 대한 편견도 적어지고 시장에 대한 적응력도 정확하고 신속해진다.

예를 들어 히다치(日立), 도시바(東芝), 미쓰비시(三菱) 전기, 후지(富士) 전기 등 중전(重電) 대형 메이커가 일본경제의 고도성장과 병행하여 가전시장이 확대될 무렵 그 기회를 경시한 탓으로 마쓰시다, 산요(三洋), 샤프(SHARP) 등에게 시장을 선점(先占)당한 예나 미국에서는 이미 택배업(宅配業)이 거대시장으로 성장하고 있었음에도 불구하고 물류 회사(物流會社)의 대형기업인 니혼(日本) 통운이나 후쿠야마(福山) 통운, 심지어 우편국(郵便局)까지도 이를 경시하여 당시 준 대형회사인 야마토(大和) 운수의 택급편(宅急便)의 독점을 허용하는 결과가 되었던 것이다.

또 1965년경 슈퍼마켓이 급성장한 시기에 대량판매능력을 경시하고 납품을 거부했던 많은 식품 제조업자들이 있었지만 마루다이(丸大) 식품, 하우스(HOUSE) 식품, 아지노모토, 네슬 니혼(Nestlé 日本) 등은 새로 태어난 비즈니스의 슈퍼마켓을 경시하지 않고 이들과 제휴했기 때문에 슈퍼마켓의 급성장과 함께 이들도 성장하여 대식품 메이커로 급부상했다.

또 1960년대에 소득배증시대(所得倍增時代)의 도래로 인하여 시장의 고급화가 불을 보듯 뻔한 데도 제품의 고급화 전략을 채택하지 않고 몰락해 간 많은 기업들이 있었지만 산토리는 토리스를 비롯하여 올드, 리저브 등 상품의 고급화를 단행하여 위스키 시장을 독점해 갔으며, 시세이도도 고급 화장품을 속속 개발하는 동시에 남성 화장품도 MG5, 브라바스, 아우스레제, 택티스 등 주력상품을 고급화로 이행시켜 갔다. 한편 위스키 시장에서는 닛카나 산라쿠(三樂) 오샨, 화장품 시장에서는 클럽 화장품, 나카야마 타이요도(中山太陽堂), 피어스 화장품, 메이쇼크(明色) 화장품 등의 대형기업이 고급화 조류에 편승하지 못하고 그들의 시장점유율을 빼앗기고 쇠퇴해 갔다.

마케팅이 능수능란한 탓으로 '마케팅 컴퍼니'라고 이름붙은 기업도 자신의 전문영역에서 때로는 비즈니스 찬스를 놓치는 일이 있다. 소니는 오디오 테이프를 일본에서 처음 개발했으나 오디오 테이프 시장이 그토록 커질 줄은 꿈에도 예상치 못하고 TDK나 히다치 맥셀, 후지필름에게 뒤지는 결과를 낳고야 말았다. 이들은 인재나 자금의 배분을 오디오 및 영상기기 부문에 집중시켜 TDK는 세계적인 규모의 기업으로 성장하게 되었다.

또 소니는 오디오와 비쥬얼(AV) 분야에서도 비즈니스 찬스를 놓치고 말았다. 가라오케가 그 예인데 오디오 기기만의 가라오케 시대에는 클라리온(CLARION)에게 선수를 빼앗겼으며 영상 가라오케 시대에서는 레이저 디스크의 파이어니어에게 시장의 큰 몫을 빼앗겼다. 소니는 가라오케 시장은 오디오 시장이 아니며 일시적인 유행일 뿐 장래성도 대중성도 없다고 판단했던 것으로써 그 결과 오늘날 호황을 누리는 가라오케 시장에 대한 평가·분석을 전면적으로 오판하게 된 것이다. 소니는 기업규모가 확대되어 감에 따라 캐치프레이즈를 '세계의 소니'로 내세우고 있으나 웬일인지 커다란 비즈니스 찬스, 특히 소니의 전문분야인 AV분야에서 기회를 놓치는 일이 많았다. 설령 마케팅 컴퍼니라고 자타가 인정해 준다 해도 겸허한 소비자 지향의 어려움을 말해 주고 있는 것이다.

3. 독선에 빠지기 쉬운 기업 경영자

마케팅에 대해서 경영자나 모든 사원들이 강한 인식을 가지고 있으면 기업과 세상과의 갭은 그다지 확대되지 않는다. 끊임없이 소비자를 생각하는 마케팅적 발상을 조금이라도 소홀히 하면 자사의 방침이 옳다, 자사는 사회에 유익하게 기여하고 있다, 업적이 부진할 까닭이 없다고 믿게 된다. 특히 경영자 주변에 예스맨이 웅성거리면 더욱 독선에 빠지기 쉽다.

예를 들어 취직시즌을 맞이하여 직장정보를 알고 싶어하는 대학생과 우수한 인재를 확보하려는 기업을 취직정보지에 연결시켜 이를 정기간행하여 누구도 상상하지 못했던 큰 시장을 만들어낸 리크루트사(RECRUIT社)는 정녕 마케팅 우량회사였다. 업적도 급성장했으며 매스컴은 모두 리크루트사의 사장을 시대의 영웅이라고까지 치켜세웠다. 사업도 점점 확대되고 각종 출판물이나 부동산 컨설팅, 금융이나 슈퍼 컴퓨터의 시간제 대여, NTT의 회선(回線) 리세일업(resale業) 등 경영의 다각화(多角化)를 추진하여 감히 나는 새도 떨어뜨릴 정도의 위세였다.

그러나 본업이라고 할 수 있는 취직정보지가 직장을 필요로 하는 사람과 일손을 필요로 하는 기업과의 중개(仲介)라는 기본형에서 리크루사가 대규모화되어 감에 따라 차츰차츰 변질되기 시작했다.

그 예로서, 취직정보지에 경합기업은 구인광고를 내고 있는데 왜 당신 회사는 광고를 내지 않느냐고 압력을 가하거나 취직정보지에 구인광고를 게재해도 응모자가 없으면 취직정보지로서의 권위가 없어진다는 생각으로 광고를 게재한 기업에 응모자를 가장하여 문의전화를 하는 등 잔꾀를 썼다.

또 취직에 관련된 행정문제에 있어서 자사에게 유리하도록 정치인과 유착하거나 학생들의 취직희망 등의 구실로 앙케트 용지를 학교에 배포하여 아전인수식으로 자료를 수집했다.

이와 같이 리크루트사의 전략은 소비자(학생)의 불안감을 해소시켜 준다는 마케팅 본래의 행동에서 벗어나 자사의 사업확대만을 생각하는 기업 이기주의 우선 행동으로 변질됐다. 거기에다가 정계와 재계를 발칵 뒤집어놓은 리크루트사는 희대(稀代)의 오직사건을 일으켜 거품경제의 붕괴와 더불어 붕괴되고 마침내 다이에(DAIEI)의 관리하에 놓이게 되었다.

또 하나의 예가 있다. 니혼 세이메이(日本生命)는 외무사원의 주부 조직화로 세계 유수(有數)의 생명보험회사로 성장했다. 그러나 이 회사도 독선에 빠졌다.

생명보험 상품은 인간의 죽음에다 보험을 걸고 죽으면 보험금을 수령하는 것으로 아주 판매하기 어려운 세일즈에 속한다. 그러나 니혼 세이메이는 많은 주부들을 파트 타이머(준사원)로 고용해서 조직을 만들어 적극적으로 판매망(모집망)을 구축했던 것이다. 주부들은 고객과 밀착해서 친밀한 커뮤니케이션을 통해 많은 생명보험을 판매해 이제까지 정상의 자리를 넘보지 못했던 니혼 세이메이가 일약 정상을 차지하고 마침내 세계 제1위의 길을 걷게 되었다.

여기까지는 마케팅 전략의 성공이라고 할 수 있으며 또한 높은 평가도 얻게 되었다. 그러나 톱의 자리를 오랫동안 유지하면 결국 독선에 빠지게 된다.

니혼 세이메이는 세일즈의 조직으로서 주부를 고용하여 우선 그 주부사원의 가족이나 친척부터 보험에 가입하도록 했으며 다시 그의 친지에게 계약을 권유하고 더 이상의 계약이 나오지 않을 때에는 그 주부사원을 해고하고 새로운 주부사원을 고용했다.

한편 고객과 보험계약을 체결할 때 계약내용에 대해서 상세하게 설명도 하지 않고 도장을 찍게 한 다음 상품(보험)에 관하여 소비자가 클레임을 제기하면 "댁에서 상품내용을 인정하고 도장을 찍었으니까 당사로서는 책임을 지지 않는다"라는 식으로 회피했던 것이다. 사과는커녕 오히려 고자세로 임했으며 가입자가 불만을 제기해도 거대한 니혼 세이메이는 모든 것을 묵살하거나 외면했다.

경영자는 항상 무엇이 소비자에게 만족을 주는가를 생각해야 하며 만일 회사의 이익추구와 소비자 만족의 충족이 충돌할 경우에는 소비자 만족이 우선되지 않으면 안된다. 이것이 마케팅인 것이다. 그러나 기업이 거대해지면 회사 중심주의가 신조가 되어 소비자의 입장이나 불만은 생각하지 않고 경영자 자신의 만족에 빠지게 된다.

이러한 경영자의 독선화(獨善化) 경향을 방지하고 항상 소비자에게 관심을 기울이게 하는 것이 바로 마케팅이다.

4. 새로운 발상은 기업을 살린다

마케팅은 소비자의 불만이나 불이익을 해결해 줌으로써 비즈니스 찬스를 획득하는 경우가 많기 때문에 새로운 발상이나 새로운 비즈니스를 창출하는 일이 많다. 즉 마케팅적 사고방법이 발상을 자극한다는 말이다.

예를 들어 니혼 게이자이(日本經濟) 신문사는 단순히 경제기사를 신문의 형태로 소비자에게 제공하는 신문 비즈니스에 지나지 않았다. 그러한 니혼 게이자이 신문사가 자사의 위치가 경제정보를 제공하는 미디어 비즈니스라는 발상을 하게 됨으로써 닛케이(日經) 데이터 뱅크, 시황(市況) 정보제공의 QUICK, 출판, TV국, 비즈니스 스쿨, 뉴미디어 사업, 조사, 영화, 컨트리 리스크(country risk) 정보제공 등 경제 및 비즈니스 정보의 분석·제공에 의하여 거대한 복합기업(conglomerate)을 형성해 갔던 것이다. 활자만으로 경영을 해오던 신문사가 정보제공의 복합화를 겨냥한 경제정보 컨글로머릿으로 전환된 것이다. 일개 보잘것없는 경제 전문 신문사가 이처럼 정보사업전략에 의하여 다각화를 한 예는 세계적으로도 드물며 마케팅적 발상의 탁월함을 여실히 보여 주고 있는 것이다.

또한 하이테크 기업의 데이스코는 히로시마(廣島)의 쿠레(吳) 시에서 공업용 지석(砥石) 메이커인 다이이치(第一) 제지소라는 이름으로 창업했지만 칼날 등을 가는 숫돌 그 자체를 칼날로 만든다는 역전의 발상으로 실리콘 웨이퍼(silicon wafer)를 절단하는 다이싱 소를 발매했던 것이다. 이것이 처음에는 미국에서 인정되었으며 이어서 일본에서도 인정받아 드디어 세계적인 독점적 시장점유율을 획득하기에 이르렀다.

니혼 산소(日本酸素)는 본래 가스 봄베(gas bombe) 제조회사였지만 철가공 기술(鉄加工技術)을 이용하여 올스테인리스(all-stainless)의 깨지지 않는 보온병을 개발·발매하여 크게 히트쳤다. 기존의 보온병 메이커들은 어떻게 하면 깨지지 않는 강한 유리 보온병을 개발할 수 있을까에만 기술개발의 총력을 경주하고 있었던 것이다.

  보온병은 유리로 되어 있기 때문에 깨지지 않는 보온병을 만들기 위해서는 강도가 높은 유리를 개발하지 않으면 안된다는 고정관념에 사로잡혀 있었다. 즉 보온병은 유리로 만들어졌다는 고정관념이 일반적인 상식이었다. 이 상식을 타파하고 스테인리스로 보온병을 만들면 깨지는 일이 없지 않겠는가 하는 역전의 발상을 기존의 보온병 메이커에서는 생각해 내지 못했다.

  이처럼 오랫동안 한 업계에서 일을 하고 있으면 단순한 패턴의 발상에 빠져들기 쉽고 발상법도 고정된 틀 속에서 벗어나지 못하며 심지어 말투나 거동까지도 틀에 박혀 버리고 만다. 이러한 고정관념을 타파하는 것이 마케팅 발상법이다.

  오츠카(大塚) 제약의 오로나민C 드링크도 이 마케팅적 발상이 기업을 발전시킨 예에 속한다. 오로나민C가 판매되기 전에는 의약품인 리포비탄D(大正製藥)가 영양 드링크제 시장에서 압도적으로 시장점유율을 자랑하고 있었다. 그러한 업계에 일개 작은 소기업이 후발로 영양 드링크제 시장에 뛰어든 것이다. 당시에는 누구나 실패한다고 생각하고 있었다.

  그런데 이 작은 기업이 연구개발과정에서 드링크제에 탄산(炭酸)을 넣으면 맛이 좋다는 사실을 알게 되었다. 하지만 탄산을 넣으면 약으로서 인정받지 못하고 단순한 음료로서 취급받게 된다. 그러나 영양면에서는 기존의 드링크제와 조금도 다름이 없다.

  그래서 오츠카는 발상의 전환을 시도하게 되었다. 약으로 등록하면 약국에서만 팔아야 하지만 탄산을 넣어 식품으로 등록하면 전국의 식품점이나 슈퍼마켓 심지어 자동판매기로도 판매할 수 있다. 식품루트는 약국루트와는 비교도 안될 만큼 거대한 판매망을 형성하고 있다. 이런 노다지 꿈을 안고 음료(飮料)로서의 오로나민C 드링크를 발매하여 삽시간에 대히트를 치게 되었던 것이다. 그리고 리포비탄D를 훨씬 능가하는 새로운 드링크 시장을 창출해 냈다.

또한 고정관념을 타파하는 것도 마케팅의 큰 특징의 하나이다. 예를 들면 애로(ARROW)는, 파카저팬(PARKER JAPAN)의 샤프 펜슬이나 수성볼펜의 브랜드로, 세계적인 베스트 셀러였다. 파 카저팬은 애로가 세계의 소비자들에게 인기가 있고 판매가 잘 되었으므로 일본에서도 당연히 잘 되리라고 믿고 있었다. 그러나 일본에서 애로의 시장점유율이 세계의 다른 나라에 비해 극히 낮은 수치(數値)를 나타냈다. 아무리 판매촉진을 강화해도 점유율을 확대시킬 수가 없었다.

그 원인이 무엇인지 이해가 되지 않아 고민하던 중 4년의 세월이 지난 어느 날, 갑자기 그 원인을 알게 되었다. 일본인은 작은 글씨를 좋아하기 때문에 굵은 글씨용의 샤프펜슬이나 볼펜을 좋 아할 리가 없다는 것을 문득 깨닫게 된 것이다. 파카사는 세계 시장이 선호하는 글자의 굵기 0.7mm가 표준이라고 생각했기 때문에 일본인이 좋아하는 0.5mm는 전혀 생각조차 하지 못했던 것이다. 그것을 깨달은 파카사는 급기야 0.5mm의 제품으로 바 꿔서 발매했더니 매출액이 급상승해 만족할 만한 시장점유율을 확보할 수 있게 되었다.

즉 파카저팬은 0.7mm에서 0.5mm 제품으로 바꾸는 데에 무려 4년이라는 시간을 소요했다. 지금까지 해온 방식이 어느 사이엔가 고정관념이 되어 버려 0.7mm가 상식이라는 고정관념이 바로 고정관념이라는 것을 인정하는 데에 무려 4년이라는 적지 않은 시간이 걸린 것이다.

이상과 같이 아주 작고 사소한 역전의 발상이 기업의 업적을 크게 좌우하는 것이다. 이러한 눈을 길러 주는 것도 마케팅이며 역전의 발상을 창출해 내게 하는 것도 마케팅이다.

5. 모든 활동을 통합하는 마케팅

마케팅은 광고, 판매촉진, 유통채널정책, 물적 유통(物的流通), 제품계획, 가격결정, 영업, 정보 등을 통합해 기업 경영자가 원하는 방향으로 집약해 나가는 역할도 하고 있다.

광고나 가격 등이 산발적으로 실시되면 전체적인 정합성(整合性)이나 효율성이 나빠지고 또 마케팅 활동의 대상이 되는 소비자에게도 분산된 이미지를 심어 주어 소비자 만족을 목적으로 하는 마케팅 활동을 제대로 하지 못하게 된다.

예를 들어 고품질, 고가격의 구매빈도가 낮은 신제품을 새로 발매하는 경우를 생각해 보자. 고품질, 고가격 상품인데도 할인 매장을 이용하거나 아르바이트를 동원해서 대규모적인 캠페인을 실시하거나 편의점 등을 이용하거나 하면 반드시 실패한다.

목표를 세우고 마케팅의 모든 활동의 상승효과(相乘效果)를 노려 각 활동의 방향이나 전략, 인재의 배치나 예산의 배분 등을 생각해야 한다.

그러므로 마케팅은 기업의 최고 경영층에서 의사결정을 내려야만 기업전략과 마케팅 전략의 많은 부분이 일치가 된다. 따라서 마케팅을 이해하지 못하는 최고 경영자는 실격의 낙인이 찍히게 되는 것이다.

마케팅의 통합적인 특징은, 캠페인 주제의 어휘선택에서부터 광고모델의 동작 체크에 이르기까지 다방면에 걸쳐 세밀해지고 있는데, 생산계획에서 납품시간까지의 스케줄, 판매채널의 선택에서 점포의 제품진열 점검에까지 이른다. 한편 마케팅은 전사적 (全社的)인 활동이 되고 있는데 단순히 소비자 만족만을 생각하여 영업활동은 어떻게 하고 광고효과는 어떻게 높일 것인가와 같이 단독활동만으로는 끝나지 않는다.

통합적인 마케팅을 실시하기 위해서는 마케팅을 행하는 기업의 기본 개념이나 방침을 분명히 밝혀야 할 필요가 있다. 예를 들어 화장품 메이커라면 "당사는 아름다움을 통해서 꿈과 희망을 선사해 드리는 회사입니다"라든가 "당사는 미(美)와 건강을 제안하는 기업입니다"와 같이 분명히 생각을 밝혀야 한다. 개념이나 기업 방침은 반드시 명확한 언어로 표현해야 한다.

기업이 사업을 전개할 때 목적이나 방향을 분명히 내세우지 않는 경우가 많다.

여러분은 일본담배산업이 어떠한 기업이념을 가지고 사업활동을 하고 있는지 알고 계십니까? 일본담배산업은 담배도 팔며 소금도 팔고 있는데 이것들의 공통점은 무엇일까요? 대답은 아무런 관계가 없다는 데 일치할 것입니다. 그렇다면 담배산업의 기업목적은 무엇일까요? 소비자에게 꿈을 주는 일일까요? 아니면 필수품을 판매하는 일일까요? 그렇지 않다면 건강을 추구하는 일일까요?

해답은 옛부터 정부에서 독점판매하고 있던 상품을 이름만 민영화로 바꾸어 판매하는 것뿐이며 마케팅의 견지(見地)에서 보면 기업목적도 사업활동의 이념도 없이 단순히 민영화된 상품을 판매하는 것을 목적으로 하고 있을 뿐이다. 나쁘게 말하면 소비자에게 세금을 걷어들이기 위해 존속하고 있는 기업이라고 할 수 있다. 일본담배산업이 이러한 말을 듣지 않기 위해서라도 소비자가 충분히 이해할 수 있는 명확한 기업이념과 이에 대응하는 마케팅 개념(마케팅의 기본적 사고)이 필요하다.

6. 자사의 장점과 단점은 발견하기 쉽다

마케팅은 기업과 외부환경(경쟁환경, 소비자환경, 사회환경, 국제환경, 법적 환경 등을 포함)과의 바탕 위에서 성립되기 때문에 마케팅을 중시하는 그 기업은 외부환경 속에서의 위치가 명백해진다.

예를 들어 마케팅에 의해 소비자가 그 기업에 갖는 이미지라든가 경쟁기업과의 냉정한 능력비교 그리고 그 기업의 사회적 역할이나 사회적 위치 등이 명백해지는 것이다. 마케팅은 사장실에서 보는 외부환경이 아니라 제삼자적 입장에서 자사(自社)를 냉정히 파악할 수 있는 눈을 제공해 준다. 특히 소비자에 대한 이해라는 면에서는 마케팅적 발상법과 종래의 경영학적 발상법과는 전혀 다르다.

종래의 경영학적 발상과 기업측의 발상은 어디까지나 사장실에서 본 소비자이고 영업 본부장의 책상에서 본 소비자이며 판매촉진부서에서 본 소비자이다. 그러나 마케팅적 발상의 기본적 입장은 소비자를 위한 사장이며 소비자를 위한 기업의 의사결정이며 소비자를 위한 판매촉진이나 광고인 것이다.

기업측에서 본 소비자인가 소비자측에서 본 입장인가 하는 관점의 차이는 대단히 크다고 할 수 있다. 즉 소비자측에서 본 관점을 기업이 받아들여 소비자에게 필요한 자사의 활동이 무엇인가를 자문자답하면서 기업활동을 추진해 나가는 것이 마케팅이다.

그러기 위해 경영자의 일방적인 자기 만족적 판단이나 기업논리에 의한 독선적인 기업활동은 마케팅에서는 도저히 용납될 수 없다. 어디까지나 소비자를 위해 자사가 어떻게 해야 할 것인가를 생각하지 않으면 안된다. 그 결과 소비자측에서 바라본 자사의 장점과 단점이 무엇인가를 자연히 알 수 있게 된다. 이러한 상태로 다다르는 것이 마케팅의 이상(理想)이며 진정한 의미에서의 마케팅 컴퍼니의 길이다.

옛날 소고(そごう) 백화점은 소비자로부터 '2류(二流) 상품만을 팔고 있는 백화점!, 상품지식이 없는 점원이 많은 백화점! 작은 점포, 경쟁력이 없고 종업원에 대한 대우가 형편없는 백화점! 내일 도산해도 조금도 이상할 것 없는 백화점!'이라는 이미지를 갖게 했다. 그래서 소고의 최고 경영층은 이러한 단점을 어떻게 해결할 것인가에 대하여 심각하게 고민하다가 고급 백화점으로의 전향(轉向)이 아니라 가장 많은 소비자층을 겨냥한 대중 백화점으로의 전향을 시도했던 것이다.

마침내 소고는 지역 넘버원 전략을 채택하고 다점포화(多店鋪化)를 기하는 동시에 도매상 의존경영과 값싼 점포임대로 비용절감을 지향하고 판매원의 일인당 매출액을 기준으로 급여인상에 반영시키는 정책을 펴나갔다.

구체적인 전략으로는 사람들의 왕래가 빈번한 역전(驛前)에 점포를 확보하고《이용이 편리한 점포》 지역에서 제일 큰 점포《많은 상품을 갖추고 소비자에게 선택의 폭을 넓혀 줌》을 형성하는 동시에 각지에 점포를 확대《대기업이라는 이미지를 소비자에게 심어 줌》시켰다. 그리고 도매상의 상품력과 상품지식을 최대한으로 활용하기 위해 머천다이징(merchandising)을 도매업자에게 일임해서 팔리는 상품을 공급하도록 하였다. 한편 소고의 상품력을 향상시키는 동시에 사원수를 최소한으로 억제하고 도매상 소속의 파견사원을 늘려 자사 사원에 대한 대우를 향상시켰다. 점포도 원패턴(one-pattern)화하여 비용절감을 도모해 채산성(採算性)에 노력을 기울였다.

그 결과 소비자가 지금까지 갖고 있던 마이너스 이미지는 차츰차츰 사라지고 친숙한 대중 백화점이라는 인식과 함께 소고는 기업경영에 대성공하게 되었다. 경영적으로 차입금이 많고 재정적으로 어려움이 있다 해도 자사의 단점을 알고 그것을 해결해 나가려는 마케팅 전략을 편다면 언젠가는 좋은 결실을 거두게 될 것이다.

또 하나의 성공사례가 있다. 자사의 단점을 알고 장점을 보다 강화시켜 사업에 성공한 기업이 바로 가오(花王)이다. 가오는 비누제조에서 시작했기 때문에 비누를 만들 때 필요한 계면과학(界面科學)과 유지화학(油脂化學), 고분자과학(高分子科學)이라는 세 가지 기술에 뛰어나 사업전개를 이들 세 가지 기술분야에만 집약시켰다. 계면과학기술 분야에서는 비누로부터 샴푸, 린스, 화장품, 치약, 모발용품, 피부용품, 각종 세제, 입욕제(入浴劑), 플로피 디스크(floppy disk) 등 다각적인 경영을 도모했으며 유지화학 분야에서는 비누로부터 식용유지(食用油脂), 고급 알콜, 글리세린, 지방산, 지방아민 등 다각화를 도모했다. 또한 고분자과학 분야에서는 비누로부터 생리용품, 일회용 기저귀 등 다각화에 성공했다.

비누와 플로피 디스크와 식용유, 이 세 가지는 전혀 관련이 없어 보이지만 발상을 바꾸면 공통의 기술이 있는데, 이 모든 것이 비누제조에서 비롯되었다.

가오는 세계적으로도 고도의 기술력을 중심으로 사업전략을 펴나갔으며 "소비자의 청결한 생활과 건강 그리고 아름다움을 위해"라는 기업목표를 내걸고 마케팅을 전개하여 성공을 이끌어 냈다.

7. 적은 투자의 마케팅 발상

마케팅은 역전의 발상, 즉 소비자측에서 기업활동을 바라보는 관점에서 비롯된 학문이다. 그 때문에 정보나 지혜를 활용한 발상의 좋고 나쁨에 따라 마케팅의 좋고 나쁨이 결정되는 것이다. 이를테면 두뇌의 승부인 것이다.

공학적(工學的)인 제품개발이나 신기술 개발처럼 연구개발에 많은 투자가 소요되는 것이 아니라, 극단적으로 말해서 종이와 펜만 있으면 아이디어가 탄생된다.

정보, 경험, 육감, 지혜, 논리적 전개능력, 넓은 시야 등 개인능력개발에는 다소나마 자금이 필요하지만 하드면의 R & D(Research and Development)와 비교하면 역시 값싼 편이며 부가투자(附加投資)를 그다지 하지 않더라도 계속적으로 아이디어가 나올 가능성이 높다. 즉 마케팅 발상을 하는 데에는 그다지 돈이 들지 않는다. 새로운 발상을 하기 위해서 각종 시장조사가 필요하다고 해도 공학적인 연구개발비에 견준다면 비교도 되지 않을 만큼 적다고 할 수 있다.

적은 투자액으로도 마케팅 발상이 가능하므로 만일 성공하는 날에는 막대한 비즈니스를 낳게 되어 마케팅에 대한 투자 수익률은 대단히 높을 것이다.

예를 들어 야마토 운수의 택급편, 리스업(lease業)의 개발, 금융업에 있어서의 선물(先物)·스와프 옵션(swap option) 등의 하이테크 수법, NTT의 전화카드, 프랜차이즈 시스템, 소니의 워크맨, 편리함을 추구하는 컨비니언스 스토어 등 종래의 고정관념을 타파하고 소프트 주도형의 적극적인 마케팅적 발상으로 이들 회사들은 대성공을 거두었다. 이들은 소비자의 불편이나 불만을 해결해 주는 동시에 소비자의 편리를 추구하며 거래처나 사업 가맹자들에게 메리트를 제공해 주는 데 바탕을 둔 비즈니스였던 것이다. 거기에다가 업계(業界)의 비즈니스 스타일만을 바꾼 것이 아니라 사회까지도 바꿔 버린 말하자면 혁명을 일으킨 아이디어였다.

마케팅 발상의 메리트로서 아이디어만으로도 큰 비즈니스를 낳는 것 외에 항상 마케팅을 의식하고 있으면 두뇌가 유연해지는 점도 있다. 소비자의 기호나 소비자의 행동은 항상 변화하며 변동하기 때문에 통찰력이나 사고력이 기민해져 항상 소비자의 불만이나 불편을 알아차릴 수 있고 기업활동도 크게 빗나가는 일이 없다. 또 역전의 발상을 항상 머리속으로 생각하고 있기 때문에 비즈니스 찬스를 발견하기 쉽다. 또 마케팅에 있어서도 항상 소비자의 입장에 서서 발상에 힘쓰고 있으므로 투자의 미스를 야기시키는 일이 적고 안전판(安全瓣)의 역할을 수행하는 경우가 많다.

많은 메리트가 있는 마케팅이지만 마케팅 발상을 활발하게 계속해 나가려면 사원 자신의 능력만이 아니라 시간적, 금전적 그리고 정신적인 여유를 갖는 것이 필요하다. 또 사외 인사들과의 접촉을 늘려 기업 내의 응고된 발상에서 벗어날 필요가 있다. 이와 동시에 동업(同業) 이외의 기업 마케팅 정보도 입수하여 자사의 마케팅 발상에 신선한 바람을 일게 할 필요도 있다.

이러한 것들을 실현한다는 것은 현실적으로 매우 곤란할지 모르지만 마케팅의 수준향상을 원한다면 이런 면에 많은 투자가 요망된다. 노력도 하지 않고 막연하게 마케팅 아이디어를 바라는 것이 아니라 마케팅이 활발히 창출될 수 있는 구조(시스템 체제)를 구축하는 데 보다 많은 투자를 해야 할 것이다.

3

소비자 만족의 추구

소비자 만족의 추구

1. 먼저 소비자에게 접근한다

소비자 중심적인 발상을 하는 마케팅. 소비자를 연구·분석하여 소비자의 행동을 예측하려고 가진 노력을 다해 보지만 좀처럼 예측하기 어려운 것이 소비자이다. 예측만이 아니라 연구·분석도 어려우며 소비자 행동론은 다른 학문과 비교할 수 있을 정도의 체계화된 이론도 없다. 인간을 대상으로 하는 사회과학에서의 절대적 이론의 구축도 어렵지만 소비자 행동론은 마케팅론과 비교할 때 더욱 체계화하기 어려운 학문영역이다.

결국 학문의 대상이 되고 있는 소비자가 무엇을 어떻게 생각하며 또 그들이 어떻게 변화하는지 통 알 수가 없다. 고객이란 참으로 골치아픈 존재이다.

일찍부터 소비자가 기업활동에 어떻게 반응하며 왜 반응하는지 많은 사람들이 여러 측면에서 연구해 왔다. 많은 소비자 행동에 관한 이론도 구축되었다. 소비자의 구매동기를 비롯하여 소비자의 태도연구, 소비자의 쇼핑행동연구, 소비자의 생활방식연구, 소비자의 유행연구, 소비자의 심리연구 등 많은 노력이 경주되었던 것이다. 그러나 결론적으로 통일된 이론체계도 세우지 못하고 부분적·한정적 활용으로 끝나고 있다.

소비자 행동을 이론적으로 체계화한다는 것은 대단히 어려운 일이지만 현실적으로 마케팅을 전개해 나가기 위해서는 소비자를 충분히 이해하지 않으면 안된다. 마케팅은 어디까지나 이러한 소비자를 중심으로 발상하며 행동해 나가는 것이기 때문이다. 그렇다면 어떻게 소비자를 이해해 나갈 것인가. 결론을 말하면 소비자에게 가급적 밀접하게 접근해서 그들을 이해해 나가는 수 밖에 없다.

각 기업은 각 사(社)가 대상으로 하는 소비자를 탐색해 낸 다음 그 소비자의 현황을 파악한 후 적절한 시점(時點), 적절한 장소 에서 소비자 만족을 알아내어 실현해 나가야 한다. 소비자의 기 호나 행동의 변화에 부응해 가는 것이 소비자 지향이며 마케팅인 것이다.

선입관이나 편견을 갖지 않고 순수한 마음으로 소비자를 관찰 하고 소비자가 원하는 것을 탐지해 내어 이것이 비즈니스 찬스라고 생각하고 행동하는 것이 마케팅이다. 그러므로 일단 소비자에게 접근해 보는 것을 행동의 지침으로 삼아야 한다.

2. 소비자를 무시하면……

마케팅에 있어서 절대로 해서는 안될 행동이 소비자를 무시하는 일이다. 어느 기업도 일부러 소비자를 무시하는 행동을 하지는 않는다. 그러나 결과적으로 소비자를 무시한 것이 될 때가 많다.

만일 처음부터 의도적으로 소비자를 무시했다면 그것은 소비자보다는 기업의 이익을 앞세운 것이며 처음부터 소비자를 기만하려는 생각에서였다고 할 수 있다.

소비자의 이익을 전혀 고려하지 않는 경우를 예로 들어 보자. 그것은 도요다 상사의 이야기다. 자사의 이익만을 증대시키기 위해 속이기 쉬운 연배자(年配者)에게 집중적으로 접근하고 심지어 영업사원들은 노년층을 대상으로 한 권유 매뉴얼까지 작성하여 현금의 선물거래(先物去來)를 조건으로 계약을 체결하고는 회사에 입금시키지 않고 사원들끼리 분배착복한 일이 있었다. 이런 일은 분명한 범죄행위로 형사처벌을 받았지만 이러한 예가 아니더라도 소비자를 경시하거나 무시하는 예는 너무나 많다.

예를 들어 대형 냉동·냉장고의 심장부에 해당하는 컴프레서(compressor)의 결함을 처음부터 공개하지 않았고 결함상품의 회수나 소환에도 응해 주지 않았으며 냉각되지 않는다는 소비자에게는 5만 엔 상당의 부속품을 강매하여 수리해 주는 마쓰시다 냉기(冷機)가 있었다. 결국 여론에 밀려 제품의 결함을 공표하지 않을 수 없게 되었으므로 250억 엔으로 추정되는 예상 수리비(부품대)를 결산시에 계상하기에 이르렀다.

내셔널 냉동·냉장고로서 톱 브랜드를 자랑하던 회사가 바로 이러한 행동을 취했던 것이다.

또 기업이 자체적으로 코스트 다운의 노력은 하지 않고 원가 인상요인이 발생했다고 해서 무조건 요금을 인상하는 택시업계나 이발업계 그리고 신문업계도 문제이다. 신문사는 다른 업계가 상품가격 인상을 제기할 경우 소비자를 무시한다느니 기업의 이익만을 생각한다느니 하며 신랄하게 비판하다가도 자신들의 가격인상에는 과학적인 근거를 제시하지 않고 아전인수식의 이유만을 내세워 일방적으로 가격인상을 발표하며 방송국이나 TV사도 이와 비슷한 처사를 하고 있는 것은 마땅히 비판을 받아야 한다고 생각한다.

이러한 기업이나 업계는 자사의 이익추구에만 치우친 나머지 소비자를 단순히 돈을 지불하는 기계 정도로 밖에 생각하고 있지 않는 실정이다. 이들은 소비자 만족이 무엇이며 어떻게 해서 소비자 만족을 충족시켜 나갈 것인가는 생각하지 않고 기업을 위한 소비자라고 생각하고 있는 것이다.

다음으로 당초에는 소비자를 왕이라고 생각하고 기업을 경영했지만 결과적으로 소비자를 무시한 것이 되어 버린 경우도 있다. 가장 흔한 케이스로는 소비자의 기호가 달라졌는 데도 불구하고 거기에 부응하는 상품이나 서비스로 충족시켜 주지 못하고 소비자를 외면해 버린 경우이다.

삼륜차에서 사륜차로의 소비자의 행동변화를 내다보지 못했던 다이하쓰는 삼륜차 쪽이 넘어지지 않고 안전하다, 소비자는 아직 사륜차를 살 만큼 여유가 풍족하지 못하다, 만약 일본에서 삼륜차가 안팔려도 동남 아시아에서는 반드시 팔릴 것이다, 이런 식으로 소비자 행동의 변화를 무시하고 계속 삼륜차 생산을 고집하다가 결국 대형 자동차 메이커의 자리에서 전락해 버렸다. 현재는 도요다의 계열하에 들어가 하청생산을 해야 하는 수모를 겪게 된 것이다.

한편 100엔짜리 일회용 라이터의 출현을 무시하고 남자는 품위있는 라이터에 멋을 느낀다고 생각하여 재래형의 라이터만을 계속 생산하던 메이커들은 던힐이나 칼체처럼 고급화도 시도하지 못하고 급속히 쇠퇴해 버렸다. 그러나 소비자들의 생각은 라이터는 담배에 불만 붙이면 그만이지 설사 그것이 100엔짜리 라이터라도 상관없다는 생각이 지배적이었다.

"찍고 싶을 때가 보고 싶을 때"라는 유명한 캐치프레이즈로 일본에 진출하여 일약 유명해진 폴라로이드 카메라(polaroid camera), 이 카메라가 처음 미국에 등장했을 때 세계 최대의 필름 메이커인 코닥사(KODAK社)는 현상료(現像料) 수입이 생기지 않는다는 이유로 무시했다가 미국에서의 카메라의 시장점유율을 폴라로이드에게 빼앗기고 말았다.

이와 비슷한 예로서 세계적으로 독점적인 위치를 점하고 있던 일본의 카메라 메이커들(캐논, 미놀타, 니콘, 올림퍼스, 펜탁스, 리코 등)은 이구동성으로 필름 메이커인 후지가 개발한 렌즈가 부착된 필름의 출현에 대해 "저건 카메라가 아니다"라고 무시하고 재래형의 카메라를 계속 생산했던 것이다.

소비자의 입장에서는 필름을 카메라에 넣어 사진을 찍은 다음 다시 필름을 꺼내 현상하는 불편이 있는 데도 이것을 무시하고 사진이 깨끗하지 못하다는 결점만을 내세워 제품개발에 참여하지 않았다.

만일 기술면이나 선명도에 문제가 있다면 개량하면 되는데 아예 이를 무시해 버렸다. 결과는 일회용 필름이 폭발적인 인기상품이 되었으며 재래식 카메라는 그 여파로 부진을 면치 못하게 되었다.

문고본(文庫本)을 간행하여 한때 크게 히트를 친 이와나미(岩波) 출판사의 소비자 무시의 경영도 지적하지 않을 수 없다. 처음에는 가볍고 값싼 문고본이어서 대중으로부터 인기를 모았으나 표지의 색상이 나쁘고 반투명의 질이 좋지 않은 종이를 썼다. 또한 가격은 별〔星〕로 표시하여 소비자가 일일이 별의 숫자를 세어 거기에다 별의 단가를 곱해서 책값을 산출해 내는, 이를테면 소비자를 우롱하는 장사를 했던 것이다. 왜 소비자가 이러한 번거로운 계산을 해가면서 책을 사야 하는가 말이다.

그리고 일반서점에 대해서도 다른 출판사들은 반품을 인정해 주는 데 유독 이와나미는 프라이드가 높아 반품을 일체 인정하지 않는 제도를 강행했던 것이다.

이에 반하여 다른 문고본 출판들은 소비자의 기호에 맞춰 표지도 질감이 돋보이도록 했으며 색채도 다양하게 처리했다. 그리고 작가별, 유형별로 찾기 쉽게 한 동시에 고급스러운 느낌을 주기 위해 노력을 경주했다. 당연히 가격도 직접 숫자로 표시하고 많은 작가의 작품을 문고본화하여 붐을 조성해 나갔다.

결국 이 문고본 붐에서 밀려난 출판사는 이와나미사 하나이며 마침내 서점의 한 구석에서 천대를 받다가 서점으로부터 납품거절을 당하는 수모까지 겪게 되었다. 젊은 층에서는 이제 이와나미 문고의 이름마저 잊혀지고 있는 형편인데, 이것은 이와나미 문고가 소비자로부터 무시되고 있다는 증거이다.

3. 소비자의 만족이란 무엇인가?

소비자 만족을 추구하는 것이 마케팅이라면 소비자를 만족시키기 위해서 기업은 과연 무엇을 해야 할 것인가를 생각하지 않으면 안된다. 해답은 소비자가 원하는 것을 제공해 주든가 아니면 소비자의 불만을 해결해 주든가 하는 일이다.

소비자가 원하는 것을 제공해 주고 소비자 만족을 실현시켜 성공한 예는 아주 많다. 하늘을 날고 싶다는 인간의 욕망을 구현시켜 준 것이 항공기이며 빠르고 편안하게 이동하기를 원하는 욕망을 성취시켜 준 것이 자동차이다. 멀리 있는 사람과 이야기를 주고받기를 원하는 바램을 성취시켜 준 전화, 먼곳에 있는 영상을 가까이서 볼 수 있게 만든 TV 등이 그것이다.

지금 이 시간에도 이와 비슷한 발명품들이 꼬리를 물고 이어지고 있다. 해외의 TV 방송을 수신할 수 있는 위성 TV 방송, TV와 PC 통신이 일체화된 멀티미디어 제품, 편지와 대체되기 시작한 팩시밀리, 현금을 갖고 있지 않아도 쇼핑할 수 있는 크레디트 카드, 방안의 온도나 습도를 조절해 주는 에어콘, 식품에 새로운 보존 기술(保存技術)을 사용한 프리즈드라이(freeze-dry) 상품 등이 있다.

구체적인 기업들로서는 흑백 복사물을 컬러로 바꾸기를 희망하는 소비자의 요망에 부응하여 세계의 컬러 복사기 시장을 거의 독점하다시피 하고 있는 캐논, TV 프로를 녹화하거나 영화를 집에서 보고 싶어하는 사람들을 위해 비디오를 개발한 니혼 빅터, 물도 석유도 없는 사막에서 태양열 에너지의 활용으로 새로운 동력원을 추구하기 위해 솔라 시스템(solar system)에 성공한 산요 전기, 다이어트를 원하는 소비자를 위해 인공 감미료를 개발한 아지노모토 등이 있다.

이들은 이전부터 소비자가 염원하던 소비자 만족을 이루어 주었는데 그 대부분이 제품개발 마케팅에서 비롯되었으며 R & D와 강하게 결부된 마케팅이다. 즉 소비자가 원하는 제품을 타사보다 빨리 개발해서 성공한 마케팅이다.

그러나 소비자들이 스스로 바라는 경우도 있고 소비자들이 전혀 생각지도 못했던 신제품이 개발되어 새로운 시장이 창조되는 경우도 있다. 이것을 창조적 마케팅이라고 한다.

독일에서 비롯된 햄버거를 빵으로 싼 햄버거라는 전혀 새로운 상품을 제조한 미국의 화이트 캐슬(WHITE CASTLE)과 그것을 공업적으로 시스템화하여 프랜차이즈 전략으로 세계적인 기업으로 성장한 맥도널드(McDonald's)가 창조적 마케팅의 대표적 예가 되고 있다. 소니의 워크맨(소비자는 이와 같은 휴대용 헤드폰 스테레오를 생각조차도 하지 못했다)도 이것이 발매됨으로써 전혀 새로운 분야의 시장을 창출해 낸 것이다.

전송전화(轉送電話) 서비스의 체스콤, 세계적으로 대히트를 친 닌텐도(任天堂)의 패미콤 게임, 또한 세계적으로 크게 히트를 친 클라리온의 가라오케, 그 후 가라오케를 레이저 디스크와 결부시켜 파이어니어의 독무대가 된 예도 소비자의 요망은 없었지만 기업 스스로 만들어 낸 시장 창조형 마케팅이라고 할 수 있다.

이렇듯 소비자가 생각지도 않았던 것을 개발해서 전혀 새로운 시장을 창조해 내는 마케팅은 화려하고 가슴벅찬 정열을 쏟을 만하다. 그러나 당연한 것을 꾸준히 개선에 노력하여 소비자 만족을 획득한 경우도 많다.

이토요카도(伊藤羊華堂) 백화점은 소매업의 기본인 매입과 판매기능을 단순히 사업적인 자금과 역량의 문제로 보지 않고 꾸준히 노력을 기울여 점포를 청결하게 하고 품절(品絶) 상품도 없으며 정리정돈에도 신경을 쏟아 "좋은 상품을, 적절한 가격으로, 고객 서비스에 최선을 다한다"는 소매업자로서 당연히 해야 할 일을 대기업이 된 후에도 계속 게을리 하지 않았다. 그 결과 소비자의 신용을 얻어 세계적인 고수익(高收益) 우량 소매기업으로 성장해 갔다. 그런 것들이 고객들로부터 호감을 사 불황기에도 소비자의 이탈이 발생하지 않고 순조롭게 성장을 계속할 수 있었다.

미쓰비시(三菱) 은행은 거품경제의 최성기에도 타은행처럼 거품에 맹진(猛進)하는 일 없이 은행 본래의 업무를 고지식할 정도로 성실하게 처리해 나감으로써 업적이 크게 신장되지는 않았지만 거품경제가 붕괴된 후 성실성이 인정되어 소비자들에게 신뢰를 샀다. 과거에는 한때 오만하고도 귀족적이라는 평을 듣기도 했지만 그러한 기업체질이 미쓰비시 은행의 신뢰성을 높여 주어 "가장 은행다운 은행"이라는 칭찬을 받게 되었다.

소비자는 아무것도 모르는 냥 무관심한 체하면서도 기업행동을 똑똑히 관찰하고 있기 때문에 장기적인 안목으로 소비자 만족을 충족시켜 주기 위해 부단히 노력하면 고객은 반드시 그러한 기업을 사랑해 줄 것이 틀림없다. 소비자는 장기적으로 볼 때 반드시 올바른 판단을 하고 있다.

4. 소비자의 불만을 해결한다

소비자의 만족을 충족시켜 주는 방법은 소비자의 만족을 추구하든지 아니면 소비자의 불만을 해결해 주든지 둘 중의 하나이다. 우선 소비자의 불만을 해결해 줌으로써 소비자를 만족케 하는 방법에 대해 생각해 보기로 하자.

여기에서는 먼저 소비자가 무엇에 불만을 품고 있는가에 대해 생각해 보자. 그리고 그 불만을 어떻게 하면 해결할 수 있고 기업으로서 무엇을 할 수 있는가를 생각해 보자.

현대의 소비자들은 대단히 요구수준이 높고 그 수준은 좀처럼 내려갈 줄 모르며 계속 높아가기만 한다. 그렇기 때문에 현대의 소비자들은 불만투성이며 그 불만은 자연히 높아져 가게 마련이다. 그러므로 그 불만의 해결을 비즈니스 찬스라고 생각하고 마케팅 전략을 전개해야 한다.

구체적인 예를 들면 늦고, 운임이 비싸고, 서비스가 나쁜 소화물 배송이나 우편소포를 대신하여 등장한 것이 야마토의 택배사업이다. 48시간 내 배달, 저렴한 운송료에다 높은 서비스로 소비자의 불만을 해결해 주고 일본의 기본 물류 시스템까지도 크게 바꾸어 놓은 혁신을 이룩했다.

상와(三和) 은행은 동경지역에서는 점포수가 적어 소비자의 불편을 덜어 주기 위해 터미널이나 역 부근에 무인점포를 설치해서 카드에 의한 입출금이나 대체(對替) 서비스를 제공하고 개인 고객의 획득을 증가시켜 업무순익(業務純益) 넘버원의 은행으로 성장했다.

부인 속옷을 방문판매하는 샤르레는 와콜의 젊은 층을 겨냥한 고급 내의 판매에 맞서 중년을 대상으로 한 고급 속옷을 판매해 대성공을 거두었다. 그 이유는 대형 백화점에서는 와콜이 매장을 독점하다시피 하여 중년부인들은 자기들에게 맞는 사이즈가 없어 매장마다 뒤지고 다녀야 했기 때문이다. 그래서 중년부인들은 양판점(量販店)의 값싼 내의로 충족시킬 수밖에 없었던 것이다.

이 때 샤르레는 홈 파티(home party) 방식을 개발해 냈다. 즉 한 가정의 주부가 이웃 부인네들을 자기 집에 모아 놓고 차를 마시면서 샤르레의 판매원으로부터 상품설명을 듣게 했다. 이런 자리에서는 백화점 여점원의 냉소적인 시선에 마음상하는 일 없이 각종 속옷을 입어보면서 살 수 있다. 물론 장소를 제공해 준 주부에게는 응분의 사례(수수료)가 지불된다. 이렇듯 홈 파티를 여는 집에 모인 부인들은 허영심이 작용하여 한 사람이 사면 너도나도 경쟁적으로 사게 되어 샤르레로서는 매우 효율적인 판매 방법이다. 즉 중년부인들의 고급 속옷에 대한 다양성 요구에 응하지 못하는 백화점이나 메이커에 대신하여 샤르레는 소비자의 불만을 완전히 해결해 줌으로써 급성장의 티켓을 손에 거머쥐게 된 것이다.

한편 해마다 고가격화해 가는 부인복에 대한 불만을 해소시켜 주기 위해 저가격을 셀링 포인트로 하는 기업도 출현했다. 가가와 (香川) 현의 세실이다.

가가와 현은 지방의 입지조건으로서 패션업으로는 지나치게 불리한 핸디캡을 안고 있지만 세실은 통신판매로 그 핸디를 극복하고 아주 최저의 가격으로 속옷을 판매했다. 와콜이나 샤르레 등이 부인속옷의 고급화, 고가화를 지향하는 데 큰 불만을 품고 있던 여성들이 너도나도 세실의 통신판매에 관심을 갖게 되어 단시일 내에 일본에서 첫째가는 부인용 속옷 전문회사로 급성장하게 되었다.

소비자의 불만이나 불편을 해결해 줌으로써 소비자를 만족시키는 방법이 곧 소비자를 가장 잘 납득시킬 수 있는 방법이다. 그러나 어떤 식으로 그들의 불만을 해결해 주느냐 하는 구체적인 실시단계에서는 곤란을 느끼는 수가 많다.

그러나 이러한 곤란을 물리치고 소비자의 불만을 해결해 주는 기업만이 성공할 수 있으며 일단 성공만 하면 이제까지 경험하지 못했던 달콤한 성공의 열매를 개척자로서 마음껏 맛볼 수 있게 되는 것이다.

5. 표적은 누구인가?

소비자 만족을 추구하는 데 있어서 생각해야 할 것은 소비자에 따라 만족의 종류나 만족도가 전혀 다르다는 사실이다. 특히 소비생활의 수준이 높아지고 고도의 소비문화가 전성기를 이루고 있는 오늘날 소비자 만족을 추구하는 경향이 현저하다. 따라서 기업은 만족을 주려는 대상이 누구이며 어떤 소비자층인가 하는 것을 명확하게 해두지 않으면 안된다. 대상으로 하는 소비자를 명확하게 구분함으로써 기업의 마케팅 전략은 전혀 달라지는 것이다.

예를 들어 똑같은 연령의 두 젊은 여성을 표적으로 한다고 할 때, 현재 같은 대학에 재학 중인 성실한 한 여성과 생활이 문란한 다른 한 여성, 이 두 여대생은 취미나 기호 심지어는 상품의 선택안까지도 다르다.

그렇다면 어느 여대생에게 초점을 맞출 것인가를 먼저 결정하고 그 여성이 어떤 것에 만족과 불만을 느끼고 있는지를 조사·검토해서 전략을 짜지 않으면 안된다.

카시오는 당시 사무용 기기였던 전자식 탁상 계산기〔電卓〕를 종전의 8자리 숫자표시에서 6자리로 낮춰 집집마다 한 개씩을 목표로 파격적인 저가격 전략을 들고 나왔다. 일반 가정에서는 백만 엔 이상을 호가하는 계산기는 소용에도 닿지 않을 것이므로 가정생활에 필요한 간단한 계산기의 보급에 착안한 것이다. 그래서 가감승제(加減乘除) 정도의 계산을 할 수 있는 6자리 숫자표시의 전자식 탁상 계산기를 만들어 아주 싼값으로 공급하게 되었다.

그리고 판매루트는 일반인이 자주 드나드는 문방구, 잡화점, 슈퍼마켓을 이용했다. 그 결과 히다치, 도시바, 마쓰시다, 산요, 다치이시(立石) 전기, 캐논, 리코 등 대형기업에서 생산하는 전탁을 완전히 뒤로 젖히고 카시오를 흉내내어 따라붙은 샤프와 함께 전탁시장을 양분(兩分)하기에 이르렀다.

캐나다의 신서판형(新書版型) 소설 시리즈를 간행하여 인기를 모은 하레크인 로맨스사는 표적을 '꿈꾸는 여성'에다 두고 그 표적의 이미지에 부합되도록 책의 표지는 흰색으로 통일하고 애정을 상징하는 그림을 곁들이고 문장은 아름다운 묘사로 일관하되 노골적인 성묘사는 삼가고 이야기의 내용은 연애소설 식으로 하여 해피엔딩이 되도록 기획했다. 그 결과 연애를 꿈꾸는 소녀들의 구매의욕을 자극하여 세계적인 히트 시리즈가 되었던 것이다.

반대로 표적설정에 실패한 예도 수없이 많다. 여기서는 처음엔 표적설정에 실패했지만 그 후 수정하여 성공한 예를 소개하고자 한다.

아지노모토의 영양 드링크제 알긴Z는 당초 표적을 과로(過勞)의 중년 남성층으로 설정하고 CF모델은 탤런트로서 중년남성의 대표격인 와카야마(若山富三郎)를 기용했다. 그러나 웬일인지 매출액이 신장되지 않아 고민하던 중 발상을 달리하여 젊은 탤런트 나카무라(中村雅俊)로 대체해 성공을 거두었다.

롯데의 일회용 카이로(chiro)는 처음에는 고령층을 표적으로 마케팅을 실시했는데 그 후 사용자층을 조사해 보았더니 뜻밖에도 젊은이가 더 많다는 것을 알게 되었다. 젊은이들이 스키 등 겨울 스포츠를 하거나 시험공부를 할 때 애용하고 있었던 것이다. 그래서 곧바로 표적을 젊은층으로 바꾸고 TV 광고도 젊은이 지향 이미지로 적극적으로 강화해 나갔다. 그러자 이러한 일회용 난방기구가 크게 유행하여 모든 연령층에서 애용하는 상품이 된 것이다.

마쓰시다 전기산업은 스트로보(strobo) 사업부가 핏카리코니카라는 스트로보 내장(內藏) 카메라를 내놓아 히트를 치는 바람에 스트로보의 매상이 급락하여 자사에서도 스트로보 내장 카메라를 개발하기로 결심했다. 그러나 카메라 메이커가 아니어서 정면경쟁(正面競爭)을 하게 되면 질 것이 뻔함으로 당시 유행 중이던 라디오 카세트와 같은 복합기능상품을 흉내내어 라디오를 내장시킨 카메라를 만들어 발매하기로 했다. 라디오라면 마쓰시다의 장기에 속하는 분야이다. 그래서 브랜드명을 라지카메(radio and camera)

로 정했다. 그리고 표적은 타사가 전혀 눈을 돌리지 않은 어린이와 여성들을 대상으로 했다. 그 까닭은 카메라를 구입하려는 남성들은 필경 카메라 전문 메이커의 것을 살 것이라고 판단했기 때문이다.

어쨌든 표적설정은 특징이 있고 좋았지만 카메라의 색상은 '흑색'이라는 선입관을 탈피하지 못하고 검은 빛깔의 라지카메를 만들어 냈는데 여자와 아이들을 대상으로 한다는 관점에서 볼 때 시각적인 면에서 완전히 실책을 한 것이다. 그리고 개당 판매가격이 24,000엔이라는 고가의 것이었다. 이 가격은 아이들에게는 너무 비싼편이고 여성들도 같은 값이라면 보통의 카메라를 한 대 사고 따로 라디오도 살 수 있다는 생각을 갖게 되어 결국 보기좋게 판매에 실패하고 말았다.

그러나 끈기와 집념의 마쓰시다는 여기에서 체념하지 않고 대응책을 강구했다. 카메라의 색상이 실패의 원인이라고 생각하고 적색과 백색으로 변경하고 가격도 14,000엔으로 대폭 낮춰서 재도전했다. 그 결과 당초 설정했던 목표를 간신히 달성하여 일단 성공을 거둔 셈이 되었다.

6. 소비자에 대한 배려가 마케팅이다

소비자의 만족을 충족시킨다는 것은 기업의 소비자에 대한 마음가짐이나 배려에 달려있다. 소비자를 단지 돈벌이의 대상으로 생각한다면 아무리 오래된 회사라도 소비자의 신뢰나 만족을 얻지 못한다.

그렇다면 소비자에 대한 마음가짐이나 배려는 과연 무엇이며 어떠한 방법으로 소비자에게 배려해야 하는가.

우선 기업의 대(対) 소비자 배려란 소비자가 만족감을 갖도록 기업이 모든 면에서 소비자의 입장을 생각하는 일이다. 다시 말해서 소비자 중심으로 기업활동을 전개해 나간다는 것이다. 천체(天体)의 운동으로 비유하면 소비자라는 항성(恆星) 주위를 기업이라는 혹성이 한치의 오차도 없이 밤낮을 가리지 않고 돈다는 뜻이다.

또 기업의 대(対) 소비자 배려란 소비자의 요구나 불만을 되도록 빠르고 정확히 파악해서 그것을 해결해 주는 상품이나 서비스를 강구하여 소비자가 만족할 수 있는 방법, 장소, 가격, 시간, 수량 등을 제공해 주는 일이다.

이것은 마케팅의 기본적인 사고이며 최선을 다해 실현시키는 것이 소비자에 대한 배려이다. 그러나 이러한 소비자에 대한 배려는 생각은 갖고 있지만 실행하기는 매우 어려우며 설사 실행을 해도 배려의 척도를 가늠하기 어려워 기업으로서는 적당히 넘겨버리기 쉬운 일이다.

기업이 창업 초기에는 소비자에 대한 배려 등에 신경을 쓰지만 기반이 확고해지면 이익추구를 당연한 일로 여겨 이를 등한시하고 소비자는 마치 기업을 위해 존재하는 냥 오만하고도 그릇된 환상에 사로잡힌다.

소비자에 대해 세심한 배려를 한다는 것은 매우 어려운 일이지만 그 어려운 일을 실행함으로써 얻어지는 가치는 매우 크다고 할 수 있다. 그렇다면 어느 선까지 배려해야 할 것인가. 그것은 금전적인 측면에서 생각할 때 기업은 조직을 유지해야 하기 때문에 채산 내에서 최선의 배려를 하는 수밖에 없다.

그러나 배려를 한다고 해서 모두가 돈과 관계되는 것은 아니다. 요컨대 사고방식, 기업이념, 발상 등 '소비자에 대한 마음가짐'이 돈을 대신할 수 있다. 말하자면 소비자가 만족감을 갖게 되면 그것으로써 성공한 셈이다.

마케팅의 요체가 되는 '소비자에 대한 배려'는 그다지 비용이 들지 않으면서도 소비자도 만족하고 기업도 활성화시키는 에너지가 될 수 있다. 기업이 '소비자 배려'를 당연시하고 실행해 나가는 일이야말로 가치있고 진정한 의미의 소비자 지향이 되는 것이다.

4

상식은 비상식

상식은 비상식

1. 마케팅 사전에는 '절대'라는 말이 없다

마케팅은 인간에 의해 조직된 기업이 소비자에 대해 행하는 만족추구활동이므로 이것이 절대로 옳다든가 절대의 진리라든가 절대로 이렇게 해야 한다라는 등의 생각은 옳지 않다. 인간이 행하는 인간에 대한 행동이 마케팅이기 때문에 달라지는 것은 당연하다. 따라서 절대란 말은 존재하지도 않고 절대시하는 자체가 오히려 이상한 일이다. 마케팅 사전에서 '절대'란 말은 어디에서도 찾아볼 수 없다.

모든 것이 상대적이기 때문에 이런 상황에서는 이렇게 하는 것이 좋다라고 하는 것이 올바른 생각이다. 그리고 더 좋은 방법을 모색해 보려고 노력하는 사람이 마케팅 학자이며 마케팅 실천자들이다. 마케팅 학자들은 보다 좋은 방법을 체계화시키기 위해 노력하고 있으며 기업은 보다 좋은 방법을 실시하려고 애쓰고 있다.

많은 노력을 기울여 고안한 마케팅 방법이 현재는 보편적으로 활용된다 하더라도 10년 후까지 이 방법이 적용된다고는 할 수 없다. 그러나 그때 가서 이 방법이 사용될 수 없다고 하더라도 그 시대에서는 그것이 올바른 방법이었으며 마케팅 이론 역시 타당한 이론이었다고 평가받게 된다.

유일하게 어떤 시대이건 변함없이 옳다고 평가되는 것은 "소비자를 만족시켜 주는 것이 마케팅이다"라는 기본적인 생각뿐이다. 다이내믹하며, 개성적이며, 복잡하며, 일과성적(一過性的)이며, 정서적이며, 도박성이 함축되어 있는 마케팅의 어려움은 독자 여러분의 상상을 초월한다. 이처럼 어려운 마케팅이 어떻게 해야 성공을 거둘 수 있을 것인가.

상식적으로 판단해서도 안되며 과거에 매달려서도 안된다. 스스로 독창적인 센스를 가지고 대응해 나가야만 한다. 그렇게 하면서 비즈니스로서 성공시켜야 한다. 자유로운 독창성과 현실적이고 지속적인 비즈니스로서 기업과 소비자를 공존공영(共存共榮) 시킬 필요가 있다.

예를 들어 복사기(PPC)로 세계시장을 제패한 제록스사는 특허를 취득한 후 타사의 행동을 근원적으로 봉쇄하고 이익을 혼자서만 독식(獨食)했을 뿐 아니라 특허기한이 종료되더라도 절대로 라이벌 기업이 등장하지 못할 것이라고 큰소리쳤다. 그러나 특허의 시한이 만료되자 일본의 캐논, 리코, 샤프, 코니카 등이 저렴한 가격으로 일제히 시장을 잠식해 제록스사의 절대적인 아성이 무너져 내리기 시작했다. 컬러 복사기 분야에서도 캐논이 세계를 제패했고 심지어 일본에서도 리코, 캐논에 이어 시장점유율이 3위에 머물고 말았다. 그리고 후지필름과 합작한 계열회사인 후지제록스가 개발한 복사기까지 미국시장에 역수출되는 상태가 되어 미국의 제록스 왕국은 결국 허무하게 붕괴되고 말았다.

똑같은 현상이 미국의 거대기업인 IBM에서도 발생했다. 컴퓨터의 초기의 개척자였던 레밍톤랜드사가 하드에 집착하고 있는 동안 동사(同社)의 하드 부분을 모방하면서 소프트 부분을 강화시킨 IBM사는 톱의 자리를 빼앗고 마침내 세계를 제패해 IBM의 왕국을 건설했다. 많은 노벨상 수상자를 동연구소로부터 배출시켜 풍부한 연구개발력과 자금으로 다른 경쟁기업의 접근을 불허하는 막강한 강자의 위력을 소유하게 되었다. 백 년은 끄떡도 하지 않을 왕국이라고 누구나 다 그렇게 생각하고 있었다.

그러나 슈퍼컴퓨터는 크레이사가, 퍼스컴은 애플사가, 워크스테이션(workstation)은 선 마이크로 시스템즈사가 급성장해서 각각 1위와 2위의 자리를 차지하게 되었다. 컴퓨터 소프트 분야에서도 마이크로 소프트사가 윈도즈사와 제휴하여 시장을 지배했던 것이다. 거기에다 컴퓨터의 다운사이징(downsizing)의 움직임이 가속화되고 워크스테이션이나 퍼스컴 시장이 확대되어 대형 기종이나 중형 기종에서 압도적인 힘을 지닌 IBM은 쇠락(衰落)의 속도가 가속화되었다. 1991년부터 시작된 대규모적인 재편성은 해마다 속도가 빨라져 분사화(分社化)되거나 레이오프(layoff) 현상이 두드러졌으며 대량의 해고 근로자가 발생하여 IBM 왕국은 서서히 붕괴되기 시작했다.

프라이드와 파워의 마케팅이라고까지 불려졌던 IBM도 절대적이라 믿었던 지위(地位)가 컴퓨터의 다운사이징이라는 시장변화의 거센 물결에 견뎌내지 못하고 단명(短命)으로 침몰해 버렸다. 성자필쇠(盛者必衰)를 증명이라도 하듯 시장의 변화를 무시하거나 소비자의 요구를 무시하면 장구한 세월을 두고 신뢰를 쌓아온 비즈니스 왕국도 순식간에 붕괴되고 마는 것이다.

마케팅에는 '절대'라는 말이 없으며 '혹시나' 하는 생각을 항상 머리속에 간직하고 있지 않으면 안된다.

2. 정답은 하나만 있는 것이 아니다

상식적으로 정답은 하나만 있어야 하는데 입시나 퀴즈의 경우 정답이 여러 개라면 대혼란에 빠지게 될 것이다. 학생시절에 평정(評定) 평균치 등으로 훈육(訓育)되고 평가되어 온 인간들, 무엇무엇은 무엇이 된다라고 흡사 파블로프(I. P. Pavlov)의 조건반사에 사용된 실험용 개처럼 한 가지 방식으로 반복적으로 반응을 나타내는 것이 현명하다고 배워 온 인간들에게 있어서 정답이 몇 개씩이나 된다면 그것은 천지개벽과 맞먹는 놀라움이 될 것이다.

그러나 마케팅에 있어서는 모두 다 그렇다고 할 정도로 정답이 한 개가 아니라 여러 개가 나올 수 있다.

예를 들어 외식산업(外食産業)이 급성장한 1970년대에 소비자에게 제공할 엄청난 요리를 누가 어디에서 조리할 것인가가 커다란 문제로 대두되었다. 공업적 발상법으로 효율을 최우선해야 하는 외식산업이기 때문에 가장 효율이 좋은 방법을 찾지 않으면 안된다. 그 결과 햄버거의 맥도널드는 메이커나 상사(商社)에게 요리를 대량으로 만들게 해서 그것을 매입(買入)하는 방법이 가장 적절하다고 판단하고 외부 발주식(外部發注式) 방법을 도입해 코스트 다운을 도모했던 것이다.

한편 패밀리 레스토랑의 톱 위치에 있는 스카이라크는 자사의 센트럴 키친(central kitchen)을 건설하여 조리사를 채용하고 집중적으로 조리해 각 점포에 배달하는 방식을 채택했다. 같은 업종의 패밀리 레스토랑의 데니즈는 센트럴 키친은 많은 비용이 소요된다고 생각한 나머지 조리된 소재(素材)를 메이커나 상사로부터 매입하는 한편 점포에서도 조리하는 방식을 채택했다.

각 사가 서로 다른 전략을 채택했지만 3사가 모두 대폭적인 코스트 다운에 성공하여 외식 우량회사로 성장한 것이다. 즉 가장 효율적인 세 개의 정답이 나왔다. 그렇다고 문제가 쉬웠기 때문에 그랬는가 하면 그렇지도 않다. 모두 풀기 어려운 난문제(難問題)였다. 어느 외식체인은 센트럴 키친을 세운 것이 코스트 업이 되었고 조리의 노하우가 빈곤하여 소비자의 구미를 돋구지 못해 실패한 예도 있다.

또 어느 외식체인은 점포단위로 조리를 시도했더니 점포마다 맛이 달라서 체인 스토어의 이점을 살릴 수가 없었다. 또 메이커에 조리 일체를 위임하는 기업이 있었는데 자사의 특색을 충분히 살리지 못하고 도태(淘汰)되어 간 업체도 많았다.

앞서의 예를 보면 우선 정답이 세 개가 나왔는데 누구든 그 중의 한 가지를 선택한다고 해서 모두 성공하는 것은 아니다. 각 기업마다 그 특색에 따라 정답이 틀릴 수도 있고 비록 각 기업 능력에 적합한 최선의 정답을 선택했다고 하더라도 선택 후의 진행과정에서 기업능력의 차이에 의해 성공하든가 실패하든가 어느 한쪽으로 기울게 되는 것이다.

3. 정답은 부단히 변화한다

마케팅은 어느 시점에서 한 기업이 올바른 마케팅 전략을 수립해서 훌륭히 실행하여 대성공을 거두었다고 해도 2년 후 동일한 상황에서 똑같은 마케팅 전략을 실시해 실패한 경우가 있다. 이것은 언뜻 보기에 이해가 가지 않는 것처럼 보이지만 경쟁환경,

소비자의 기호, 나아가서는 기업 자체도 변화하기 때문이며 2년 전과 똑같은 상황은 두번 다시 되풀이되지 않는다는 것을 알아야 한다. 즉 이것을 마케팅이나 기업환경의 불가역성(不可逆性 : 두번 다시 돌아오지 않는다는 뜻)이라고 부른다.

모든 것이 변화를 계속하고 있기 때문에 이런 환경 속에서 생존해 가고 있는 기업의 한때의 정답이 오늘에 와서 오답(誤答)이 될 수도 있다는 것은 결코 이상한 일이 아니다. 분명히 말해 정답은 유동적이어서 언제 오답이 될지 모른다는 생각을 가지고 마케팅 행동을 입안해서 결정하는 것이 좋다.

예를 들면 일본 맥도널드의 예가 이에 해당된다. 일본에서 맥도널드의 햄버거를 판매해 폭발적인 인기를 얻자 롯데의 롯데리아, 모리나가(森永)의 러브, 메이지(明治)의 산테오레 등이 후발 주자로서 햄버거 시장에 참여했지만 맥도널드는 타사를 크게 앞질러 독주를 계속했다. 맥도널드는 햄버거와 포테이토와 콜라와 셰이크가 중심이었으며 매출액은 해마다 배가(倍加)되었다. 당시 사장은 "일본인에게 햄버거를 더 많이 먹게 하여 머리카락이 금발이 되도록 하겠다"고까지 호언장담했던 것이다.

당시의 맥도널드의 전략은 햄버거의 대량생산과 대량판매와 대량광고 그리고 대량 출점(出店)이라는 매스 머천다이징의 마케팅 전략이었는데 이 전략이 대성공을 거두게 된 것이다.

그러나 전국의 주요 도시와 번화가에 출점이 끝나자 맥도널드의 기존 점포의 매출액은 주춤거리기 시작했다. 그래서 햄버거류 중심의 전략을 수정하여 아침식사용 세트와 치킨 나게트를 도입, 매출액을 다시 끌어올리는 데 성공했다.

이 전략도 타사에 앞서서 도입했는데 당초 햄버거 이외는 아무런 상품도 생각해 본 일이 없다던 사장이 자신의 말을 완전히 뒤엎고 올바른 전략(정답)을 선택했던 것이다.

그런데 또다시 매출부진에 빠졌다. 이 때도 경쟁사 모스버거의 개발상품인 데리야키버거를 도입하여 390엔의 사은세트를 한정기간(限定期間) 캠페인으로 판매해 대규모의 디스카운트 경쟁을 불러일으켰다. 이것 역시도 크게 히트를 쳐 맥도널드 사장의 전략전환의 신속함과 시대를 읽어 내는 정확한 눈에 세인들은 감탄과 찬사를 아끼지 않았다. 맥도널드의 전략은 창업 당시의 전략과 크게 달라졌으며 타사의 것은 절대로 모방하지 않는다고 큰소리 쳤지만 남의 것을 주저없이 모방하는 등 전략을 임기응변식으로 바꾸었는데 당시의 상황에서는 올바른 전략이었던 것이다.

그러나 이번에는 본격적인 소비자의 햄버거 이탈이 발생했다. 소비자가 맛에 식상(食傷)했던 것이다. 즉 싫증을 느낀 것이다. 그래서 젊은이들이 초밥과 생과자 붐에 적응하도록 초밥과 팥빵을 도입했으며 전에는 적대시하던 라이스 메뉴까지 채택하는 전략으로 전환했다. 맥도널드 볶음밥, 중화 도시락, 돈가스 카레 등 연이어 라이스 메뉴를 도입했지만 이번에는 완전히 실패하고 말았다. 맥도널드도 이젠 한계가 왔나보다고 생각했던 순간, 210엔짜리 햄버거를 기한 한정판매로 100엔이라는 타사로서는 도저히 믿기 어려운 싼값으로 내놓았기 때문에 결국 분산되었던 고객을 재차 불러들이는 데 성공하게 되었다.

이 전략도 불황기에 소비자의 저가격 지향을 재빨리 파악해서 100엔이라는 파격적인 저렴한 가격으로 매스컴의 화제를 불러일으켜 이탈된 고객을 다시 불러들이고 기업 전체의 매출액을 끌어올렸다.

일본 맥도널드의 타이밍 좋은 전략전환을 볼 때 세상의 흐름, 소비자의 기호변화에 부단히 적응해 가려는 기업의 노력을 엿볼 수 있으며 종래와 전혀 다른 방향의 전략이 나오는 것을 보고 발상의 탁월함에 새삼스럽게 감탄하게 된다. 모든 기업들이 명심해야 할 점은 성공기업들이 펴낸 전략의 태반은 정답이 되겠지만 그 기간은 아주 짧고 다음 시기의 정답이 무엇인가에 대하여 쫓기는 상황에 몰리게 된다는 것이다. 다시 말해서 "정답은 끊임없이 변화하므로 한때의 정답은 영원한 정답이 되지 못한다"라는 진리를 깨달아야 할 것이다.

4. 구애받지 않는 것이 마케팅

인간들은 웬지 모르게 어떤 사물에 구애받는 습성이 있다. 경영자들은 특히 과거의 성공에 구애를 받는다. 그리고 실패한 후에 비로소 구애받은 자신의 잘못을 깨닫게 된다. 인간들은 명성, 프라이드, 상식, 과거 등 다양한 것들에 구애를 받는다. 경영자도 같아서 때로는 구애를 받음으로써 성공하는 예도 없지 않지만 대부분은 구애를 받았기 때문에 실패한다.

경영자가 마케팅 분야에서 구애를 받는 것은 기업명칭, 브랜드명, 품질, 가격, 거래처, 과거의 성공사례, 업계의 상식, 기업이미지, 신용 등이다.

구애를 강하게 받는 까닭은 시야가 좁고 외부로부터의 의견에 귀를 막는 폐쇄적인 태도 때문인데 구애받는 대상에 감정이입이 심하고 신념으로까지 굳어진 결과이다. 극심한 변화가 일고 있는 현대의 비즈니스 사회와 소비자 행동의 변화가 현저한 소비사회 속에서 과거에 구애를 받는 경영자는 왕왕 의사결정이 늦어지거나 완고할 정도로 원패턴으로 흐르기 쉽다.

경영, 특히 마케팅은 파도를 타는 서퍼(surfer)와 같은 경영자가 적임자이다. 즉 비즈니스 환경의 변화와 소비자 행동의 변화가 파도처럼 밀어닥칠 때 어떻게 편승해 나갈 것인가가 요점이 된다. 파도의 형태에 따라 서프보드(surfboard)를 변화롭게 타야 하며 지금까지 터득한 모든 기술을 동원해 균형을 유지하면서 서핑을 계속해야 할 것이다.

그렇다면 구애를 받아 실패한 예로는 어떠한 것이 있나를 잠시 살펴보기로 하자. 지난날의 스테레오는 모든 부품들이 생산단계에서부터 일체화된 앙상블이었다. 그 당시의 톱 메이커는 다이어톤 스피커로 세계적으로 유명했던 미쓰비시 전기와 니혼빅터, 토리오, 산수이, 온쿄오였다. 5개 사(社) 모두 스테레오는 앙상블형(型)이어야 한다고 고집했다. 부품단위로 조립하는 분리형 스테레오가 판매개시되었을 때에도, 부품을 소비자 스스로가 자기 기호에 맞춰 조립하는 컴포넌트 스테레오가 판매개시되었을 때에도 "그것은 가격도 비싸고 소비자가 전문가가 아니기 때문에 조립하는 데에도 혼란을 일으킨다"고 하면서 계속 무시해 왔다.

컴포넌트형 스테레오에 최초로 도전한 회사는 당시 스테레오 부품 메이커였던 파이어니어이다. 컴포넌트형 스테레오가 스테레오의 주류가 되고 앙상블형 스테레오가 시장에서 쫓겨났을 때 앙상블을 고집했던 대형 5개 사는 모두 시장에서 사라졌으며 톱 메이커가 된 회사는 파이어니어와 마쓰시다, 소니의 3개 사 뿐이었다. 그 중에서도 파이어니어는 단연 톱의 자리를 지키며 고수익을 구가했던 것이다.

이어서 라디오가 스테레오화한 라지카세가 등장하고 품질도 향상되어 스테레오와 똑같은 수준의 음질을 확보했을 때 이번에는 파이어니어가 컴포넌트형의 본격적 스테레오에 집착해 라지카세를 무시했다. 시류(時流)가 스테레오로부터 라지카세로 선회하자 소니, 마쓰시다, 샤프, 산요, 아이와의 매출이 급신장되어 결국 파이어니어는 시장에서 탈락되고 말았다.

따라서 컴포넌트형 스테레오는 생산을 중지했으며 파이어니어는 레이저 디스크라는 타분야에서 목숨을 부지할 수밖에 없게 되었다. 그런데 라지카세 시대가 가고 CD플레이어 시대가 도래하자 소니는 압도적인 강자가 되었으며 2위인 마쓰시다와 함께 시장의 대부분을 점유하게 되어 타사는 속속 탈락해 갔다.

이밖에도 옛것에 구애받아 실패한 예로서 닛카 위스키를 들 수 있다. 닛카는 위스키의 명문이었지만 60년대 경제의 고도성장으로 소득이 증가되었는 데도 소비자의 고급 위스키 선호경향을 무시하고 종래의 값싸고 맛좋은 위스키 제조에만 전념했다.

이에 반하여 라이벌인 산토리는 토리스에서 레드, 화이트, 골드, 가쿠빙(角瓶), 올드, 더 나아가서 리저브, 로열, 임페리얼 등 제품의 고급화 전략을 채택해서 소비자의 니즈에 부응하면서 고급화 지향의 교묘한 이미지 광고에 의해 고급 위스키 시장을 스스로 만들어 나갔다.

눈을 가리고 위스키를 테스트해 볼 때 닛카와 산토리가 같은 수준의 것이었는 데도 양사의 시장점유율의 격차는 누가 보아도 뚜렷하게 나타났던 것이다.

닛카는 맛과 저가(低價)에 구애받고 산토리는 소비자의 욕구를 충족시켜 주는 전략을 채택하여 결과적으로 산토리가 승자가 되었다. 어느 쪽이 좋다! 나쁘다! 가 아니라 마케팅에서는 자기 생각에 집착하다가 소비자로부터 지지를 받지 못한 쪽이 패배하는 것이다. 아주 냉혹하고도 엄격한 결과가 나오게 되는 것이 마케팅이다.

5. 과거를 버리고 미래를 내다보아라

구애받는 것 중에 가장 흔한 케이스가 과거의 대성공에 미련을 두는 일이다. 기업이 대기업이 되면 될수록 지난날의 성공을 잊지 못한다.

그러한 대성공은 경영자로서는 잊을 수 없는 이상적인 사건으로 아무리 세월이 흘러도 생생하게 되살아난다. 이 추억이 모든 의사결정에 영향을 주어 잘못된 행동을 유발시키는 결과가 된다. 상황이 달라지고 기업능력이나 기업체질이 달라졌다는 것을 뻔히 알면서도 본질적으로 사고가 달라지는 데까지 이르지 못한 것이다.

특히 장기간에 걸쳐 톱의 자리에 오르지 못하고 2위나 3위에 머물러 있던 기업이 크게 성공해서 업계의 톱 자리에 앉거나 이와 비슷한 처지에 놓이면 지난날의 대성공의 달콤한 추억이 언제까지나 뇌리에서 사라지지 않아 결국 새로운 변화를 거부하는 경우가 많다.

예를 들어 미놀타는 오랜 기간 니콘(과거의 日本化學)이나 캐논의 뒤만 따라가는 특색없는 카메라 메이커였지만 α―7000의 대히트로 세계 제1위의 카메라 메이커로 급부상하게 되었다. 카메라 업계의 대혁명이라느니 기적이라느니 할 정도로 미놀타는 일약 매스컴의 총아가 되었으며 기업도 초우량기업으로 변신했다. 그러나 그러한 영화(榮華)도 잠시뿐 지난날 톱 자리를 지키고 있던 캐논이 일대 공세를 감행하여 순식간에 톱의 자리를 빼앗겼다. 거기에다 후지필름의 일회용 카메라, 즉 렌즈가 부착된 필름의 출현으로 더블펀치를 맞게 되었다.

미놀타는 α―7000 시리즈의 대성공의 미련에서 깨어나지 못한 데다가 새로운 상품개발의 투자도 게을리하는 상태에서 막연하게 대성공의 재도래(再到來)만을 꿈꾸고 있었던 것이다. 그러는 사이에 매출은 떨어지고 재고는 쌓이고 거기에다 액운까지 겹쳤다. 그것은 미국의 하니웰사가 α-7000의 일안(一眼) 레프 카메라의 자동초점기구(自動焦点機構)를 자사의 특허권 침해라고 소송을 제기해 결국 화해금으로 166억 엔이라는 거금을 지불하게 되었다. 미놀타는 현재 존망(存亡)의 기로에 서 있으며 과거의 꿈에 집착한 어리석은 생각에 대한 대가를 톡톡히 지불하고 있는 것이다.

아사히 맥주도 미놀타와 같은 경우인데 슈퍼드라이의 대히트로 승리에 도취해 있을 때 기린 맥주의 신제품과 삿포로 맥주의 흑(黑) 라벨의 부활로 매출액에 제동이 걸려 무모한 과대 시설투자가 큰 짐이 된 것이다. 그리하여 야심작으로 내놓은 슈퍼이스트와 Z 등 일련의 신제품도 크게 실패해 일본 제일의 왕위(王位) 복귀전략도 빗나가게 되어 결국 위세(威勢)를 잃은 옛날의 아사히로 되돌아가고 말았다.

디선트도 과거의 영광에 도취된 나머지 업적이 부진하여 경영자가 퇴진하기에 이르렀다. 디선트는 먼싱웨어라는 원포인트 브랜드의 왕이라고 일컬어지는 브랜드를 만들어 낸 기업이다. 라코스테, 트로이, 아놀드파마, 헌팅 등 신사용 스포츠 웨어의 원포인트 마크는 큰 붐을 일으켰는데 그 중에서도 디선트의 먼싱웨어는 탁월한 위력을 발휘하여 신사의류에서는 일본 최고의 매출액을 자랑하기도 했다. 상품도 가게에 진열해 놓기만 하면 날개 돋친 듯 팔려나가 영업사원은 앉아서 소매점으로부터의 주문만 받으면 되었다. 따라서 영업사원들의 태도는 점점 오만해져 갔고 백화점에서의 판매나 바겐세일까지 완전히 컨트롤하게 되었다.

그러나 신쥬쿠(新宿)의 이세탄(伊勢丹) 백화점에서 먼싱웨어가 처음으로 매출부진에 빠지게 되었다. 패션동향에서 가장 정확한 판단력을 지니고 있다고 정평이 나있는 이세탄의 바이어나 매장 책임자들은 다른 브랜드와 비교할 때 디자인 등 그다지 격차가 없는 데도 가격만 월등히 비싸고 소비자가 좋아하는 디자인과 거리가 멀다는 것을 발견하고 이 점을 지적했다. 그러나 디선트의 영업사원들은 일본에서 먼싱웨어가 최고의 인기를 유지하고 있는데 이세탄의 노력 부족으로 매출액이 떨어지고 있다고 반박했다.

그러나 그 후 2~3개월이 지나자 도쿄(東京) 시내의 주요 백화점에서도 먼싱웨어의 매출액 감소현상이 속속 발생했으며 6개월쯤 후에는 전국 각 도시에서 판매부진을 호소하는 사태가 잇달아 발생했다. 과거에는 10~20%의 바겐세일밖에 하지 않던 먼싱웨어가 다음 해에는 50~60%의 바겐세일을 단행해도 재고가 남아돌 정도의 판매부진에 빠지게 되었다.

이렇게 된 까닭은 지금까지는 소비자의 취향에 일치시켰던 먼싱웨어가 소비자 기호의 변화와 경쟁 메이커의 품질향상을 무시하고 디선트가 만들어 내는 먼싱웨어는 틀림없이 팔릴 것이며 소비자도 반드시 만족할 것이라는 어처구니없는 자가당착(自家幢着)과 오만에서 비롯된 결과이다.

소비자가 무엇을 원하고 있는가의 발상이 아니라 세계적으로 유명한 디선트가 만든 옷인데 팔리는 것이 당연하다는 그릇된 사고가 정착되어 버린 탓이다. 그 결과 디선트는 업적부진에 허덕이다가 결국 은행과 종합상사의 관리하에 들어가게 되었고 경영진의 퇴진으로 다시 재출발하게 되었다.

이 디선트와 비슷한 예는 1991년 이래 세계 제일의 패션 메이커인 레나운에서도 볼 수 있는데, 업적부진으로 몸살을 앓고 있는 경위(經緯)와 증상은 디선트와 조금도 다름이 없다. 요컨대

대성공한 과거의 꿈을 버리고 똑바로 정신을 차리고 미래를 응
시하지 않으면 안된다.

6. 떡은 떡집에서만 만들지 않는다

시장이 성숙되고 매출액이 별로 신장되지 않으면 기업은 경영의
다각화(多角化)를 시도하게 된다. 즉 다각화에 의해 매출액이나
이익을 올려 기업성장을 유지한다. 이 다각화는 다른 업종에의
신규참여이기 때문에 말하자면 일종의 부업이 되는 셈인데, 이것을
본업으로 하고 있는 기업이 필사적으로 총력을 경주하고 있는 곳에
아마추어인 타기업이 도전하는 것이다. 그래서 부업 대 본업의
싸움이 벌어진다.

대부분 프로인 본업의 회사가 승리하지만 때로는 아마추어인
신규참여의 기업이 승리하는 경우도 있다. 현대의 비즈니스 사
회에서는 소비자의 기호가 숨가쁘게 변화하기 일쑤이고 각 사의
기술이나 노하우도 대체적으로 평준화되어 있으므로 색다른 발
상이나 기법이 있다면 아마추어 기업이 손쉽게 프로 기업을 이길
수 있을 것이다.

"떡은 떡장사만 만든다"라는 상식이 통하지 않는 시대가 되었다.
예를 들면 가오(花王)나 가네보(鐘紡)의 화장품은 다각화의 성
공의 예(가오는 원래 비누제조 회사였고 가네보는 방직회사였다)
이며 혼다의 자동차도 이에 속한다. 혼다의 본업은 이륜(二輪)
오토바이 제조가 주종이었다. 몇 가지 다각화의 케이스를 살펴보면
악기제조회사인 야마하(山葉)가 이륜차에 손을 댔으며 계산기
메이커의 카시오가 악기제조에 참여했다. 또한 가전(家電) 메이
커의 샤프가 계산기 업계에 발을 들여놓았다. 원래 샤프는 샤프

펜슬의 제조를 목적으로 창업했는데 경영의 다각화 정책으로 가전업계에 손을 댔으며 다시 계산기 업계에 뛰어든 것이다.

이처럼 각 기업이 다각화 정책을 쓰기 때문에 무엇이 본업인지 알 수 없는 기업도 많다. 그러므로 자신이 하고 있는 본업에 언제 어떤 기업이 도전장을 내고 공격해 올지 알 수 없다.

예를 들면 자판기(自販機)의 캔커피가 최근 믿기 어려울 정도로 잘 팔리고 있다. 커피의 경우 본업으로 따진다면 UCC의 우에지마(上島) 커피와 네슬 정도인데 음료회사, 맥주회사 등도 커피업계에 참여하고 있다. 이들 회사들은 폿카, 자이브, 죠, 보스, 빈즈, 벨미 등의 브랜드명으로 캔커피를 시장에 내놓았으며 이밖에도 모리나가 제과, 야쿠르트, 일본담배산업, 다이도(大同) 제약 등도 커피업계에 뛰어들고 있다.

커피라면 UCC라고 할 정도로 톱의 자리를 유지하던 우에지마 커피는 전통적인 레귤러 커피이어야 한다는 독선적인 발상으로 레귤러 커피에 집착했다. 그런데 인스턴트 커피가 등장했을 때 맛이 좋지 않다는 판단으로 참여를 꺼리다가 뒤늦게 참여해 네슬이나 아지노모토의 맥스웰에게 밀려 인스턴트 시장을 완전히 내주고 말았다.

UCC의 우에지마 커피는 캔커피 시장에서 처음에는 톱 자리에 올랐지만 현재는 코카콜라가 일본 제1위의 자리를 차지했으며 폿카와 2위 자리를 놓고 기린, 아사히, 산토리 등이 맹추격을 해오고 있는 상황이다.

1992년부터 광고방송으로 "마시려면 UCC, 맛은 커피전문회사의 캔커피"라는 캐치프레이즈로 권토중래(捲土重來)를 꾀하고 있지만 양주(洋酒) 메이커의 대대적인 캔커피 캠페인에 압도당하여 지난날의 명문(名門) UCC는 그 이미지가 점차 퇴조해 가고 있는 실정이다.

최근의 신규참여 유형은 해외의 유명기업들이 일본의 이종기업(異種企業)과 제휴하는 경우가 많다. 일본의 같은 업종이 아니라 이업종의 기업이다. 일본기업의 입장으로서는 다각화의 일환으로서 외국기업과 협력하는 것이다. 부업으로 참여함에 있어서 노하우가 결여되어 있기 때문에 부득이 해외 유력기업과 손을 잡고 싸움을 유리하게 이끌어가려는 것이다.

예를 들면 일본 맥도널드사는 토이자라스나 브록바스터와 제휴하여 장난감이나 비디오 대여업계에 파고들었고 산토리는 하겐다츠와 제휴하여 고급 아이스크림 시장에 참여했으며 크레디트의 마루이(丸井)는 버진메거 스토어즈와 제휴하여 레코드점에 참여하고 있다.

이와 같이 일본의 기업들이 다각화를 전개할 때 외국의 유명기업과 제휴해서 참여하면 성공의 확률은 대단히 높다. 경우에 따라서는 톱 기업이 되는 경우도 있다. 예를 들어 청소기구 대여업체인 다스킨은 미스터 도넛, 후지타(藤田) 상점(수입잡화 도매업)은 맥도널드, 미쓰비시 상사는 켄터키 후라이드 치킨, 후지필름은 제록스, 케이세이(京成) 전철과 미쓰이 부동산의 도쿄 디즈니랜드 등이다. 이를테면 일본의 떡집이 외국의 제과점에게 밀리고 있는 꼴이다.

본업을 고수하는 기업들에 있어서 가장 곤란한 것은 타업계의 기업이 질적으로 다른 제품을 가지고 시장에 참여함으로써 기존 제품이 완전히 제압당해 본업의 기업이 살아남지 못하게 되는 경우이다.

또 인허가제(認許可制)로 인하여 일본의 TV 미디어를 독점하고 있던 TV국은 위성방송의 출현으로 장래를 위협받고 있으며 팩시밀리의 출현으로 우체국의 우편물이 팩시밀리 시장에 빼앗기고 있는 실정이다.

은행도 카드회사의 현금 서비스로 시장을 빼앗기고 있으며 은행의 기업융자도 기업간의 직접 금융으로 인하여 점유율이 낮아지게 되었다. 지난날 금융의 왕자였던 은행도 전혀 라이벌로 생각하지 않았던 증권회사나 카드회사, 신판회사(信販會社), 소비자금융회사, 리스회사, 나아가서는 상사금융(商社金融)이나 대기업의 자회사(子會社)에 대한 융자를 포함해서 라이벌이 속속 출현해 금융계 전체에 대한 지위는 급격히 저하되고 있는 실정이다.

"적은 어느 날 갑자기 방문을 열어제치고 밀고 들어온다"는 것을 항상 염두에 두고 있어야 할 시대가 되었다.

7. 업계는 상식의 온상

업계(業界)라고 하는 것은, 어떠한 업계일지라도 발상이라는 점에 있어서는 거의 비슷하고 화석(化石)처럼 낡은 생각을 소중히 간직한 공동체이다. 업계는 외부의 시각에서 볼 때 이상할 정도로 한쪽에 치우쳐 있고 어처구니없을 정도로 편협적인 것을 볼 수 있다.

그러나 업계 내에 존재하는 사람들은 자신들의 생각이 완고하고 편파적이라는 것을 인정하려 들지 않으며 업계 공통의 완고한 발상에 묶여있다는 것조차도 깨닫지 못하고 있는 경우가 많다. 우선 업계의 완고한 틀에서 벗어나는 것이 마케팅적 발상의 첫 걸음이라고 할 수 있다.

예를 들어 식빵의 표피가 딱딱하다는 것은 업계의 상식이었다. 야마자키(山崎) 제빵이 아이들이 식빵의 표피가 딱딱해서 빵을 먹지 않아 부드러운 피질(皮質)의 빵을 생산해야겠다고 생각한 것이 1989년의 일이다. 메이지(明治) 시대부터 빵을 굽기 시작했는데 이 단순한 문제점을 깨닫고 개선하는 데에는 무려 백 년 이상이 걸린 셈이다. 야마자키 제빵은 더블소프트라는 브랜드명으로 한 근의 빵을 1.5배로 부풀게 하는 동시에 빵의 표피를 부드럽게 하여 시판(市販)에 들어갔다.

업계의 모든 제빵업자들은 이렇게 부드러운 빵은 절대로 팔리지 않는다고 비웃었으며 슈퍼마켓에서는 부피가 커서 매장을 너무 많이 차지한다고 달갑게 여기지 않았으나 일단 시험적으로 진열해 보았더니 순식간에 팔려나가 야마자키의 더블소프트는 일약 15%의 시장점유율을 차지하는 큰 성과를 올렸다. 겨우 6개월 동안의 성과였다. 실지로 이 빵은 부피가 커 매장면적을 많이 차지해 경쟁타사가 모방해서 개입하려고 했으나 놓아 둘 자리가 없어 야마자키의 더블소프트만이 독주하게 되었다.

소니의 워크맨도 업계의 상식으로는 귀로 듣기만 하는 테이프 리코더(tape recorder)가 어떻게 팔리겠는가 하는 냉소적인 시각이었지만 세계적으로 크게 히트되어 그 당시 베타막스 비디오의 실패로 업적이 부진했던 소니를 난국에서 구출해 준 셈이 되었다.

위장약도 업계 내에는 완고한 상식이 있어서 식사 후에 먹는 약으로 인식이 굳어 있었으며 캬베진, 판시롱 다이쇼(大正) 한방 위장약, 산쿄(三共) 위장약 등 모두가 식후에 복용하는 것들이었다. 이러한 상태에서 쿄와(共和)가 캬베2라는 술을 마시기 전에 먹는 숙취예방 위장약을 발매하기 시작했다. 새롭기도 하고 화제가 집중되어 타사의 위장약보다 많이 팔려나가 순식간에 히트를 치게 되었다.

햄 업계와 슈퍼마켓 업계의 뿌리깊은 상식을 깨뜨리고 성공한 예가 있다. 슈퍼 업계에서는 햄을 넣어 두는 쇼케이스에 고급 햄은 크고 먹음직스럽기 때문에 윗선반에 진열하고 싸고 작은 위너 등의 햄소시지는 봉지에 넣어 제일 아래쪽에 쌓아 두는 것이 상식이었다.

니혼 햄이 고급 소시지로 샤우엣센을 새로 발매했을 당시 고급 소시지는 하나의 덩어리로 포장해서 선반 위쪽에 놓아 두고 판매하는 것이 상식이었는데 굳이 작은 위너 소시지로 만들어 봉지에 넣어 진열대의 제일 아래쪽에 놓고 판매하는 업계의 상식에서 벗어난 전략을 채택했다. 햄의 쇼케이스 최하단은 소비자의 무릎 정도의 높이기 때문에 가장 꺼내기 좋은 위치이다.

그 곳에 값싼 소시지와 고급 소시지를 함께 진열해 놓고 판매했다. 상품의 차이를 소비자가 쉽게 판별할 수 있고 한 번 사서 먹어보자는 트라이얼 유저(trial user)도 많이 생겨 시식해 본 그들은 종래의 위너 소시지와 전혀 다른 맛을 느끼게 되었으며 고가임에도 불구하고 예상 외로 큰 인기를 얻게 되었다.

자전거 업계도 오랫동안 상식이라는 발상이 지배해 오고 있었다. 가정용 일반 자전거에는 거의라고 할 수 있을 만큼 짐 싣는 하대(荷台)와 바구니, 전등, 진흙 제거용의 고무판이 달려 있었다. 브리지스톤, 마쓰시다, 마루이시(丸石), 미야타(宮田) 등 모든 자전거에도 부착되어 있었다. 그런데 양판점 업계의 세이유(西友)가 브랜드가 없는 경쾌형(輕快型) 자전거를 개발해 판매하기 시작했다.

대부분의 사람들이 하대(荷台) 위에 짐을 싣지 않는 경향이 있으므로 아예 짐 싣는 받침대를 제거해 버렸다. 바구니는 꼭 필요한 사람에게만 별매(別賣)하기로 했으며 전등은 밤에 자전거를 이용하는 사람이 드물기 때문에 이것도 없애 버렸다. 진흙 제거용 고무판도 실지로 비오는 날에는 자전거를 타는 사람이 그리 많지 않으며 도로나 골목길도 포장이 잘 되어 있는 편이어서 이것도 없애 버리고 말았다. 정녕 자전거 업계의 사람들도 깜짝 놀랄 만한 새로운 발상으로 세이유는 경쾌형 자전거를 만들어 시판하기 시작했다.

이 경쾌형 자전거는 발매개시와 동시에 날개 돋힌 듯 팔려 나갔다. 불필요한 부품이 생략된 이 자전거는 소비자 눈에 날씬하고 멋지게 비쳐져 젊은층을 중심으로 인기를 독점했고, 결국 선발 메이커들도 모두 이러한 경쾌형 자전거를 앞을 다투어 개발하기 시작했다.

8. 자금보다도 지혜

일반 사람들은 비즈니스나 경제활동이 자금을 중심으로 작용하기 때문에 자금을 많이 가진자가 모든 면에서 유리할 것이라고 생각한다. 즉 자금력이 모든 것을 좌우한다고 생각하는 것이다.

특히 경제학에서는 자금력이 풍부한 기업이 경쟁에서 이기며 자금력이 약한 기업은 탈락된다는 단순하고 명쾌한 신앙과 같은 사상으로 이론을 전개한다. 과거의 유물이 되어 버린 마르크스(Karl Marx) 경제학에서는 자금력의 격차를 영원히 역전되지 않는 것으로 생각하여 공산주의나 사회주의 발생의 이론적 기반을 만들었다.

그러나 현실의 비즈니스 사회는 그 정도의 단순하고도 우둔한 두뇌로는 납득하지 못한다. 자금부족에 허덕이던 중소기업이 성공하여 대기업으로 변신하는가 하면 풍부한 자금을 가진 거대기업이 마치 거짓말처럼 경쟁에 패하여 도산되거나 소멸해 간다.

그렇다면 그 이유는 무엇 때문일까? 그것은 한마디로 두뇌의 차이 때문이다. 즉 발상의 차이, 지혜의 차이에서 비롯된 것이다.

지혜를 바탕으로 한 기업활동은 타사가 모방하기 힘들며 자금을 흥청망청 탕진하는 기업활동으로는 동질적(同質的)이고 보다 적절한 곳에 많은 자금을 사용하는 기업에게 간단히 패배하고 만다. 그러나 지혜는 자금력에서 생겨나는 것이 아니다.

컨비니언스 스토어의 아주 좋은 예가 있다. 이토요카도가 미국의 사우스랜드사로부터 도입한 세븐일레븐과 다이에가 로손밀크사로부터 도입한 로손과의 싸움이다. 당시는 양쪽 모두 미국의 대표적인 컨비니언스 스토어였으며 일본에 진출한 시기도 거의 같았다.

다이에는 그 당시 매출액에 있어서 일본 제1위인 데다가 그 후에도 해마다 수익이 증가해 자금력에 있어서는 소매업계에서 넘버원이었으며 다른 메이커와 비교해서도 뛰어난 실력을 갖고 있었다. 한편 이토요카도는 관동(關東)의 로컬체인으로 급성장하고 있었지만 자금력도 약하고 출점(出店)도 다이에처럼 자사제품이 아니라 리스방식을 채택하지 않을 수 없는 상태였기 때문에 다이에와 비교할 때 초일류(超一流) 기업과 이류 기업의 대결이라고 할 만큼 큰 격차가 있었다.

즉 자금력이 없는 이토요카도는 세븐일레븐을 개점하고 소매업계에서 일본 제일을 자랑하며 자금력도 풍부하고 지명도(知名度)도 높으며 인재도 많은 다이에가 로손을 개점한 것이다. 당시의 세븐일레븐의 자금력의 빈약함은 보기에도 딱할 정도였고 500엔의 물품을 매입할 경우에도 사장의 결재가 필요했다.

세븐일레븐은 컨비니언스 스토어의 기본적인 마케팅 개념은 '편리성의 추구'에 있다고 규정하고 소비자가 편리하게 이용할 수 있는 점포 만들기, 편리한 진열, 편리한 서비스 등을 철저하게 연구하여 개점에 임했다.

로손은 당초 파티(party) 용품을 주력으로 하는 상품을 진열했으나 도중에 이를 변경, 슈퍼마켓의 다이에에서 잘 팔리고 있는 상품만을 취급한다는 이를테면 미니 슈퍼마켓을 연상케 하는 영업을 전개해 나갔다. 즉 로손은 컨비니언스 스토어를 단순히 편리한 가게로만 알고 있었을 뿐 편리한 가게가 소비자에게 어떠한 메리트를 주는가는 전혀 생각하지도 않고 단순히 미국에서 유행하고 있으니까 일본에서도 도입해 보자는 심산이었다.

소비자에게 편리함을 제공해 주는 세븐일레븐과 작은 슈퍼마켓에 지나지 않는 로손과의 차이점은 너무도 명백했다. 개점 후 양사의 격차는 크게 벌어지다가 일본의 세븐일레븐은 급기야 미국의 본사까지도 매입하는 위세를 떨칠 만큼 대성공을 거두었다.

당시 업계 제2위의 슈퍼로서 이토요카도보다 자금력이 앞선 세이유도 패밀리 마트란 점포명으로 사업을 전개했지만 편리성을 제공하는 상점 만들기에 대한 지혜부족으로 로손과 마찬가지로 세븐일레븐에게 완패하여 그의 뒤를 쫓는 입장이 되었다. 그 후 로손이나 패밀리 마트는 세븐일레븐을 모방하여 업적을 향상시켰는데 비로소 편리한 점포란 무엇인가를 뒤늦게나마 인식하게 되었다. 그러나 일단 벌어진 격차는 좁혀지지 않고 세븐일레븐의 독주(獨走)는 여전히 계속되고 있는 실정이다. 자금력보다 지혜로 세븐일레븐은 이긴 것이다.

스포츠 드링크(아이소트닉 드링크)도 지혜가 자금력을 이긴 예이다. 스포츠 드링크는 미국대학에서 성행하고 있는 미식축구의 선수들에게 시합 중 수분보급을 보다 효율적으로 하기 위해 고안된 것이다. 원래는 분말(粉末)로 물에 타서 마시도록 되어 있었다.

미국에서는 시장점유율의 약 99퍼센트를 최초로 개발된 게이터레이드가 점유하고 있었고 대부분 운동선수가 소비자였다. 이 게이터레이드는 식품 메이커에서도 마케팅이 탁월하고 자금력도 풍부한 일본의 유키지루시(雪印)와 제휴하여 일본에 진출했다.

한편 도쿠지마(德島)의 지역 의약품 회사인 오츠카 제약은 점적액(点滴液)으로 유명했으며 특히 오로나민도 드링크로 성공했는데 자사의 점적액 제품과 공통성이 많은 스포츠 드링크에 강한 관심을 보이다가 자사가 개발한 포카리스웨트를 판매하기에 이르렀다.

게이터레이드와 포카리스웨트는 같은 해 같은 달에 판매되기 시작했고 품질도 비슷했다. 유키지루시는 자금력에서나 마케팅에서나 미국의 톱 브랜드의 노하우를 지니고 있는 면에서나 오츠카보다 월등했다.

그러나 결과는 포카리스웨트의 대승리로 끝나 게이터레이드는 예상치도 못했던 참패를 당하게 된 것이다. 포카리스웨트는 분말로도 판매했지만 캔 제품을 만들어 대대적인 캠페인을 전국적으로 전개하고 드링크로서의 마케팅을 시도했다. 특히 대학생이나 젊은층을 중심으로 무료로 시음하게 했다.

이에 대해 게이터레이드는 스포츠 선수용 상품이라고 못박고 분말 중심으로 판매했으며 특히 스포츠 용품점에 찾아온 손님들에게는 분말을 물에 녹여 종이컵에 담아 제공하는 캠페인을 전개했다. 어디까지나 스포츠 선수 지향이었기 때문에 매출액도 크게 오르지 못하고 수수한 마케팅이 되고 말았다.

오츠카는 포카리스웨트를 제2의 코카콜라로 만들겠다는 목표로 적극적이고 화려한 마케팅을 전개하여 초년에는 매출액보다도 광고비가 웃돌 정도였다. 게이터레이드는 본고장인 미국에서도 운동선수용으로 판매했기 때문에 시장 자체가 작아 일본에서도 그다지 잘 팔리지 않을 것이라고 예상하고 자금도 별로 투입하지 않았다. 이러한 차이가 결정적인 요인으로 작용하여 매출액은 포카리스웨트가 10배 이상에 이르게 되었다.

현재로는 수위(首位)가 포카리스웨트이며 2위는 코카콜라사의 아쿠아리스가 차지하고 원조격(元祖格)인 게이터레이드는 2위는 고사하고 소비자가 이름조차도 모르는 상태까지 되고 말았다. 자금력이 없는 포카리스웨트의 지혜와 노력이 열매를 맺게 된 것이다.

커피 후래쉬의 메로디안이나 스자타도 자금력이 없는 중소기업이 승리한 예이다. 커피에 넣는 크림은 옛부터 유키지루시, 모리나가 유업(乳業), 메이지 유업이 압도적인 강자였다. 이들 3사는 수십 잔 분량의 커피용 크림을 하나의 종이팩에 넣어 공급해 왔다. 이것은 가정에서 소비하기에는 양이 너무 많고 전량 사용하려면 많은 시일이 걸리기 때문에 주로 다방 등에 업무용으로 판매되었다.

그래서 한 번에 한 봉지씩 사용할 수 있도록 커피 한 잔용(6mmℓ)으로 만들어 판매한 메이커가 바로 야오(八尾) 시의 메로디안과 나고야(名古屋)에 있는 스자타였다. 양사 모두 영세기업이며 유업 메이커 3사와 비교하면 거의 무시될 정도로 미미한 존재였다. 발매 초기에는 업무용으로 판매되었으나 가정용으로도 확대되어 크게 히트를 친 상품이 되었다.

대형유업 3사에서 만든 종이팩 크림은 용량이 너무 많아 가정에서는 개봉한 후 장기간 사용해야 하므로 너무 오랫동안 방치해 두어 잔량(殘量)이 부패되는 경우도 있었다. 어쨌든 업무용이라고 해도 커피 한 잔에 한 봉지씩이면 취급하기도 편리하고 값도 쌀

뿐만 아니라 고객에게도 인기가 있어 급속도로 보급이 확산되었다.

대형 3사는 이러한 관점을 무시한 탓으로 거대한 자금력을 지니고 있으면서도 시장 참여가 늦어져 결국 스자타와 메로디안의 독주를 수수방관하게 된 것이다. 이것은 작은 기업의 지혜가 대기업의 자금력을 이긴 좋은 예이다.

9. 조사는 과거의 결과

마케팅에서 흔히 함정에 빠지기 쉬운 자가당착의 논리(論理)가 있는데 "마케팅은 소비자를 중시하기 때문에 마케팅 자체는 절대로 잘못을 저지르지 않는다"는 것이다. 언뜻 생각하면 흠잡을 데 없는 옳은 사고인 듯하다. 그러나 그렇지 않은 것이 현실이다. 대개의 경우 아무 문제점도 없다는 시장조사 결과를 그대로 믿었다가 마케팅에 실패한 예는 너무도 많이 있다.

왜 그럴까. 조사를 통해 나온 정보들은 거의 진부한 과거의 환경 속에서 예측한 것들이기 때문에 미래의 예측과 결부시키기가 매우 어렵다. 그리고 그 정보를 분석하는 사람에 따라서 평가가 다르며 그것을 바탕으로 의사결정을 내리는 경영자의 해석능력에 따라서도 크게 기업행동이 달라진다. 특히 시장조사가 옳다고 믿는 선입관이 강할수록 냉정한 해석을 내리기가 곤란하며 잘못된 의사결정을 내리는 경우가 많다. 따라서 시장조사는 문제점이 있다는 전제하에 정보를 검토하는 것이 더 좋은 결과를 유도해 낼 수가 있다.

특히 미래를 예측하는 질문, 소비자의 욕구탐색을 위한 질문 그리고 소비자의 경제력이나 능력, 입장 등을 조건으로 하지 않는 질문은 현실과 거리가 먼 해답밖에 얻어내지 못한다. 또 소비자는 적당히 대답하는 경향이 있으며 사고 싶지 않거나 살 수 없어도 사고 싶다고 대답하고 맛이 없어도 미안한 생각에서 맛이 있다고 대답하기도 한다.

이러한 애매모호한 상태에서 수집되는 것이 시장정보인데 이러한 정보를 아무리 고도의 테크닉을 사용해서 통계적으로 분석한다 해도 정확한 결과는 나오지 않는다. 쓰레기같은 정보는 아무리 분석해도 쓰레기에 지나지 않는다. 이러한 정보는 조사자나 분석자의 자기만족을 충족시킬 뿐이고 조사기관에 대한 지출만 늘어날 뿐이다.

결코 시장조사가 무의미하다는 것은 아니다. 조사결과는 모두 옳다는 일반적 개념에 대해 불만을 느끼고 있으며 정보를 신의 계시처럼 생각하거나 조사에 의해 새롭고도 신통한 것이 발견되리라는 지나친 기대는 좋지 않다는 것을 지적하고 싶을 따름이다. 조사의 한계를 분명히 인식하고 의사결정에 참고하는 정도가 바람직한 시장조사이다.

시장조사에 의해 타사가 전혀 깨닫지 못한 새로운 것을 발견해 낸 예는 아직까지 보지 못했다. 그 이유는 시장조사에서 나타난 새로운 발견이라면 응당 타사가 시장조사를 해도 나올 것이며 아무리 고도한 조사기술을 구사하더라도 시장 속에 매몰(埋没)되어 있는 의견은 결코 들을 수 없다. 특히 소비자의 의식조사가 그러한데 인간은 그렇게 단순하지만은 않다는 것을 조사 담당자가 이해하지 못하고 있는 것이다.

시장조사를 액면 그대로 믿었다가 실패한 예를 들어 보기로 한다. 닛싱(日淸) 식품은 컵라면을 선보여 세계적으로 크게 히트쳤다. 그 후 컵라이스를 개발해서 대대적으로 발매해 닛싱 식품의 핵심상품으로 키울 계획을 세웠다. 닛싱 식품은 지난날 '닛싱

런치’라는 제품을 발매하여 2년만에 걷어치운 쓰라린 경험도 있기 때문에 이번에는 신중하게 계획을 진행시키기로 했다.

컵라이스의 테스트 마케팅(테스트 판매)을 실시하는 등 시장조사에 거액의 돈을 투입했다. 조사결과 매우 좋은 평가를 얻었다. 맛이 좋다, 발매가 시작되면 매일 사먹겠다, 아주 편리하다, 가격도 적당하다는 등의 의견이 많았다. 절대로 성공할 것이라고 믿고 당시 닛싱 식품의 자본금의 약 2배 가까이를 투입해서 시가(滋賀) 현에 30억 엔의 거액을 들여 하루에 50만 개씩 생산할 수 있는 공장을 건설했다.

발매와 동시에 TV 광고도 활발하게 전개했는데 닛싱 식품의 연간 광고비의 1/3을 컵라이스만을 위해 할애했다. 소비자 교육에도 힘을 기울이고 조사결과를 어필시켜 컵라이스 전용의 쇼케이스를 제조해 리스까지 했던 것이다. 상품에 관한 특허(特許)도 세계 18개 국에 신청해서 허가를 받아냈고 세계제패를 노리는 전략을 세워 사업을 전개했다.

그러나 통탄하게도 초년도에는 출하량 36억 엔, 그 이듬해에는 11억 엔, 3년도에는 3억 엔이라는 형편없는 매출실적을 나타내어 대실패로 끝나고 말았다.

그 실패의 원인을 조사해 보았더니 “세상에 컵에다 밥을 먹다니! 맛이 없다, 밥 대용이 되지 않는다, 가격이 비싸다” 등의 의견이 많았는데, 이것은 제품판매 전에 실시한 조사와는 정반대의 의견이 나온 것이다. 그 결과 닛싱 식품은 경영이 악화되어 다시 컵누들(cup noodle)에 주력하지 않을 수 없게 되었다.

반대로 시장조사나 사내조사, 거래처 조사 등으로 안팔릴 것이라고 예상하고 마음을 조이면서 발매했던 상품이 크게 히트를 친 경우도 많다. 소니의 워크맨, 니혼 덴키(日本電氣)의 퍼스컴

(당시는 마이컴), 기분(紀文)의 두유, 맥도널드의 햄버거, 고급 라면의 쥬카한덴(中華飯店), 포카리스웨트, 코카콜라의 일본에서의 발매, 골프의 투피스볼, 칼피스워터 등이다.

이처럼 조사결과는 전혀 알 수 없는 것인데 비즈니스로서 가장 두려운 것은 컵라이스와 같이 틀림없이 성공할 것이라는 조사결과와는 달리 예상을 뒤엎고 보기좋게 실패한 경우이다. 실패할 것이라는 예상과는 달리 성공한 것보다 훨씬 더 심각한 문제가 제기된다. 그러나 현실적으로 조사 데이터로는 성공이 가능해도 실제상황에서는 실패하는 경우가 많다.

시장조사란 전적으로 신뢰하기에는 위험성이 높고 무시하면 고립되어 남에게 뒤떨어질 염려가 있으므로 적절히 절충하는 것이 가장 현명한 방법이다.

10. 붐에 편승하지 마라

판매나 영업적인 사고방식으로는 "붐에는 편승하라, 먹지 못할 떡은 꿈도 꾸지 마라"고 붐에 편승하는 것을 적극 권유할지 모르나 마케팅에서는 붐에 편승하지 마라는 교훈이 정답인 경우가 많다. 그 이유는 붐이 한창 일고 있을 때 거기에 편승하는 것은 이미 때 늦은 감이 있기 때문에 스스로 붐을 만들어 내는 일에 힘을 경주하는 것이다.

붐이 한창일 때는 주문에 생산이 따라가지 못해 허겁지겁 생산설비를 증설하다 보면 이미 파장이 된 후여서 과잉설비나 과잉재고 때문에 어려운 처지에 놓이게 된다. 최근에는 아사히 맥주의 슈퍼드라이의 과잉설비투자, 도요다나 닛산(日産)의 고급차 제조 투자의 판단착오, 반도체 업계의 과잉설비투자 등 붐의 최

전성기에 대규모로 투자를 했다가 급속한 냉각으로 과잉투자에 의한 손실이 커 재건에 전념하지 않으면 안될 지경에 이르렀다.

그러므로 가급적 스스로 붐을 만들어 내고 붐이 피크에 달했을 때 감산체제(減産体制)에의 이행을 검토하는 페이스로 경영해가지 않으면 안된다.

붐이 한창 최고조에 달했을 때 뛰어들어 한몫 보려는 욕심을 낸다면 투입한 투자액은 회수할 수 없게 되고 아무런 메리트도 얻지 못한 상태에서 붐은 소멸되어 부채만 한아름 안게 되는 것이다.

붐이 최고조에 달한 시기에 참여해서 실패를 본 예는 수없이 많다. 통신판매 붐이 한창일 때 참여하여 실패한 신니혼(新日本) 제철이나 미쓰비시 상사, 햄버거 붐이 한창일 때 시장에 참여하여 실패한 산토리의 패스트 키친, 또한 오디오 테이프가 붐을 일으켰을 때 참여하여 실패한 마쓰시다 전기산업, 우론차(茶) 붐이 일고 있을 때의 삿포로 맥주, 컨비니언스 스토어 붐이 일고 있을 때의 자스코, 유니, 나가자키야(長崎屋) 등등 이 모두가 붐에 말려들어 실패의 고배를 마신 기업들이다.

붐에 편승하지 않고 자기 페이스로 꾸준히 노력해서 고수익(高收益)의 우량기업이 된 경우도 있다. 슈퍼마켓의 붐이나 업계의 사업 다각화 붐에도 편승하지 않고 오로지 외곬로 소매업에만 전념했던 이토요카도, 맥도널드와 롯데리아의 눈부신 캠페인이나 저가격 경쟁상태에서도 디스카운트조차 하지 않고 꾸준히 독자적인 상품만을 개발해 특허권 수입 넘버원이라고까지 일컬어지는 모스버거(모스후드), 글자 그대로 유행을 앞질러 가야 하는 패션의류 전문점 업계에서 저렴한 가격으로 멋진 앙상블을 이뤄내는 패션 스타일과 컴퓨터로 상품과 물류(物流) 시스템을 관리하는 부인복 전문점의 톱 스즈단(鈴円) 등이 그 대표적인 예라고 할 수 있다.

그러나 붐에 편승하지 말라고는 했지만 기업 스스로가 붐을 만들어 내는 것은 꼭 필요하다. 그것이 어렵다면 적어도 붐의 발생 초기에 참여하는 것이 바람직한데 누가 보더라도 붐임이 분명한 시기나 붐이 일고 있는 전성기에 참여해서는 안된다.

붐이 발생하기 직전에 참여해서 붐 메이킹(boom making)에 힘을 쏟아 비록 뒤늦게 참여했으나 붐을 최대한으로 향수(享受)하여 수위(首位)에 오른 경우도 많다.

TV 게임기 시장에 뒤늦게 참여한 닌텐도, 광고 대리점의 덴쓰(電通), 슈에이샤(集英社)의 점프, 후지필름의 렌즈부착 필름, 산토리의 우론차, 하우스 식품의 로코(六甲) 생수, 마쓰시다의 대화면 TV 가오(画王), 카시오의 탁상 전자 계산기, TDK의 오디오테이프, 그리고 니혼 세이메이나 다이에처럼 후발기업이면서도 세계 제일이 되거나 업계 제일의 자리를 차지하여 현재에 와서는 아무도 후발기업이라고 생각하지 않는다.

붐은 발생 직전에 참여하는 것이 바람직하며 전성기나 소멸기에 참여해서 성공한 예는 거의 없다. 따라서 붐 전성기까지 업계에서 두각을 나타낸 기업이 시장을 지배하고 최대한 붐을 향수하게 되는 것이다.

11. 전원(全員) 찬성은 위험

마케팅의 의사결정에 있어서 참가자 전원이 찬성하는 것은 자칫 잘못된 의사결정이 되기 쉽다. 특히 일본적인 상식으로 생각할 때 회의 안건은 전원 찬성으로 통과되어야 하고 그렇게 되도록 사전공작까지 하지만 마케팅에서의 만장일치는 대단히 위험한 일이다.

그 이유는 전원 찬성이라는 것이 형식적이라 하더라도 의사결정자 전원이 옳다고 생각해서 찬성한 것이다. 누구나 옳다고 생각하는 문제라면 그것은 이미 상식이 되어 있어 마케팅 의사결정치고는 때늦은 결정이 된다.

마케팅은 선행(先行)이나 타이밍을 중시하기 때문에 기업의 때늦은 행동은 기업 자체를 파멸로 이끌 수도 있다. "시간은 돈이고 때늦은 행동은 도산(倒産)일 뿐"인 것이다.

그럼에도 불구하고 전원이 찬성할 때까지 결단을 기다리거나 전원이 이익을 볼 수 있다는 의견에 일치되었을 때 가서야 고 사인(go sign)을 내린다면 빠른 속도로 변화해 가는 비즈니스, 특히 마케팅에서는 치명적인 지체(遲滯)가 되는 것이다. 이렇게 의사결정자 전원이 겨우 납득한 문제는 이미 과거에 묻혀 버리거나 도망간 대어(大魚)가 될 수 있다.

반대로 의사결정 맴버 중 대부분이 처음 듣는 문제이거나 대부분 반대하는 문제야말로 새롭고도 큰 비즈니스 찬스가 되는 경우가 많다.

마쓰시다 코노스케(松下幸之助)는 자신의 말 한마디로 모든 반대를 물리치고 사업에 성공했다고 하며 소니의 워크맨, 혼다의 시티, 이토요카도의 세븐일레븐 등도 사내의 대다수의 반대를 물리치고 소수파의 의견을 강행시켜 성공한 예이다. 이들은 모두 업계의 상식을 타파하고 혁명적인 상품이나 비즈니스를 성공시켰다.

상식을 거부한 상품들은 모두 비상식적인 상품이기 때문에 당연히 많은 반대의견이 분출(噴出)하게 마련이다. 그것을 굳이 밀어붙이고 강행하는 것이기 때문에 강력한 독재적인 권력을 지닌 경영자가 존재하든가 아니면 도전정신이 왕성한 기업체질을 지닌 기업체가 아니면 안된다.

전원 찬성제에 의존하는 기업은 극히 보수적이어서 모험을 감행하면서까지 새로운 일을 굳이 해야만 하는가, 이 달에도 충분히 이익을 내고 있지 않는가 하는 안일한 사고에 젖어 현상유지에만 매달리는 병약(病弱)한 체질의 기업이다.

마케팅에서는 이러한 기업체질에 대한 반발이 강하다. 그 이유는 경쟁사와 죽느냐 사느냐의 처절한 싸움을 전개하다가 잘못하면 기업이 망해 버리는 수가 있기 때문이다. 따라서 현상유지나 타사와 비슷한 동질적인 전략, 도전적이 아닌 소극적인 전략에 강한 반발을 느끼는 것이다. 그리고 장래의 기업환경은 현재의 기업환경과 단절되거나 이질(異質)의 환경이 된다고 인식하기 때문에 대기업병 같은 것에 감염되지 않는다.

한편 정부의 인허가제에 매달려 안일하게 공존하려는 자세와 타사와 동일한 전략임을 부끄러워 하지 않는 업계, 시장에서 독점적 지위를 오랫동안 유지해 온 기업들, 그리고 일의 내용이 구태의연한 기업들은 전원 찬성의 결정을 바라며 대기업병에 스스로 감염되어 가고 있는 것이다.

어쨌든 의사결정자 전원의 찬성으로 채택한 전략이 실패한 예는 너무나 많다. 한때 붐을 일으켰던 재(財) 테크, 부동산, 뉴미디어, 사업 다각화, 정보화 투자 등 대부분의 기업들이 전원일치로 참여했었다.

특히 재테크 붐이나 부동산 붐에 있어서는 많은 기업들이 자회사(子會社)를 설립해서 참여했고 오히려 참여하지 않는 것이 이상할 정도로 일본만이 아니라 구미 각국에서도 만연되어 결과적으로 큰 불황으로 연계되는 대실패로 끝났다. 일본에서는 매스컴이 붐을 부채질하는 형태로 정보를 제공해 주었기 때문에 흡사 최면술에 걸린 사람들처럼 전원일치의 결정이 되기 쉬웠던 것이다.

일본인들은 외부의 의견이나 평가, 세상의 흐름에 매우 민감하고 잘 따르기 때문에 매스컴의 캠페인이라고 생각되는 보도는 기업의 의사결정자 전원을 같은 방향으로 쏠리게 만들었다. 같은 방향을 보지 않으면 전사원이 보고 있는 방향과 다르기 때문에 눈에 거슬리지 않으려고 처음에는 믿기지 않으면서도 마지못해 같은 방향으로 눈을 돌리게 된다.

니혼 게이자이(日本經濟) 신문사는 일본의 최고 경영자들에게 절대적인 영향을 주고 있기 때문에 이 신문사의 연간 테마나 특집호는 그 영향력이 매우 크다. 반복해서 보도하거나 같은 단어를 몇 번씩 사용하면 필사적으로 이에 대한 정보를 얻으려고 애쓰는 사람이 있다. 이들은 그 정보를 고지식하게 그대로 믿어 버린다.

이러한 현상은 경영자에게는 지극히 심각한 문제이다. 그러나 경영자는 자신이 정보의 꼭두각시가 되고 있다는 사실을 전혀 깨닫지 못하고 이것을 굳게 믿고 종업원에게 평범한 발상을 받아들이도록 명령해서 평범한 기업으로 만들어 버린다.

경영자는 스스로 정보를 분석·평가하고 당시의 분위기에 전원 찬성이라는 함정에 빠지고 있는 것이 아닌가 하는 의문을 가지고 냉정하게 판단을 내릴 필요가 있다.

12. 창조적 파괴

혁신적인 것은 현재의 상식이나 기존의 것들을 근본적으로 파괴하고 출현하는 것이다. 시장이나 비즈니스에 대한 사고방식이나 제품이나 서비스까지도 파괴해 버리고 독자(獨自)의 사고나 비즈니스로서 세상을 지배하는 것이다. 그리고 그 무서운 파괴는 일순간에 끝나 버리며 그 후에는 아무일도 없었던 것처럼 담담하게 시간이 흘러간다.

창조적인 파괴는 새로운 창조를 탄생시키기 위한 파괴를 행하는데 기존의 체제나 사고는 이에 맞서 처절한 저항을 하게 된다. 지금까지의 상식이 부정되고 왕좌로 군림했던 기업이 배척되어 비상식적인 것이나 혁신적인 것이 긍정을 사는 것이기 때문에 기존체제는 그야말로 위기에 몰리게 된다.

통상 혁신적인 것은 상식이나 기존체제의 저항을 받게 되며 창조적인 파괴는 비교적 장시간이 소요되는 경우도 있지만 마케팅에서는 아주 단시간으로 파괴가 종료된다. 마케팅에서는 소비자가 주인공이며 소비자가 어떠한 상식을 가지고 있느냐에 따라서 창조적 파괴의 속도는 달라진다.

소비자는 보통 소비생활에 있어서의 상식의 파괴에 대해서 그다지 구애받지 않는다. 소비자는 자신이 만족스럽다고 생각하면 그 상품이나 서비스를 구입하기 때문에 기업이 비상식이라고 생각한 것 중에서도 폭발적인 인기를 끄는 경우가 있다.

반대로 기업은 상식에 집착해서 창조적인 파괴에 저항한다. 그러나 마케팅의 세계에서는 혁신적인 것은 환영받기 쉽고 상식은 무너지기 쉽다.

예를 들어 일본의 소매업계에서 혁명적인 비즈니스가 된 컨비니언스 스토어는 미국에서 개발되어 붐을 일으켰다. 미국의 소매업계에서 혁명적인 소매업태로서 화제를 불러일으켰을 당시 일본의 소매업자들은 이미 그 존재를 알고서 실지로 도미(渡美)까지 하여 견학을 했다.

그러나 일본의 소매업자들은 아무도 컨비니언스 스토어를 모방하려고 하지 않았다. 왜냐하면 일본에서는 성공하지 못할 것이라고 생각했기 때문이다. 작은 구멍가게가 수없이 존재하고 있고 새삼스럽게 편리한 점포를 만든다 해도 기존의 중소 소매점과 겹칠 뿐이며 슈퍼마켓도 많아 잘못하면 실패할 것이라고 생각했다. 이들은 컨비니언스 스토어를 혁명적인 소매업태라고 생각하지 않고 단순히 주유소 건물 안에 차려놓은 키오스크(kiosk) 정도로밖에 생각하지 않았던 것이다.

세이유가 컨비니언스 스토어의 홍미로움에 눈을 떠 독자적으로 개발해서 1호점을 개점했으나 실험판매했다가 실패했는데, 세이유의 경영진은 세이유와 같은 대기업이 어떻게 중소 소매점과 대결해서 매출을 빼앗을 수 있겠는가 하는 어처구니 없는 자존심을 내세워 철수했다. 세이유는 컨비니언스 스토어가 왜 편리한가도 이해하지 못하고 두번 다시 참여하지 않겠다며 포기해 버렸다.

그런데 이토요카도가 미국의 사우스랜드사의 세븐일레븐과 제휴한 후 일본의 소매업계에는 큰 혁명이 일어났다. 이토요카도는 항상 편리한 소매점이란 어떤 것인가를 생각하면서 소비자에게 보다 편리한 소매점을 개발해 냈던 것이다.

이용하기에 편리한 점포란 소비자가 거주하는 곳과 가깝고 점포의 매장이나 통로가 넓어 쇼핑에 불편을 주지 않으며, 단시간 내에 구매를 끝낼 수 있으며, 찾고 있는 상품이 어디에 진열되어 있는가를 쉽게 식별할 수 있으며, 평소의 생활에 꼭 필요한 물건은 언제라도 살 수 있도록 구색을 갖추어 놓은 매장을 말한다.

창업 당시에는 "30분 이내에 모든 쇼핑을 충분히 끝내게 하는 것"이라고 의미를 부여해 보았다. 또 장시간(24시간) 문을 열어 놓고 영업하는 것도 소비자가 편리하게 이용할 수 있는 조건의 하나라고 생각했다.

이처럼 '편리함'을 진지하게 추구하는 한편 배송 시스템, 상품의 매입방법 등의 합리성도 추구하면서 프랜차이즈 시스템의 도입, 컴퓨터 관리 시스템에 의한 코스트 다운 출점전략(出店戰略)의 기교성, 효율적인 광고 등이 플러스되어 드디어 일본 소매 사상 획기적인 혁명을 이룩했다.

이 혁명적인 소매혁신은 결국 기존의 소매시장에 큰 충격을 가한 동시에 엄청난 매출액을 가로챘다. 또 소비자도 컨비니언스 스토어의 편리함으로 인해 쇼핑 패턴이 크게 변화되었다. 특히 젊은층과 독신자가 컨비니언스 스토어의 편리함을 처음 깨닫고 단골손님이 되었다.

컨비니언스 스토어가 성공을 거두게 되자 상품을 제조하는 각 메이커가 컨비니언스 스토어에 자가(自家) 상품을 공급하기 위해 컨비니언스 스토어 지향상품을 개발하기 시작했다. 도시락, 초밥, 과자, 빵, 칼피스 워터, 컵라면 등 컨비니언스 스토어가 생기고 나서 히트를 치거나 활성화된 상품이 많은데 심지어 컨비니언스 스토어에서 히트를 치면 그 제품은 다른 소매점에서도 히트를 친다는 말까지 나돌게 되었다.

식품의 매출액으로 따지면 세븐일레븐이 다이에보다 많아 일본 1위이고 단품(單品)의 매출액으로도 일본 제일의 상품이 많다. 이렇게 힘을 갖게 된 컨비니언스 스토어는 역으로 메이커를 지배하기 시작해 식품시장에서의 컨비니언스 스토어의 비중은 소매업의 역사가 시작된 이래 최강의 무게를 지니게 되었다.

창조적 파괴의 다른 예로서 산토리의 올드를 소개하기로 한다. 산토리의 올드는 브랜드별 위스키 매출액 세계 1위의 영광을 오랫동안 유지하고 있었다. 정확히 말해 위스키의 본고장인 영국에서는 몰트 100퍼센트만이 위스키로 인정해 주기 때문에 브랜드 위스키인 올드가 영국식 위스키의 범주에 과연 들어갈지 모르지만 여하튼 위스키의 세계 톱 브랜드로 알려졌다.

올드의 병은 검은 달마형(達磨型)인데 비해 보통의 스카치 위스키의 병은 투명한데 이것은 업계의 상식에서 벗어난 용기의 선택이었다. 발매 당시 위스키의 최대 채널이었던 바(bar)나 카바레(cabaret)의 바텐더들은 병이 검으면 술의 잔량이 얼마나 남아 있는지 알 수 없고 병의 모양이 상식에서 벗어나 잘 안팔릴 것이라고 했다. 그러나 검은 병은 잔량을 눈으로 식별할 수 없기 때문에 계속 따라마시게 되고 마지막으로 한 잔 더 하려다가 빈 병임을 알고 내친김에 한 병 더 시키게 된다. 결과적으로 올드는 주점의 매출액을 올려 준다는 결론에 이르러 환영을 받았고 판매실적은 급증해 갔다. 또 달마형의 검은 병은 보기에 따라 애교가 있으며 병에 앞치마를 둘러 즐기는 점포도 있었다.

당시 올드처럼 고급 위스키는 바와 같은 주점에서 마시고 가정에서는 토리스나 싼 위스키를 마시는 경향이 있었다. 그러나 올드는 60년대의 소득배증(所得倍增)에 병행하여 TV 등으로 대대적으로 선전, "가정에서도 올드! 주점에서도 올드!"라는 캐치프레이즈로 가정에까지도 침투해 갔다. 이것도 당시에는 상식에 벗어난 행동이었다.

그리고 위스키는 양주이므로 바나 카바레, 스낵바 등의 루트에서는 팔리는데 초밥이나 뎀부라 같은 것을 파는 식당이나 중화요리집에서는 전혀 팔리지 않았으며, 일본 요리집에서는 청주 등이 독점되다시피 했다. 그래서 산토리는 일본 요리집을 대상으로 루트개척을 시도했는데 이름하여 니혼바시(二本箸) 작전이라고 했다. 그 까닭은 당시 산토리 동경지점이 니혼바시(日本橋)에 있었기 때문이다.

그런데 다른 위스키 메이커는 일식점 진출이 불가능하다고 생각하여 전혀 판촉을 전개하지 않았다. 산토리는 대성공으로 라이벌이 없는 무풍지대(無風地帶)에서 큰 이익을 독점했다. 이것도 상식을 부정하고 신루트〔新市場〕를 개척한 창조적 마케팅이었다.

또한 TV의 CF로 맛을 선전하는 것이 아니라 이미지를 파는 데 포인트를 둔 새로운 설득방법을 구사했다.

예를 들어 빈 컵에 상쾌한 소리를 내며 얼음을 떨어뜨린 다음 올드 위스키를 콸콸 따라부어 주당(酒黨)들의 구미를 당기게 하는 수법을 썼으며 고상하고 친근감이 깃든 음악을 백 뮤직으로 깔고 예술적인 영상기법으로 고급 이미지가 풍기도록 했다.

질보다 이미지, 이처럼 업계의 상식을 무너뜨린 상업광고가 크게 히트치자 그 후 일본 광고업계가 이미지 광고를 중시하게 되었다.

이와 같이 세븐일레븐이나 산토리 올드는 종래의 업계의 상식과 소비자의 기성관념을 깨뜨림으로써 혁신적이며 창조적인 마케팅을 실현시키는 데 성공했다. 창조적 활동을 탄생시키기 위해 기존의 사고방식을 파괴하는 것이 바로 마케팅에 있어서의 창조적 파괴인 것이다.

5

마케팅 찬스의 발견

마케팅 찬스의 발견

1. 기회 상기(商機) 찬스

마케팅에서 중요한 용어의 하나로 '마케팅 기회'라는 말이 있다. 즉 마케팅을 성공시키기 위한 찬스를 의미한다. 비슷한 용어로 '시장기회(市場機會)'라는 말이 있는데 이것은 기업이 시장에서 활동하기 위한 기회를 의미한다. 또 '비즈니스 찬스'라든가 '비즈니스 기회'라는 용어도 쓰이고 있는데 이는 비즈니스를 성공시키기 위한 찬스를 뜻한다. 이들 세 가지는 엄밀히 말해서 이처럼 차이가 있지만 내용의 상당부분이 중복되기 때문에 같은 뜻으로 사용하는 경우가 많다.

여기서 말하는 찬스란 기업이나 조직이 활동할 때 가장 좋은 시기를 의미하며 호기(好機)라든가 상기(商機)라고도 한다.

그런데 마케팅에서는 왜 이같은 찬스를 중요시하는가?

그것은 마케팅이 시장(소비자)에의 적응행동(適應行動)이라는 일면을 지니고 있기 때문에 시장이 변화하면 당연히 시장에 맞춰 타이밍 좋게 적응하지 않으면 안되기 때문이다. 그리고 마케팅은 경쟁 속에서 행해지므로 타자(他者)와 두번 다시 똑같은 조건하에서의 경쟁은 할 수 없으며 한 번 기회를 놓치면 영구히 만회할 수 없는 경우가 많다.

예를 들어 똑같은 찬스가 왔다고 해도 그 시점에서의 기업능력이나 기업체질, 나아가서는 기업환경까지도 완전히 변화해 찬스를 포착하는 방법이나 그것을 획득했을 때의 메리트도 과거의 찬스와는 전혀 다르다. 모든 찬스가 기업에 있어서는 갈림길이 되며 하나의 길을 선택하면 그 선택한 길에서 다음의 새로운 기업행동이 스타트한다. 마케팅에서는 시간의 톱니바퀴를 거꾸로 되돌릴 수가 없는 것이다.

또 찬스는 기업환경의 변화에 따라 모든 기업에 평등하게 주어진다. 그러나 그 대부분은 기업 스스로 찾아내야 한다. 찬스로서 인정할 것인가 안할 것인가는 기업 자신에게 달려 있으며 기업으로서는 찬스를 꿰뚫어보는 눈을 갖고 있지 않으면 안된다.

찬스는 기업에 의해 만들어지는 경우도 많다. 종래의 시장에는 없었던 창조적인 제품을 개발하거나 전혀 새로운 소프트나 노하우를 전개함으로써 스스로 찬스를 만들어 내는 경우이다. 또 기업행동을 할 때에 파생되는 일을 마케팅 찬스로 인식하고 비즈니스를 성공시키는 예도 있다. 예를 들어 컨비니언스 스토어나 슈퍼마켓이 재고관리, 판매관리, 금전관리를 주목적으로 도입한 POS 시스템에서 아웃풋 된 정보를 메이커나 도매업자에게 판매하는 POS 정보제공 비즈니스 등이 이에 해당된다.

찬스라는 것은 장기간 존재하는 경우는 드물며 장소적으로나 시간적으로 시시각각 변화한다. 타사가 그 찬스를 먼저 잡으면 한발 늦고 타사가 다른 전략을 전개하면 그 찬스 자체가 소멸해 버리는 등 매우 동태적(動態的)이다. 또 찬스를 어떻게 잡느냐 하는 것도 중요한 문제이며 투입된 자금량이나 가격설정, 물류문제(物流問題)나 광고방법, 나아가서는 어떤 판매경로를 이용하는가에 따라서도 결과는 크게 달라진다.

2. 새로운 발상으로 찬스를 발견

찬스를 발견하기 위해 각 사는 모든 기업능력을 기울인다. 그러나 큼직한 찬스를 잡는 일은 극히 드물다. 비록 찬스가 목전에 있다 해도 찬스로 인식하지 못하는 기업이 대부분이다. 다른 기업과 똑같은 관점이나 똑같은 발상으로는 타사에 앞서 찬스를 포착하거나 찬스로 인식하는 것은 어렵다.

어디까지나 타사와 다른 발상이나 관점에서 찬스를 발견하여 기업의 성장 계기로 삼지 않으면 안된다. 그러기 위해서는 마케팅 발상법이 유효하며 기업의 의사결정자에게 많은 자극을 주어야 한다. 또 눈에서 비늘이 벗겨져 내리는 개안(開眼)의 충격을 주는 것도 마케팅이다.

마케팅 발상법은 모든 면에서 소비자의 입장에 선 것이며 종래의 상식을 재검토하는 자세를 갖고 타사와 색다른 개성을 강렬하게 어필한다. 이 마케팅 발상으로 찬스를 잡자는 것이다.

예를 들어 아오야마(靑山) 상사가 하나의 좋은 실례이다. 비즈니스맨 지향의 슈트(suit) 소매업은 패션업계 중에서도 특히 전통적인 장사이다. 백화점이나 전문점이 도심지에 점포를 갖추고 주문복, 반기성복, 기성복 등의 세 가지 제품을 가지고 고정객 위주로 장사를 하고 있다. 때때로 바겐세일을 실시해서 매출액을 높이고 회전율이 낮은 상품은 대면판매(對面販賣)로서 판매하는 저가의 비즈니스이다.

이 비즈니스맨 지향의 슈트를 고급품이 아닌 저렴한 양복에다 초점을 맞추고 비즈니스맨들이 휴일이나 일요일을 이용해 자택 부근의 상점에서 살 수 있도록 슈트의 소매 마케팅을 완전히 전환시켜 놓은 것이 아오야마 상사이다.

두 벌에 1만 9천 8백 엔이라는 값싼 가격으로 팔겠다는 광고를 TV나 전단을 통해 대대적으로 선전하고 교외(郊外)의 도로변에 값싼 점포를 빌려 대량으로 판매해 전국적으로 확산시켜 나갔다.

신사복을 대량생산, 대량광고, 대량판매, 대량출점(大量出店), 저가격 그리고 프랜차이즈 시스템으로 판매하는 동시에 자가용을 타고 교외에 나가서 신사복을 구매하는 풍속도를 소비자에게 정착시켰다.

이 멋진 창조적 마케팅 전략으로 슈트 시장의 대부분을 백화점이나 전문점으로부터 빼앗았으며 양판점은 완전히 신사복 시장에서 손을 떼게 했다. 옛날에도 싸구려 신사복 점문점이나 미쓰미네(三峰)나 다카히사(高久)처럼 전국적인 체인을 가진 신사복 전문점이 있었지만 교외의 싼 점포, 넓은 주차장에 착안해 값싼 매스 머천다이징(mass merchandising)으로 찬스를 손에 넣은 아오야마의 발상에 모두들 무릎을 꿇고 말았다.

또한 새로운 발상으로 큰 찬스를 만들어 낸 일본 코카콜라가 있다. 코카콜라가 일본에 처음 진출했을 때, 젊은층 지향의 코카콜라를 올바로 소비자에게 알리고 기업이나 상품의 이미지를 유지하기 위해 코카콜라가 미국에서 성공하고 있는 직판(直販) 루트를 사용해야 된다고 생각하여 직접 소매점에 판매했다. 직판루트의 활용은 그다지 새로운 발상은 아니었지만 일본 코카콜라는 직판루트의 최고봉의 하나인 자동판매기 루트를 생각해 냈다.

자동판매기에 의한 판매는 코카콜라의 이미지를 가장 직선적으로 전달할 수 있는 루트이며 갈증이 났을 때 즉석에서 마실 수 있기 때문에 자판기가 안성맞춤이었다.

그러나 상품이 알려지지 않은 상태에서는 소매점의 경우 점원이 일일이 설명이라도 해주면서 팔 수 있지만 자판기의 경우는 그렇게 할 수 없다. 그래서 지명도(知名度)를 높이기 위해 매스컴을 통하여 대대적인 선전을 하게 된 것인데 여기에 등장한 것이 일본의 선전사상 역사에 남을 명(名) 캐치프레이즈인 "상쾌한 그 맛, 코카콜라！"로 젊은층의 압도적인 인기를 얻게 되었다.

이 자판기의 발상은 대단한 위력을 발휘해서 전국 방방곡곡에 설치되었으며 빨간색과 흰색이 어우러진 멋진 디자인의 자판기는 코카콜라의 상징적인 광고매체가 되었다. 그리고 일단 코카콜라 자판기가 설치되면 일본 코카콜라 회사가 신제품을 개발해 낼 때마다 이미 설치된 자판기에 넣을 수 있어서 음료수 소매업계의 최대 최강의 판매루트가 되었다. 환타, 스프라이트, 하이시, 리얼골드, 아쿠아리스, 우론차, 커피(조지아) 등을 일본 1, 2위의 시장점유율을 갖는 상품으로 키울 수가 있었다.

일본 코카콜라는 자판기를 활용하는 발상으로 비즈니스 찬스를 손에 넣었으며 그 자판기를 사용해서 다른 상품도 판매할 수 있는 비즈니스 찬스를 스스로 만들어 내어 자신의 것으로 정착시켜 나갔다.

또 일본에서는 전통적으로 차(茶)를 집에서 다려서 큐스(急須)라는 손잡이가 달린 주전자 모양의 사기그릇에 따라마셨는데 발상을 전환해 차 다릴 시간을 생략하고 캔이나 작은 병에 넣어 '우론차'라는 상품명으로 판매한 기업이 이토엔(伊藤園)과 산토리였다. 캔이나 작은 병을 이용함으로써 시장이 급속도로 확장되었고 종래에는 판매량도 극히 미미했던 우론차가 인기있는 상품으로 성장했다. 사소한 발상으로 이렇듯 큰 시장이 탄생되었으며 소비자가 차를 마시는 행동패턴도 달라졌다. 그리고 우론차 소비량의 90% 이상이 캔이나 병, 종이팩으로 판매되었다.

3. 찬스는 두번 다시 오지 않는다

같은 조건하에서의 마케팅 찬스는 두번 다시 찾아오지 않는다. 찬스는 일과성(一過性)이 있어서 잡으면 새로운 전략을 전개할 수 있으나 놓치면 별개의 새로운 전략을 전개해야 한다. 찬스를 잡느냐 놓치느냐에 따라 기업의 장래의 행동을 비롯해 체질, 지위까지도 바뀌는 것이다.

예를 들어 60년대에 유통혁명이라는 이름아래 슈퍼마켓이 속속 개설되었고 급성장했다. 당시 간사이(關西, 오사카 지방)에서 슈퍼마켓의 선두주자의 자리에 올라 있던 기업은 다이에와 이즈미야였는데 이들은 니치이와 자스코가 합병하기 전에는 양사(兩社)에 비해 현격히 뒤떨어진 기업능력을 지니고 있었다.

다이에와 이즈미야는 기업규모나 기업능력이 거의 호각세(互角勢)를 이루고 있었으며 양사의 차이점이라면 유통혁명을 어떻게 실현시켜 나가느냐 하는 경영자의 판단뿐이었다. 다이에는 소비자의 소비혁명의 흐름을 다점포 전개(多店鋪展開)로 받아들이고 자금을 차입해 가면서까지 전국적으로 점포망을 확대시켜 나간 데 반해 이즈미야는 우선 케이한신(京阪神) 지역, 즉 쿄토(京都), 오사카(大阪), 고베(神戸) 지역의 지반 굳히기에만 주력하고 차입금에 의존하지 않고 물류 시스템에 투자해 가며 미국식의 시스템인 효율 중시의 경영전략을 시도했던 것이다.

양사 모두 자사 물건으로 출점하여 지가(地価) 상승에 편승할 수 있었는데 다이에의 경우는 토지의 잠재자산(潛在資産)을 증식시키면서 차입금을 끌어들이는 전략을 썼기 때문에 이즈미야보다 훨씬 빠른 속도로 점포를 늘려 나갈 수가 있었다. 한편 경제의 도시 도쿄 집중화를 내다보고 도쿄에도 진출함은 물론 전국적인 체인으로까지 발전시켰다. 한편 이즈미야는 그다지 빚도 내지 않고 일본 제일의 물류 센터 만들기와 내부투자에 주력했으며 체력과 실력을 어느 정도 갖춘 후에 전국으로 전개할 계획을 세웠다. 견실경영(堅實經營)을 모토로 했던 것이다.

그런데 경제의 고도성장 물결은 점포가 많은 쪽에 유리했고 지명도가 높은 쪽이 승산이 있었으며 매스 머천다이징으로 싸게 팔 수 있는 쪽이 승리하게 마련이었다. 그래서 경제의 중심지인 도쿄 지역에서 사업을 전개하는 쪽이 이긴다는 시대적 마케팅 찬스를 훌륭히 다이에는 손에 거머쥘 수 있었다. 마침내 일본 제일의 매출액을 자랑하는 대기업으로 발전하게 된 것이다.

반대로 이즈미야의 경영전략의 전개는 이론적으로 합당했지만 "큰 것일수록 좋다"는 시대의 흐름에 적응하지 못하고 소규모의 우량기업으로 멈추고 말았다. 차입을 하면서까지 성패를 가름하는 도박성이 짙은 확대지향(擴大志向)이 꺼림직했다면 차라리 당시 이즈미야보다 규모가 작은 이토요카도처럼 리스방식으로 다점포 전개를 꾀했으면 크게 차입할 필요도 없었고 니치이, 자스코, 유니처럼 흡수합병을 했더라면 스케일 메리트를 향수(享受)할 수도 있었을 것이다.

이즈미야는 너무 견실성과 순혈주의(純血主義)에 집착했기 때문에 당시 일본의 슈퍼마켓 업계에서 최상급이 될 실력이 있었음에도 불구하고 찬스를 놓치고 현재는 중견급의 지역 슈퍼마켓(regional supermarket)으로 주저앉고 말았다. 이즈미야는 유감스럽게도 일본 넘버원의 소매업체가 되는 찬스를 놓치고 말았는데 결과적으로 그러한 찬스는 두번 다시 이즈미야에게 찾아오지 않았다.

마케팅 찬스의 반대는 마케팅 핀치(marketing pinch)이다. 핀치란 어려움, 위험이라는 뜻인데 마케팅에도 이러한 핀치가 있으며 이에 잘못 대처하면 기업의 업적부진이나 최악의 경우 도산에까지 연계될 수 있다.

마케팅 핀치를 피하지 못하거나 해결하지 못해 낙오된 기업도 많다. 기업은 마케팅 찬스의 발견에도 힘써야 하지만 마케팅 핀치에도 잘 대처해야 한다.

마케팅 핀치에 대처하는 데 실패해서 타사에 뒤진 기업으로는 지난날의 코니시로쿠(小西六)와 현재의 코니카이다. 코니시로쿠는 일본에서 처음 사진필름을 만든 업자로 창업이래 꾸준히 톱 자리를 유지해 왔다. 라이벌인 2위 주자(走者)가 후지필름이었다.

그러던 어느 날 필름제조의 미스로 현상을 하면 필름에 반점이 나타나는 이변이 생겼다. 이것은 필름을 제조할 때 원재료가 나빴기 때문인데 후지필름도 같은 원자재 메이커에서 자재를 매입하고 있으므로 똑같은 문제가 생겼다.

이러한 핀치에 대처해 후지는 즉각 각 소매점에 영업사원을 보내 정중히 사과하면서 새필름으로 교환해 주었다. 그런데 일본 제일이라는 오만성 때문에 코니시로쿠는 한발 늦게 회수를 시작했으며 이 문제를 그다지 대수롭지 않게 생각했다.

코니시로쿠의 이러한 태도에 대해 소매점측에서는 크게 반발했고 이 사건을 계기로 후지와 코니시로쿠의 평가는 정반대로 역전되었다. 많은 소매점이 필름의 구입처를 코니시로쿠로부터 후지로 변경했으므로 순식간에 톱이 뒤바뀌었다. 그 후 후지필름과 코니시로쿠의 격차는 급속도로 벌어졌고 필름의 품질차이는 거의 없는 데도 코니시로쿠는 이류라는 이미지를 소비자에게 심어 주어 오늘에 이른 것이다.

한 번의 핀치 처리를 소홀히 한 코니시로쿠는 선두주자의 자리에서 밀려났으며 최선을 다해 처리한 후지필름은 이것이 커다란 마케팅 찬스가 되어 사세가 크게 번창해 세계를 무대로 웅비할 수 있게 되었다.

4. 찬스의 증식

마케팅 찬스는 찬스가 찬스를 낳는 연쇄적인 증식을 가끔 보인다. 하나의 찬스가 다음의 찬스를 낳는, 이를테면 찬스의 연쇄적 증식이다. 증식이라 해도 자연히 찬스가 증식을 하는 것이 아니라 기업이 노력해서 찬스를 만드는 경우가 많다.

예를 들어 자동차 사회가 되면 자동차 메이커나 자동차 부품 메이커에게는 직접적인 찬스가 되지만 주유소나 도로건설의 토목회사에게도 마케팅 찬스가 된다. 그뿐만 아니라 도로가 신설되면 교외형 레스토랑이나 쇼핑센터가 출현하여 레스토랑 업계나 소매업계, 건설업계 등에도 찬스가 도래하게 된다. 또 교외형 패밀리 레스토랑이 번창하면 식탁보 등의 리넨(linen) 공급업체도 찬스가 생긴다.

이처럼 마케팅 찬스는 증식되어 새로운 비즈니스를 연속적으로 배출해 새로운 양상의 비즈니스 사회가 형성되어 간다. 마케팅에서는 찬스 증식의 움직임이나 방향을 예측하고 다음으로는 어떠한 마케팅 찬스가 생기며 어떠한 마케팅법으로 그 찬스를 잡을 것인지를 생각한다.

마케팅 찬스가 증식되는 가장 흔히 볼 수 있는 예로는 기업이 대규모화되어 감에 따라 계열 자회사(子會社)가 늘어나는 경우이다.

기업의 본업의 일부가 독립하거나 본업에 관계되는 주변사업에 참여하거나 하여 비즈니스로 성립가능한 분야에 신중히 참여해 간다. 이것은 어느 정도 익숙한 업무분야에의 찬스라 할 수 있기 때문에 위험도도 적고 성공의 확률도 높은 마케팅 찬스이다.

그러나 컨글로머릿(conglomerate : 이업종 복합 비즈니스 기업)이나 컨글로머천트(conglomerchant : 컨글로머릿의 商業版) 등은 이업종 분야에서 높은 이익을 추구하고자 참여하기 때문에 위험도는 매우 높다.

마케팅 찬스를 스스로 증식시킬 경우에는 독자적으로 마케팅 발상을 전개해서 실현시키는 경우가 많다. 이럴 경우 기업의 목적이나 기업 자신의 생각, 방침 등을 명확히 해두지 않으면 안된다.

예를 들면 프랑스의 빅크사는 마케팅 찬스의 증식방법을 빅크사 자체의 기본전략에 의해 만들어 내고 있다. 빅크사의 기본전략은 일회용 상품을 만드는 것이며 마케팅 찬스를 일회용 상품 중에서 착안해 가는 전략을 채택하고 있다.

구체적으로 말하면 빅크사는 일회용 일용품(日用品)을 생산하여 판매한다. 빅크사의 상품 라인업(상품 portfolio나 상품 line이라고도 부른다)에는 일회용 라이터, 일회용 면도기, 일회용 볼펜, 일회용 스타킹 등이 있다.

그렇다면 왜 빅크사는 한 번 쓰고 버리는 상품에 손을 댔을까? 한 번 쓰고 버리는 상품은 상품을 사용하는 기간 동안에만 기능이 발휘되면 그만이므로 그 이상 사용할 수 있도록 품질을 높일 필요도 없으며 제조기술도 그 정도의 수준이면 된다. 따라서 그 수준 정도의 기술을 빅크사가 갖고 있다면 곧바로 참여할 수 있는 것이다.

또 한 번 쓰고 버리는 상품이라면 소비자가 사용한 후 부담없이 버릴 수 있도록 저가격을 유지할 필요가 있다. 고가격이라면 소비자가 '버리기에는 아깝다'고 생각하여 사용한도 이상으로 사용하다가 크레임을 제기해 오거나 기업 이미지를 손상시킬 우려가 있기 때문에 한 번 쓰고 버려도 아깝지 않을 정도의 값싼 가격으로 생산해야 한다.

그러기 위해서 기업으로서는 대량생산, 대량판매, 비용절감, 저가격의 네 가지 요건을 유지하지 않으면 안된다. 이러한 요건을 성취시킨 빅크사는 기획된 전략에 따라 자신있게 밀고 나가 대성공을 거두었다. 빅크사는 한 번 쓰고 버린다는 발상을 사업전개의 바탕으로 삼고 스스로 마케팅 찬스를 만들어 내는(증식) 전략을 실시했던 것이다.

인쇄업계의 대형기업인 다이닛봉(大日本) 인쇄나 돗반(凸版) 인쇄도 인쇄라는 기술을 축(軸)으로 마케팅 찬스를 발견해 내거나 만들어 내어 세계적인 대형 인쇄기업으로 성장했다. 원래 인쇄는 종이에 인쇄하지만 인쇄하는 소재(素材)를 바꿈으로써 마케팅 찬스를 손에 넣었다. 예를 들어 천, 플라스틱, 특수 필름 등이다. 또 인쇄하는 기법을 응용함으로써 마케팅 찬스를 얻었다. 즉 반도체 회로의 프린트였다.

나아가서 포스터나 각종 전단을 인쇄함으로써 이벤트(event)의 기획이나 광고업에 마케팅 찬스의 범위를 넓혀 나갔다. 또 통신판매의 카탈로그를 인쇄하고 있었기 때문에 카탈로그의 기획, 입안

(立案), 작성사업으로 진출해 갔으며 잡지를 인쇄하고 있었기 때문에 잡지의 기획·편집까지도 비즈니스의 대상으로 삼았다.

마케팅 찬스는 단지 환경의 변화에 따라 생기는 찬스만을 기다리는 것이 아니라 기업 스스로 발상의 전환을 시도하고 마케팅 찬스를 만들어 내는 증식노력이 필요하다.

5. 변화가 찬스로

변화는 기업에 대단히 좋은 것이다. 모든 변화는 기업에 있어서 찬스가 될 가능성이 있기 때문이다. 변화가 없을 때에도 새로운 발상법을 마케팅 찬스로 연결시킬 수는 있지만 변화가 있으면 순풍(順風)이 되어 낡은 발상법도 찬스에 연계시킬 수가 있다. 다만 다른 기업보다 빨리 찬스를 발견해야 할 필요가 있다.

변화에도 여러 가지 종류가 있는데 소비자, 경쟁, 경기, 신제품, 사회, 국제, 기술, 소득, 패션 등이 그 대표적인 것이다. 그 중에서도 가장 마케팅 찬스와 연계되기 쉬운 것이 소비자 행동의 변화이다. 예를 들어 소비자의 절약의식이 높아진다면 디스카운트 스토어는 찬스가 될 것이며 반찬의 포장분량이 작아졌다면 반찬 메이커의 생산 시스템이나 재고 시스템, 물류 시스템이 변화하는 동시에 반찬업계에 참여할 수 있는 찬스가 되는 것이다.

이러한 변화가 일기 시작할 때 다른 기업보다 빨리 변화를 발견하지 않으면 안되기 때문에 기업으로서는 온갖 정보를 수집·분석하여 이 변화가 자사에게 마케팅 찬스가 될 수 있는지 없는지의 여부를 항상 평가하지 않으면 안된다. 이러한 정보수집 노력을 게을리하면 그러한 변화에 따라가지 못하고 사회에 적응하지 못해 기업은 존폐의 위기를 맞게 된다.

예를 들어 1970년대 이후 미국에서는, 소비자들이 같은 상품이라면 싼편이 좋다고 생각했는데 백화점이 이러한 소비자의 의식변화를 따라가지 못해 점점 쇠퇴해 갔다. 이러한 미국의 백화점 쇠락현상을 눈으로 보면서도 일본의 백화점 경영자들은 미국인과 일본인은 근본적으로 다르다는 생각에 아무런 대책도 세우지 않고 거품경제에 편승해서 지나치게 고급화를 지향했다. 그러다가 거품경제의 붕괴와 더불어 소비자 의식이 구미식(歐美式)의 절약형 스타일로 바뀌자 백화점은 과거 몇 번이나 위기를 넘긴 끈질긴 체질을 지니고 있었음에도 불구하고 쇠퇴의 길을 걷지 않을 수가 없었다.

반대로 소비자 행동의 변화를 자사의 독특한 해석에 의해 마케팅 찬스로 삼은 예도 적지 않다. 히다치는 맞벌이 부부의 증가와 세탁기의 관계를 독자의 논법으로 결부시켜 성공했다. 맞벌이 가정에서는 시간이 많이 소요되는 빨래는 토요일이나 일요일에 한꺼번에 세탁하는 경우가 많다. 그 때문에 다른 세탁기 메이커에서는 조금이라도 빨리 세탁할 수 있도록 세탁, 탈수, 건조 시간의 단축을 제일목표로 삼고 상품개발에 주력했다.

비록 전업(專業) 가정부나 파출부라 하더라도 세탁시간은 빠를수록 좋다고 생각하고 있기 때문에 가급적 빠른 수류(水流)로 세차게 빨며 입수(入水)나 출수(出水)도 많고 보다 빠르게 탈수도 끝내는 세탁기의 개발에 여념이 없었다.

그러나 빨리 세탁할 수 있게 하면 세탁기의 소리는 더욱 시끄러워진다. 특히 아파트나 공동주택의 경우 이 소음 때문에 큰 문제가 되었다. 그 때문에 각 메이커들은 세탁기의 몸통에 두꺼운 철판을 사용해 소리가 외부로 새나가지 않도록 방지하거나 다른 방음소재를 연구·개발하는 등 다각도로 궁리했다. 따라서 가격도 자연히 비싸지게 되었다.

그래서 히다치는 잠자는 동안 천천히 스스로 세탁하고 건조까지 하여 아침에 일어난 주부가 세탁물을 수거할 수 있게 하는 전자동 세탁기를 은근히 생각하고 있었다. 여섯 시간에서 여덟 시간 정도 자는 동안 천천히 세탁한다면 소리도 나지 않을 것이고 소음공해도 방지할 수 있을 것이다. 그리고 버튼 하나만 누르고 잠자리에 들면 자동적으로 세탁이 다 끝나는 것이다. 고도의 기술을 응용해 빨리 세탁할 수 있는 세탁기를 개발한 것이 아니라 현재의 기술로도 충분히 가능한, 소위 거북이 세탁기의 개발이었다.

세탁기의 이름도 시즈카고젠(靜御前 : 조용하다는 뜻)이라고 이름붙여 히다치사가 발매하기 시작하자 아파트에 사는 주부들 뿐만 아니라 일반주택의 주부들에게도 인기가 높아 크게 히트를 쳤다.

이와 같이 맞벌이 부부의 가정에서 야기되는 여러 가지 문제점을 모든 세탁기 메이커가 알고는 있었지만 이러한 정보를 역전(逆轉)시켜 새로운 세탁기 개발에 연결시켜 마케팅 발상법을 실천한 메이커는 오직 히다치뿐이었다. 히다치의 시즈카고젠이 히트를 친 후 비로소 전자동 세탁기가 붐을 일으켰으며 지금까지의 이조식(二漕式) 세탁기가 전자동 세탁기와 병행해 팔리다가 결국 전자동 세탁기 시대로 접어들게 된 것이다.

전자동 세탁기의 시대가 되기는 했지만 세탁용 합성세제는 가오(花王)의 어택을 중심으로 한 컴팩트 세제와 라이온의 톱을 중심으로 한 일반세제 뿐이었다. 그런데 전자동 세탁기에 합성세제를 사용하면 세제가 잘 용해되지 않고 분말이 남거나 거품이 걷히지 않아 소비자로부터 불만이 컸다. 그래서 라이온은 전자동 세탁기용 합성세제 대시를 개발해 용해가 잘 되고 거품도 잘 걷히는 장점을 세일즈 포인트로 하여 발매했다. 그러자 발매 후 한달 반만에 300만 개가 팔리는 대기록을 세웠다. 전자동 세탁기에의 이행(移行)과 세탁기의 진화(進化)의 흐름을 합성세제와 연계시켜 마케팅 찬스로 만든 회사는 라이온사였다. 라이온사는 세탁기라는 타업계의 변화를 찬스로 만든 것이다.

6. 이노베이터의 히트 앤드 런(hit and run)

마케팅에서는 소비사회에 있어서의 기본적인 상품이나 서비스를 처음 발매한 기업을 이노베이터(innovator)라고 부른다. 정확하게 정의하면 혁신적인 상품이나 서비스를 소비자에게 처음 제공하는 기업을 말한다.

그러나 무엇이 혁신적인 상품인지 판매 당시에는 알 수 없는 경우가 많기 때문에 과거를 돌이켜보고서야 "아! 그것이 혁신적인 상품이었군!" 하고 인식하는 것이 일반적이다. 혁신적인 상품이란 시장에서 혁명이라고 부를 만큼 변화를 일으킨 상품을 말하며 보다 극적(劇的)인 변화를 가져와 시장을 근본적으로 변화시킨 상품은 혁명적인 상품이라고 부른다.

혁명적 상품의 대표적인 것으로는 TV, 컴퓨터, 제록스, 포드 T형 자동차, 냉장고 등을 들 수 있다. 최근의 예로는 닌텐도의 패밀리 컴퓨터, 후지필름의 렌즈장착 필름, 오츠카의 오로나민C 드링크, 소니의 워크맨, 야마토 운수의 택급편, 세븐일레븐의 시스템 구축 노하우, 리크루트의 취직 정보지가 있다.

혁신적 상품의 예는 수없이 많다. 야마자키의 더블소프트, 시세이도의 컬러린스, NTT의 O_2서비스, 가쿠겐(學研)의 학교 루트판매, 샤르레의 홈 파티(home party) 방식에 의한 방문판매 등을 들 수 있다.

혁명적 상품이나 혁신적 상품도 특허 취득으로 유사품 제조를 방지하지 않으면 반드시 모방하는 기업이 생긴다. 그러한 기업은 이노베이터라고 부르지 않고 폴로어(follower), 즉 추종자라고 부른다. 역설적으로 말해서 추종자가 있다는 것은 혁신자나 혁명자의 성과의 확실한 증거가 되는 것이다.

이노베이터는 타사에 앞서서 발매한 것이기 때문에 당분간 선두주자의 자리를 유지해 간다. 크게 히트를 친 상품이라면 이노베이터가 유리하게 톱의 지위를 유지할 수 있다. 그 까닭은 소비자들이 "저 상품은 그 회사의 제품이다"라는 단순한 사고에 사로잡혀 처음 발매한 회사가 유리한 입장에 놓이기 때문이다. 대부분의 이노베이터는 히트 앤드 런의 스타일로 후발주자와 현격한 간격을 두고 압도적인 지위를 구축해 나간다.

이런 경우 이노베이터의 브랜드명이 그대로 그 업계의 명칭을 대변할 경우가 많다. 휴대용 헤드폰형 스테레오는 워크맨, 택배편은 택급편, 셀로판테이프는 셀로테이프, 스테이플러(stapler)는 호치키스, 화학 조미료는 아지노모토, 농축형 유산균 음료는 칼피스, 플라스틱 모델은 플라모델, 펠트펜(felt pen)은 매직잉크가 되는 등이다.

그런데 이노베이터가 톱의 지위를 유지하고 있어도 타기업과의 차이가 적어 소비자도 누가 이노베이터인지 모르는 경우가 있다. 아예 망각해 버릴 경우도 있다. 최악의 경우는 이노베이터이면서도 시장이 그렇게 확대될 것이라는 생각을 못해 투자에 인색했거나 마케팅에 실패했기 때문에 톱의 자리를 내주고 하위 메이커의 하나가 되어 버리는 일도 있다.

예를 들면 소니의 오디오 테이프, 생명보험의 메이지 생명,

가라오케의 클라리온, 안네 냅킨, UCC 캔커피, 컴퓨터의 후지필름, 슈퍼의 마루와(丸和) 푸드 스토어 등도 그러한 범주에 속한다.

이노베이터로서 압도적인 지위를 유지하다가 다음에 출현한 혁신기업에 의해 자리바꿈한 경우도 있다.

카메라 업계의 경우 지난날 세계 제일을 자랑하며 군림해 온 니콘이 카메라의 일렉트로닉스화로 인하여 캐논에게 수위자리를 물려주었다. 거기다가 다시 완전 자동화의 미놀타 α-7000에게 추월당했으며 후지필름의 렌즈장착 필름에게도 밀려나게 되었다.

시계의 경우는 세이코가 시티즌에게, 베이비용 종이 기저귀에서는 팸퍼스가 무니에게, 초콜릿에서는 메이지(明治) 제과가 롯데에게, H형강(H型鋼)에서는 신니치데쓰가 도쿄(東京) 제철에게, 가정용 전화기 분야에서는 NTT가 샤프에게 역전당하고 있다.

톱의 자리를 오래 유지하면서 독주하고 있는 기업은 표면상 아무것도 하지 않는 것처럼 보이지만 선두의 자리를 지키기 위해 많은 노력을 하고 있다.

저가격을 유지함으로써 가격장벽을 만들어 톱의 자리를 유지하는 예로는 오로나민C 드링크가 있는데 발매 이래 100엔이라는 소매가격을 유지하면서 압도적인 지위를 지키고 있다. 또 브랜드는 그대로 두고 품질을 계속 향상시켜 압도적인 시장점유율을 유지하고 있는 예로는 모리나가의 크리프, 소니의 워크맨, 유키지루시의 네오소프트, 메이지의 불가리아 요구르트 등이 있다.

판매루트를 완전히 지배하고 톱의 자리를 오랜 세월 유지하고 있는 예로는 기린의 라가맥주나 코카콜라가 있다. 영업노력으로 톱 자리를 유지하고 있는 기업도 있다. 노무라(野村) 증권, 니혼 세이메이, 니혼햄, 마쓰시다 전기산업, 다스킨 등이다.

또 상품이 잘 팔리기 때문에 선도(鮮度)가 좋고 선도가 좋기 때문에 잘 팔린다는, 매출과 선도의 사이클이 잘 회전되고 있는 예로는 칼비의 포테이토칩, 닛싱 식품의 컵누들, 야마자키 제빵의 식빵 등이 있다. 이 사이클이 잘 회전되기 시작하면 색다른 별개의 상품을 개발하지 않는 한 영구히 톱이 될 수 없다.

또 특허권으로 타사의 참여를 저지하고 있는 예도 있는데 스미토모(住友) 3M의 포스팃트(Post-it)가 대표적이다. 반대로 특허품은 아니지만 그 노하우를 알아 낼 수 없는 경우도 있다. 예를 들어 코카콜라의 맛, 켄터키 후라이드 치킨의 비방, 칼피스의 맛 등 식품관계에 많지만 세븐일레븐의 시스템 노하우는 아무리 해도 흉내 낼 수 없는 것 중의 하나이다.

사소한 아이디어로 오랜 세월 톱 자리를 유지해 온 상품도 있다. 라이온의 마마레몬이다. 마마레몬이 등장하기 전에는 가오(花王)의 원더풀K가 부엌세제 넘버원을 유지해 왔다. 원더풀K는 무색이며 약간 약냄새가 났다. 이럴 즈음 레몬향과 레몬빛의 마마레몬이 발매되기 시작한 것이다.

부엌에 아주 잘 어울리는 레몬색과 레몬향, 거기다 상품명도 마마라는 말이 들어 있어 주부들에게 친숙한 느낌과 좋은 평을 얻게 되었다. 품질면에서는 그리 뛰어난 상품은 아니었지만 색과 향과 상품명으로 주부들의 압도적인 지지를 얻어 순식간에 60% 이상의 시장점유율을 확보하게 되었다.

마마레몬은 소비자의 머리속에 강하게 각인(刻印)되었으며 부엌용 세제는 마마레몬의 등장으로 모두 레몬색과 레몬향이 첨가되었다. 이러한 색깔과 향이 첨가되지 않은 상품은 일체 팔리지 않게 되었다. 라이벌 메이커였던 가오는 소비자의 레몬에 대한 애착을 깨뜨리기 위해 체리라는 핑크색의 부엌용 세제를 개발하여 일대 캠페인을 전개했으나 실패했으며 결국 다시 레몬색으로 복귀하고 말았다.

현재는 투명의 레몬색이나 라임색으로 약간의 변화를 보이고는 있지만 마마레몬의 영향은 참으로 지대했다.

7. No. 2의 마케팅 찬스

톱 브랜드의 마케팅 전략에 있어서는 브랜드의 지명도와 톱이란 실적으로 경쟁을 유리하게 진행시킬 수 있다. 그러나 2위 이하의 브랜드는 마케팅 전략이 어려워 획기적이고 대담한 전략을 전개하지 않는 한 톱이 될 수 없다.

그렇다면 넘버투의 기업(브랜드)은 어떻게 해야 넘버원이 되는 마케팅 전략을 전개할 수 있을 것인가.

넘버투의 기업은 지나치게 톱 기업을 의식하기 때문에 톱 기업과 같은 전략을 전개하는 경우가 많다. 톱과 같은 전략을 채택하면 지명도나 신용도 등 모든 면에서 톱에게 지고 만다. 톱에게 지고 있기 때문에 2위나 3위의 지위에 머무르고 있는 것이다. 톱과 같은 전략을 채택하고 있는 한 톱이 스스로 폐업하지 않으면 영원히 톱을 따라잡을 수 없다.

미국의 만년 넘버투의 렌트카 회사처럼 "우리는 넘버투입니다. 그래서 더욱 노력하겠습니다"라고 아예 솔직히 고백하고 영업을 하든가 아니면 다른 전략으로 과감히 도전하든가, 어느 한쪽을 선택하지 않으면 안된다. 톱에 도전하려면 마케팅 찬스를 잡든가 아니면 스스로 찬스를 만들어 내든가 해야 하는 것이다.

마케팅 찬스를 잡는다면서 언제 찾아올지도 모르는 찬스를 막연히 기다리고 있는 기업이 많다. 보통 찬스라는 것은 그리

흔하게 찾아오지 않으며 그러는 사이에 언제 톱에게 짓밟힐지도 알 수 없는 일이다. 다행히 살아남는다고 해도 그때는 톱을 이길 만한 체력(体力)이 과연 남아있을런지도 의심스럽다.

역시 넘버투의 기업은 스스로 찬스를 만들어 내지 않으면 안 된다. 톱의 자리를 탈취하기 위해서는 지금까지와 전혀 다른 상품을 개발하든가 종래와 전혀 다른 판매방법을 채택하든가 하여 창조적인 마케팅 전략으로 톱의 자리를 탈취해야 한다.

예를 들어 시티즌은 오랫동안 세계 넘버투의 기업으로 머물러 있었으며 넘버원의 세이코의 그늘에 가려 만년 2위라는 이미지가 특히 일본에서는 더 강했다. 아무리 노력해도 시티즌은 세이코를 이길 수 없었던 것이다.

그런데 시계의 쿼츠(quartz)화가 진행됨에 따라 저가격의 팔목시계도 쿼츠화가 진전되기 시작했다. 쿼츠의 심장부라고 할 수 있는 부품을 생산할 수 있는 메이커는 일본 등 세계적 시계 메이커 뿐이었다. 저가격 시계의 생산기지라고 할 수 있는 홍콩에서 팔목시계를 쿼츠화하려고 했을 때 쿼츠의 부품을 생산할 수 있는 대형시계 메이커들은 모두 주저했다. 그러나 유독 시티즌만은 쿼츠의 부품제공도 충분히 채산성이 있다고 판단하고 대량생산으로 부품을 공급했던 것이다.

그 결과 시티즌의 매출액은 급상승해 마침내 세이코를 앞지르게 되었고 세계 최대의 시계 메이커가 되었다. 세이코가 세계에 군림하는 계기가 되었던 똑같은 쿼츠로 시티즌은 쿼츠의 부품제조라는 발상의 전환에 의해 세이코를 앞지른 것이다. 시티즌은 지금까지의 선입관을 버림으로써 마케팅 찬스를 자신의 손아귀에 넣을 수가 있었다.

니콘도 세이코처럼 영원한·1위라고 자부하던 수위의 자리를 2위

메이커에게 아주 손쉽게 뺏기고 오늘에 이르러서는 카메라 메이커라고 부르기조차 부끄러운 상태가 되었다. 니콘은 세계의 카메라 업계에 오랫동안 군림했고 세계의 프로 카메라맨과 광적인 아마추어 카메라맨들에게 압도적인 인기를 얻었다.

그러나 정밀기계 메이커로서 오랫동안 최고봉의 자리에 있었던 니콘도 카메라가 정밀기계에서 일렉트로닉스 제품으로 이행될 때 톱의 자리를 물려주게 되었다. 그 이행은 캐논의 캐노네트에 의해 시작되었다. 만년 2위였던 캐논은 그 후 캐논 AE-1를 개발해 세계적으로 히트시켜 세계 제일의 카메라 메이커로 부상했다. 더욱이 캐논은 오토보이의 히트로 니콘을 완전히 제압하고 세계의 왕좌에 올랐다.

캐논은 그 후 일시적이나마 미놀타의 $\alpha-7000$에 밀려 왕위 자리를 내주었지만 캐논 EOS 시리즈의 발매로 다시 세계의 정상에 복귀하는 잠재능력을 과시했다. 캐논은 뛰어난 영업능력과 상품 개발능력으로 마케팅 찬스를 스스로 만들어 냈고 카메라 시장의 페이스메이커(pacemaker)가 되었다.

드레싱(dressing) 업계의 톱인 큐피도 하위에서 서서히 랭크를 올려나가 마침내 압도적인 시장점유율을 손아귀에 넣은 경우이다. 드레싱은 처음 라이온이 마코믹이라는 브랜드로 발매해서 기세 있게 스타트 라인을 출발, 순조롭게 달려갔지만 그것은 어디까지나 서양식 드레싱의 수입판(輸入版)이었다. 맛이 서양풍이었으므로 일부 소비자에게는 인기가 있었지만 대중적인 인기는 없었다.

그래서 닛싱 제유는 일본인의 미각에 맞는 드레싱을 개발해 닛싱 사라드레라는 이름으로 대대적인 캠페인을 벌였고 일약 톱의 자리에 앉게 되었다. 그러나 일본인의 미각에 맞는다고는 하지만 보다 부드럽고 기름기가 덜하다는 정도일 뿐 역시 서양풍의 맛이었다.

후발 메이커인 큐피는, 마요네즈가 드레싱 업계에서는 독점적인 톱 메이커였으며 드레싱은 자사의 전문분야이기 때문에 어떠한 일이 있어도 타사에 뒤질 수는 없었다. 강력한 영업력과 독특한 맛의 개발로 일본인이 좋아하는 드레싱을 개발해서 서서히 톱의 자리에 접근해 갔다. 그러나 완전한 톱의 자리에 앉기에는 역부족이었다.

그래서 큐피는 간장 드레싱을 개발해서 발매했다. 간장은 일본인들에게 장구한 세월 동안 정들고 친숙해진 조미료다. 바로 이 맛을 드레싱에 응용한 것이다. 간장 드레싱의 담백한 맛과 간장의 맛이 일본인의 미각에 어필되어 폭발적인 인기를 끌었고 단숨에 닛싱을 따라잡아 시장점유율의 60% 이상을 점유하는 위력을 발휘했다.

타사도 간장 드레싱 개발에 힘을 쏟았으나 큐피는 계속 고삐를 늦추지 않고 중화(中華) 드레싱 등의 신제품을 속속 개발해 내어 시장점유율을 더욱 공고히 다져 나갔다.

과거의 톱 메이커였던 닛싱 제유나 미쓰캉은 큐피가 급성장하기 시작할 때 가격전략으로 맞섰으나 양사의 이미지만 추락되고 가격경쟁에 말려들지 않은 큐피에게 독주를 허용하게 되었다. 큐피는 넘버투일 때부터 일관되게 드레싱의 승부수는 맛이라고 생각하고 일본인이 좋아하는 맛을 끝까지 추구한 결과 선두주자가 되었다. 그 후 시장점유율의 상승은 대단히 눈부신 것이었으며 정통적인 전략의 채택이 후일 높게 평가를 받게 되었다.

큐피는 계속 새상품을 선보였는데 칼로리가 절반밖에 되지 않는 저칼로리 드레싱, 용량이 작은 드레싱, 논오일(nonoil) 드레싱 등을 적극적으로 개발해서 시장에 내놓아 톱의 지위를 한층 공고히

다졌던 것이다.

이와 같이 넘버투는 톱이 힘을 쏟지 않는 분야에 힘을 기울여 톱이 되든가, 아니면 전혀 새로운 제품을 개발해서 톱이 되든가, 새로운 채널이나 시스템으로 톱이 되든가 해야 한다. 톱과 같은 일을 하고 있어서는 결코 마케팅 찬스는 도래하지 않으며 마케팅 찬스를 만들어 내지도 못한다. 넘버투의 기업이야말로 마케팅의 발상이 절실히 요구된다.

8. 틈새상법

중소기업에 있어서의 마케팅 찬스는, 대기업이 이미 장악했거나 또는 장악하려고 하는 마케팅 찬스와는 성질이 다른 작은 찬스를 노리는 것이 효과적이다. 대기업으로서는 채산이 맞지 않아 참여할 수 없거나 대기업이 무시하고 있는 찬스, 대기업이 감지(感知)하고 있지 못한 찬스를 노려야 한다. 똑같은 찬스를 대기업과 중소기업이 동시에 장악하려고 한다면 자금력이나 기업능력의 모든 면에서 중소기업은 불리한 입장에 놓이기 때문이다.

이 작은 찬스를 흔히 '틈새상법(진공시장 또는 주변시장)이라고 한다. 이 틈새상법은 경우에 따라서 중소기업의 마케팅이 아니라 대기업이 시장점유율의 대부분을 독점하고 있는 시장에 다른 대기업이 파고들 경우에도 사용된다.

요즘처럼 시장이 다이내믹하게 변화하는 시대에서는 틈새시장도 어느 날 갑자기 거대시장으로 변신하거나 갑자기 소멸해 버리거나 틈새시장이 돌연 중심적 시장(core 市場)이 되거나 하기 때문에 중소기업만이 아니라 대기업에 있어서도 특히 주목하지 않으면 안될 시장이다.

이 틈새시장을 노리는 전략을 틈새상법이라고 하는데 성공의 포인트는 시장을 냉정하게 보는 판단력과 전략을 개시하는 타이밍, 그리고 제공하는 제품 또는 서비스가 어떻게 시장에 영합되는가에 달려있다.

그러면 틈새상법의 사례에 대하여 살펴보기로 하자.

지금까지 대기업이 전혀 감지하지 못했던 찬스를 잡아 성공한 예로는 호카호카데이(ほっかほっか亭)가 있다. 도시락이라고 하면 급식사업(給食事業)으로서 우오구니, 닛고쿠, 그린하우스, 시다, 로열, 니혼쇼쿠도(日本食堂), 데이코쿠(帝國) 호텔 열차식당, 미나모토(源), 아와지야(淡路屋) 등 대형기업이 경쟁을 벌이는 과당경쟁 업계이다. 그러나 이들 대형기업들은 모두 도시락은 의례히 사전조리를 하기 때문에 찬 것이 당연하며 따뜻한 밥을 제공한다는 것은 생각조차도 하지 못했다.

직장을 그만두고 도시락 장사를 시작한 호카호카데이의 사업 주는 도시락밥은 따뜻한 것이 생명이므로 따뜻한 밥을 셀링포인 트로 해야겠다고 생각했다. 결국 이것이 소비자에게 호평을 얻어 크게 히트를 치게 되었으며 한걸음 더 나아가 '포장용 도시락' 업계까지 탄생할 정도로 성장했다. 그 후 대급식 기업과 백화점 등에서 따뜻한 밥을 팔거나 컨비니언스 스토어의 도시락 붐이나 포장용 도시락 업계 내에서의 동질적인 과당경쟁으로 포장용 도 시락의 붐은 사라지고 호카호카데이는 다이에의 계열에 흡수되고 말았다.

그러나 대형급식 기업이 고정관념에 사로잡혀 '따뜻한 도시락 밥'에 생각이 미치지 못했을 때, 그 틈새상법으로서 따뜻한 밥을 셀링포인트로 하는 수천억 엔대의 거대한 시장이 탄생된 것이다. 틈새시장 속에서 커다란 마케팅 찬스를 발견해 내어 비즈니스로

육성시킨 호카호카데이의 출현의 의의는 너무도 크다.

또 대기업이 전혀 눈치채지 못했던 찬스의 예로서는, 혼다의 창업계기가 된 바다바다(バタバタ), 부인 속옷을 통신판매에 의하여 싸게 팔았던 세실, 같은 부인 속옷을 홈 파티 방식으로 판매하여 성공한 샤르레 등이 있다.

기존의 대형기업이 작은 찬스라고 생각하면서도 무엇인가의 이유를 붙여 경시해 온 경우도 있다. 슈퍼마켓이 등장했을 때 이들을 처음부터 무시하거나 경시했기 때문에 백화점이 일격을 당한 경우, 신사복 전문점이 교외형(郊外型) 신사복 전문점을 경시하여 아오야마 상사나 아오키 인터내셔널 등 신흥세력에 밀려난 경우, 영화업계가 TV를 전기그림연극이라고 경시하다가 TV 업계에 완패한 경우, 주문복 메이커가 조잡한 기성복 메이커라고 경시하다가 소멸해 간 경우, 카메라 메이커나 필름 메이커가 개발한 렌즈장착 필름(일회용 카메라)을 비웃다가 패배한 경우 등 많은 사례가 있다.

이들 모두의 공통점은, 기존의 대기업들이 당사처럼 훌륭한 기업이 할 짓이 못된다며 새로운 찬스를 경멸했을 뿐만 아니라 그 존재조차도 무시해 버렸다는 것이다. 심지어는 새로운 제품이나 서비스마저 경시하면서 말살하려고까지 했다. 이럴 경우 앞장서서 방해하는 자가 바로 협회나 조합조직이다.

기존 대형기업에 있어서는 그것이 찬스임에는 틀림없으나 채산상 참여하기 곤란하다면서 주저하다가 그 찬스가 거대시장(巨大市場)으로 성장하자 서둘러 참여했지만 너무 늦어 찬스를 살리지 못한 경우도 있다.

야마토의 택급편은 동업타사들이 채산이 맞지 않는다고 주저하고 있는 동안에 독주한 예이며 히다치, 도시바, 후지 등 거대

중전기(重電機) 메이커들이 가전산업은 채산성이 없는 하찮은 시장이라고 생각하고 있는 동안에 거대시장으로 자라나 당시 보잘것없던 중소 메이커인 마쓰시다, 샤프, 산요가 뛰어들어 고스란히 시장을 움켜쥐게 되었다.

대형 슈퍼마켓의 동남 아시아에의 출점(出店)은 시장이 영세하고 채산도 맞지 않는다고 생각하고 있는 동안 아타미(熱海)의 지역 슈퍼마켓인 야오한이 다점포를 전개하여 동남 아시아의 넘버원 슈퍼마켓으로 성장해 지금은 세계의 야오한이 되었다.

틈새상법은 중소기업이 대기업의 틈새를 노리는 전략이 중심이지만 대기업이 다른 업계에 참여할 때에도 필요한 전략이다. 아무리 대기업이라 해도 다른 업계에 처음 참여하면 풋나기이며 각종 노하우나 영업실적도 좋지 않기 때문이다.

예를 들어 맥주 업계에서나 식품 메이커로서도 일본 제일인 기린이 버터(butter) 시장에 참여한 일이다.

이 업계는 메이지 시대부터 유키지루시가 압도적인 지위를 유지하면서 다른 버터 메이커의 접근을 허용치 않을 만큼 강한 파워를 가지고 있었다. 여기에 기린이 고이와이(小岩井)라는 브랜드를 가지고 참여했다. 보통의 버터를 가지고 대결하면 유키지루시의 반격에 부딪쳐 맥을 추지 못할 것으로 생각한 기린은 유키지루시가 그다지 역점을 두지 않은 레이즌(raisin) 함유 버터시장을 공략하여 마침내 그 시장에서 톱이 될 수 있었다. 이어서 당시에는 별로 잘 팔리지 않던 버터와 치즈 선물시장에 참여해서 고급 이미지를 침투시키는 전략을 전개했다. 즉 유키지루시에게 있어서 틈이 있는 시장을 우선 공략한 것이다. 여기서도 성공을 거두어 현재에 이르러서는 일반 버터나 치즈, 마가린의 시장에까지도 참여해 본격적인 경쟁을 전개하고 있다.

6

차이의 추구

차이의 추구

1. 차별화 전략

마케팅의 중요한 사고(思考)의 하나로서 기업 자체의 차이를 강조하여 마케팅을 유리하게 이끌어가려는 경향이 있다. 지난날 네슬 니혼의 유명한 캐치프레이즈 가운데 "무엇이 다른가를 아는 사나이의 커피"란 말이 있었는데 타사와의 차이점을 강조해서 자사에게 유리한 마케팅을 전개하려는 생각이 바탕에 깔려있다.

학문적으로는 차별적 유리성의 추구라고 하는데 차이를 추구함으로써 소비자가 그 차이점에 만족하여 보다 많은 돈을 지불하고서라도 구입해 주든가 아니면 보다 많이 사주는 것을 목표로 하는 것이다. 예를 들어 하나에 5천 엔 하는 쇠가죽제 핸드백과 하나에 50만 엔 하는 뤼뷔통의 핸드백과의 차이점을 소비자가 충분히 이해하고 만족한 기분으로 뤼뷔통의 핸드백을 구입해 준다면 뤼뷔통의 차별화 전략, 즉 차별적 유리성의 추구는 성공한 셈이다.

품질이나 서비스, 이미지 등의 차이로 두 제품의 가격차(49만 5천엔)를 소비자가 충분히 납득할 수 있다면 뤼뷔통의 마케팅 노력은 일단 성과가 나타났다고 할 수 있다.

마케팅은 이처럼 차이점에 의한 차별화가 기업 전체에 영향을 미치는 전략이기 때문에 영업사원이 소지하고 있는 명함의 디자인에 이르기까지 철저히 차별화시킨다. 말하자면 차별화를 기업 자신의 레종 데트르(raison dêtre : 존재이유)처럼 생각한다.

"기업은 차이점이 없으면 존속할 수 없고 특징이 없으면 살아 남을 자격이 없다."

타사와의 차이에 의해서 기업은 생존하고 있는데 타사와 조금도 다름이 없다면 결국 기업의 존속가치가 없게 된다. 따라서 차이점이 하나의 특징이 될 때까지 키워야 하는 것이다.

그런데 일본의 기업들은 똑같이 보조(步調)를 맞추려고 하는 경향이 강하며 "솟아오르는 말뚝은 얻어 맞는다"는 생각에서인지 두드러진 전략은 적고 주로 담합(談合)이나 카르텔로 흐르는 경우가 많다. 외국인들 중에는 도요다와 닛산의 차이를 모르는 사람이 많으며 소니와 파나소닉의 차이도 모른다.

전략에 있어서도 소니가 콜럼비아 영화사를 매수했더니 곧바로 마쓰시다가 MCA를 매수했으며 닛산이 신형 자동차 시마를 선보였더니 도요다는 이에 질세라 세루시오 자동차를 내놓았다. 또한 아사히 맥주가 슈퍼드라이로 히트를 치자 기린 맥주도 드라이 맥주로 곧바로 응수했다.

지금까지의 시장 확대기나 버블 전성기라면 시장이라는 파이(pie) 자체가 커졌기 때문에 각 사가 똑같은 전략을 구사하더라도 서로 불만없이 파이를 나누어 먹을 수 있지만 소비시장이 성숙해지면 각기 차별화 전략을 쓰지 않으면 모두 다 쓰러지고 만다. 지금 일본 기업에게 가장 필요한 것은 철저한 차별화 전략이다.

마케팅은 앞에서 기술한 것처럼, 미국의 경제는 서부개척(西部開拓)이 끝나자 비로소 한계에 봉착하게 되었고 이로 인하여 기업간의 경쟁이 격화된 시점에서 마케팅이 탄생되었는데, 역시 각 사간의 경쟁이 치열해야만 진정 마케팅다운 마케팅이 생기는 것이다. 오늘날처럼 거품경제가 붕괴되고 완전히 성숙기에 들어서면 마케팅의 특징의 하나라고 할 차별화 전략은 특별한 의미를 지니게 된다.

경제가 성숙기에 접어들면 차별화 전략을 중요시하게 되는데 그 예로 화장품이나 패션 의류, 스낵 식품 등에서 마케팅 전략의 차별화를 똑똑히 볼 수가 있다.

이들 분야의 마케팅은 시장 자체가 급성장하는 것이 아니기 때문에 각 사가 여간 특징있는 상품을 개발하지 않는다면 시장에서 존속할 수 없다. 아무리 큰 기업이라도 기본전략에 실패하거나 사업방침을 그르치면 도산을 면하기 어렵다. 현재 각 사가 만든 상품의 품질차도 별로 없고 기술적으로도 거의 동일한 수준의 기업이 서로 밀고 당기고 있다. 이러한 실정이기 때문에 마케팅으로 각별히 성공을 거두지 않는 한 기업은 성장할 수 없는 것이다.

이와 같은 상황하에서는 마케팅이 차별화 중심으로 전개되어야 하며 독자의 마케팅이 확립되어야 한다. 끊임없이 자사의 이미지나 브랜드의 이미지를 소비자에게 명확히 심어 주지 않으면 특색이 없는 진부화(陳腐化)된 기업으로 전락해 버리고 만다. 소비자의 요구와 기호의 변화를 고스란히 받아들여 다소나마 특징이 있는 상품을 만들지 않으면 소비자로부터 관심도 끌지 못하고 무시되어 결국 과거의 세계로 묻혀 버리고 만다.

2. 이질적(異質的) 시장

차별화를 추구하지 않으면 기업이 살아남지 못한다는 말은 기업활동의 차이점을 적극적으로 인정해 주는 소비자가 존재하고 있다는 것을 의미한다. 소비자가 똑같은 제품을 원한다면 굳이 차이점을 강조할 필요가 없다.

마케팅에서는 소비자에 의해 구성되는 시장을 이질적인 것을 선호하는 소비자의 집합체로 본다.

자본주의의 초기 단계라면 시장을 동질적인 것으로 간주하고 똑같은 제품을 대량생산, 대량유통, 대량광고, 대량판매로 몰고 가도 비즈니스는 성공한다.

그러나 자본주의가 고도로 발달하면 시장은 급속도로 이질화된다. 즉 소비자의 기호가 다양화되는 것이다. 한 사람의 소비자가 이것도 원하고 저것도 원하는 경우와 어떤 사람은 이것을 원하는데 또 어떤 사람은 저것을 원하는 경우가 있다. 어느 경우이든 시장은 경제가 고도화(高度化)되고 사회가 소비경향을 강화함에 따라 가속적으로 이질화되어 간다.

마케팅은 소비자의 만족을 비즈니스를 통해 어떻게 실현해 가느냐 하는 학문이기 때문에 소비자의 기호나 행동이 다양해지면 마케팅도 역시 소비자의 다양화를 전제로 하지 않을 수 없다. 이것은 극히 당연한 일이며 본래 인간들은 십인십색(十人十色)인 데다가 각자의 취향이나 행동도 각양각색이어서 소비자는 모두 이질적이라고 보아야 한다.

학문으로서의 마케팅도 소비자의 다양화를 기다릴 것도 없이 소비자에게 차이가 존재한다는 것을 미리 인식하고 이론을 구축해야 한다. 아니 시장을 이질적인 것으로 보고 마케팅 이론을 구축해야 한다.

사회주의나 공산주의 국가에서는 효율화라는 명분하에 상품의 공통화를 촉진시키기 위해 강제적으로 시장을 동일화한다. 그 때문에 시장은 동질적 시장이 되고 이질적 시장을 전제로 하는 마케팅의 활동무대는 자연히 한정된다. 단 동질적 시장을 전제로 하는 이레귤러(irregular) 마케팅도 존재하지만 마케팅 본래의 자세는 이질적 시장에서의 자유로운 활동이다.

이질적 시장에는 두 가지 타입이 있다. 한 사람 한 사람의 구매행동이 전혀 다른 완전 이질적인 시장, 즉 개별적 시장이 있다. 이를테면 오더 메이드(order made)형이라든가 맞춤형의 시장이다. 그리고 기호나 취향이 비슷한 소비자가 많이 존재하여 이들끼리 하나의 그룹이 형성된다면 각기의 그룹에 대응해서 별개의 마케팅을 구사해 나간다. 이런 상태로 시장을 파악할 때 그 시장이 곧 이질적 시장이다. 이것이 통상적인 의미에서의 이질적 시장이다.

또 하나는 동질적 시장이 있다. 앞에서 말한 국가에 의한 강제적인 동질화만이 아니라 시장이 탄생해서 얼마되지 않거나 아직 채 발달되지 못한 경우나 시장 자체가 극단적으로 작은 경우에 볼 수 있다. 예를 들어 하이비전(high-vision) TV는 아직까지 단일 시장이다. 앞으로 하이비전 TV가 보급되면 휴대형, 벽걸이형, 액정(液晶)형이 발매될지 모르지만 현재로서는 한 종류 뿐이다. 소비자도 하이비전 방식의 TV를 처음 경험하기 때문에 이에 대한 자신의 기호나 취향을 아직 모르는 상태이므로 시장으로 말하자면 동질적 시장이다. 다만 소비자가 갖는 하이비전에 대한 꿈은 현실의 시장이 아니기 때문에 아직은 시장이라고 말할 수 없다.

이질적 시장을 전제로 하는 마케팅은 이미 언급한 것처럼 기업의 시장 적응활동을 개별적인 것으로 한다. 말하자면 십인십색의 행동으로 나타난다. 그러므로 학문으로서의 마케팅은 진리보편형의 학문은 되지 못하고 이런 경우 이러한 기업이라면 이러한 마케팅 행동이 최선의 방법일 것이라는 식의 개별기업에 대응하는 문제해결형의 학문이다.

유일한 진리를 추구하고 절대적 체계화를 시도하는 학문이 아니라 기업행동의 문제해결을 하면서 통합적인 체계화를 시도하여 체계 그 자체도 시대에 부응, 수정해 나가는 타입의 학문이다.

이에 대해 경제학은 시장을 동질적이라기 보다는 유일한 것으로 단순화하고 인간도 이것저것 방황하는 존재가 아니라 완벽하고 합리적인 판단이 가능한 인간(경제인)으로 가정하여 이론을 구축하기 때문에 이론적으로 정연(整然)한 논리를 전개하는 것이다.

마케팅은 시장을 이질적인 것으로 여기며 시장도 계속 질적으로 변화하기 때문에 자연히 인간도 사고의 방황을 하게 되며 장소나 상황에 따라서는 이질적이고 비합리적인 판단을 내릴 수도 있다는 것이다.

3. 시장세분화 전략

시장을 이질적인 것으로 파악한다는 것은 시장을 몇 갠가의 그룹의 집합체로서 인식한다는 것이다. 이것은 다른 관점에서 보면 시장을 세분해서 여러 개의 그룹으로 나눈다는 것을 의미한다. 즉 기업이 자신의 판단기준으로 시장을 나눈다는 것이다. 이것을 마케팅에서는 시장세분화라고 부른다.

시장세분화는 기업의 방향설정이나 행동목표의 설정에도 관계되기 때문에 마케팅에서는 중요한 개념의 하나라고 할 수 있다. 어떠한 기준으로 시장을 세분화하느냐 하는 것은 기업의 시장인식의 차이로 나타나기도 하며 기업의 차별화 전략을 책정하는 면에서나 기업의 특징을 나타내는 면에서 중요한 테마가 된다. 어떻게 훌륭히 타사와 차별된 기준으로 시장세분화를 행하는가가 경영자의 수완이라고 할 수 있다.

반대로 시장세분화 전략에 실패하면 자사의 이미지나 브랜드 이미지를 설정할 수 없어 어정쩡한 것이 되어 버려 타사의 차별화 전략의 먹이가 되기 쉽다. 그렇기 때문에 기업경영이나 마케팅 전략 담당자는 시장세분화 전략에 유달리 신경을 곤두세운다.

시장세분화의 성공의 예를 살펴보기로 하자. 샴푸 업계는 상품이 동질화되기 쉽기 때문에 경쟁도 동질화되기 쉽다. 따라서 옛부터 각 사는 얼마만큼의 광고비를 투입해서 어떤 식으로 지명도를 높일 것인가 하는 경쟁에만 시종했던 것이다. 샴푸의 경우 오일 샴푸, 크림 샴푸, 모이스쳐 샴푸, 비듬제거 샴푸 등 샴푸의 질(質)로 분류하고 분류에 따라 광고를 중심으로 마케팅 전략을 입안해 왔다.

그런데 일본의 샴푸 업계에서는 가오나 라이온, 시세이도에게는 훨씬 미치지 못하는 유니리버의 니혼 에리다가 종래와는 전혀 다른 발상으로 시장세분화 전략을 전개했다. 소비자의 모발(毛髮) 상태에 따라 샴푸를 세분화한 것이다. 억센 성질의 모발용 샴푸, 부드러운 모발용 샴푸, 보통의 모발용 샴푸 등이다. 타사가 전혀 생각지도 못한 착상으로 시장세분화를 해냈던 것이다.

세계적으로 톱 메이커였던 유니리버사였지만 일본에서는 일개 중소 메이커의 자회사(子會社)였던 니혼 에리다가 시장세분화로 일약 유명해졌으며 상품도 히트쳐 그 존재가 세상에 알려지게 되었다.

이어서 시세이도가 이러한 시장세분화 전략에 자극받아 "사랑에도 코롱, 머리에도 코롱, 헤어코롱샴푸"란 긴 이름으로 시세이도가 자랑하는 특이한 향(香)으로 차별화된 시장세분화 전략을 전개하여 라이온의 에메롱 샴푸를 삽시간에 앞지르고 넘버원이 되었다. 코롱처럼 독특한 향기로 시장을 석권한 세분화 전략은 일본에서는 처음 있는 일로서 샴푸 마케팅에 강한 충격을 주었다.

현재는 비듬, 가려움 등을 방지하는 가오의 메리트와 린스 일체형(一体型) 샴푸인 라이온의 소프트인원, 모발과 모피의 부드러움을 호소한 니혼 리버(원래는 니혼 에리다)의 디모데 등이 정상을 다투고 있으며 모두가 독특한 차별화 전략으로 시장세분화를 시도하고 있다.

다음으로는 맥주의 시장세분화 전략을 살펴보자. 맥주는 알콜 중에서는 하나의 타입의 술로 분류되기 때문에 맥주시장 그 자체가 시장세분화의 하나의 부문이 된다. 그 맥주시장이 맥주회사의 노력에 의하여 여러 가지로 세분화된 것이다.

맥주시장은 기본적으로 다섯 개의 세분화 전략에 의해 성립된다. (1)제조방법에 의한 시장세분화 전략 (2)품질에 의한 시장세분화 전략 (3)판매방법에 의한 시장세분화 전략 (4)용기에 의한 시장세분화 전략 (5)기타의 기준에 의한 시장세분화 전략이다.

제조방법에 의한 세분화에는 열처리 방식의 기린 라거맥주, 휠터여과(濾過) 방식의 생맥주로는 삿포로의 구로(黑) 라벨이나 기린 드래프트가 있다. 그리고 첫번째 짜낸 것만을 사용하는 방식의 대표적인 예가 기린의 이씨반시보리나 프리미엄이고 맥아(麥芽)의 껍질을 제거하는 방식에는 삿포로의 긴시코미(吟仕込)가 있다.

품질에 의한 시장세분화 전략에는 짜릿한 맛으로 차별화한 아사히의 슈퍼드라이, 몰트 100%를 사용한 맥아 100% 맥주의 산토리 몰트나 삿포로의 퀄리티가 있다. 아사히Z나 슈퍼이스트와 같은 특수 호모(酵母) 맥주, 삿포로의 넥스트원과 같은 저칼로리 맥주, 그리고 삿포로 블랙과 같은 흑맥주나 삿포로 배전(焙煎) 생맥주와 같은 배전맥아 맥주 등으로 세분화되고 있다.

판매방법에 의한 세분화에는 업무용 맥주, 가정용 맥주, 나아가서는 최근 유행의 한정판매 맥주가 있다. 한정판매 맥주는 기린의 칸사이(關西) 풍미의 생맥주나 쿄토(京都)를 한정으로 한 산토리의 센도(千道) 맥주 등과 같은 지역한정판매 맥주와 삿포로 후유모노 가다리(冬物語)나 아사히의 쇼가츠(正月) 맥주나 기린의 가세이(賀正) 맥주 등과 같은 기간한정의 맥주가 있다.

용기에 의한 시장세분화 전략으로는 병맥주, 캔맥주, 길다란 캔맥주나 작은 캔이나 불룩한 캔들이 등 용기의 크기나 형태로 세분화하거나 산토리의 펭킹즈바처럼 디자인으로 세분화한 것도 있다.

마지막으로 기타의 기준에 의한 시장세분화 전략에는 산토리의 비아누버 1991처럼 신선함을 셀링포인트로 한 세분화나 칵텔형 맥주(지난날 아사히의 Be)나 타카라의 바비캉이나 UCC 우에시마(上島)의 스왕과 같은 저알콜 맥주, 기린의 마인브로이나 산토리의 멜첸처럼 고급 맥주 등의 시장세분화 전략이 있다.

이상과 같이 단순히 맥주라 하더라도 시장세분화는 소비자가 구별할 수 없을 만큼 다양화되고 있어 맥주라는 성숙된 상품은 앞으로 더욱 세분화가 진행될 것으로 생각된다. 그러나 시장세분화가 되어도 팔리지 않는 맥주는 즉시 생산이 중지되기 때문에 각 맥주회사가 유지하는 품목수는 그다지 증가하지 않을 것이다.

시장세분화 전략은 맥주처럼 상품 그 자체가 성숙화되면 획기적인 상품이 출현할 여지가 없기 때문에 더욱 진전(進展)된다. 그러나 지나친 세분화로 인한 비용상승으로 업계 전체의 이익률이 저하되어 업계 전체의 쇠퇴를 초래할 위험도 있다. 업계가 쇠퇴하기 시작하면 시장세분화 전략은 급히 둔화되고 팔리는 브랜드만이 남게 되어 결과적으로 시장통합전략으로 전환된다.

물론 시장세분화 전략도 세분화에 의한 코스트 상승을 상계(相計)할 만큼 매출액이나 이익액이 증가하기 때문에 시장세분화가 행해지는 것이므로 코스트 증가가 이익 증가나 매출액 증가에 이어지지 못한다면 당연히 중지될 수밖에 없다.

4. 브랜드 만들기가 최대의 과제

타기업과의 차이를 추구하는 목적은 소비자에게 강력히 어필할 수 있는 브랜드 이미지나 기업 이미지를 확립하는 데 있다. 소비자가 신앙처럼 강한 브랜드 이미지나 기업 이미지를 갖고 있다면 다른 상품은 거의 거들떠보지도 않고 오로지 자신이 갖고 있는 좋은 이미지에 의해서 상품을 계속 사게 되는 것이다.

지난날 젊은이들이 좋아했던 인기 브랜드 뤼뷔통이나 랄후로렌, BMW 또는 티파니가 그러한 예에 속한다.

이 정도로 높은 이미지의 브랜드나 기업이 된다면 바겐 등의 변칙방법을 쓰지 않아도 되기 때문에 자연히 이익률도 높아지고 거래처나 납품처에 대한 거래관계도 현저히 달라져 유리한 비즈니스를 전개할 수가 있다. 그러므로 소비자로부터 높은 평가를 받는 브랜드 만들기가 무엇보다도 기업의 중점목표가 되는 것이다.

브랜드 만들기에 성공해서 좋은 이미지를 획득했다고 해도 그 좋은 이미지를 유지하기란 더욱 어렵다. 브랜드에도 영고성쇠

(榮枯盛衰)라는 것이 있다. 전략을 조금이라도 그르치면 좋은 브랜드 이미지는 급히 땅에 떨어져 흔해빠진 보통의 브랜드로 전락해 버리고 만다.

예를 들어 이태리의 피혁제품 구찌는 세계 제일의 높은 이미지를 오랫동안 유지해 온 역사적인 브랜드였다. 그런데 1970년대에 백(bag)의 대량생산과 대량판매로 매출액 신장을 시도했던 결과 오히려 이미지가 급격히 저하되어 고전을 면처 못했으며 특히 일본에서는 소비자에게 철저히 외면당하고 말았다. 반대로 프랑스에서 유흥가 지향의 브랜드로서 매우 평가가 낮았던 샤넬이 일본에서는 바겐세일도 일체 하지 않고 한정생산을 하고 있었기 때문에 프랑스와는 달리 고급 브랜드로 군림했다.

브랜드의 교체가 심한 분야는 부인복 패션 업계이다. 브랜드의 위력은 이익률에 직결되며 시장의 통제도 마음먹은 대로 할 수 있는 경우가 있는데 브랜드가 유명하느냐 그렇지 않느냐에 따라 매출에 현격한 차이가 생긴다.

지난날 니나리찌나 바렌샤거가 톱의 자리에 있었으나 그 후 디올이나 지방시가 출현해 인기를 얻었으며 이어서 칼든, 입센 로랑, 쿠레쥬, 다카다(高田), 미야게(三宅), 골체, 몽따나 그리고 야마모도(山本, 와이즈) 가와구보(川久保)가 세계의 톱 패션으로서 군림했다.

일본에서도 브랜드(디자이너)의 전성시대는 짧은 사이클로 이어지고 있는데, 젊은이의 패션만도 VAN, JUN, 비기, 니콜, 미야게, 와이즈, 메를로즈, 갈손으로 자리바꿈되고 다시 바츠, 파이브폭스, 파손즈, 핑크하우스로 이어지고 있다.

이와 같이 패션 의류는 인기 브랜드의 교체가 매우 빨라 경영에 있어서 어려운 비즈니스 분야이지만 많은 유명 브랜드를 하나의 회사가 독점하다시피 하여 소비자들은 동일회사의 브랜드인지 눈치채지 못할 정도로 탁월한 경영을 하고 있다.

프랑스의 베르나르(A. Bernard)씨가 이끄는 모에 헤네씨 뤼뷔통 그룹(Moët Hennessy Louis Vuitton Group)이 그 예이다.

이 회사는 많은 브랜드를 소유하고 경영규모의 확대를 도모하는 한편 고급 이미지를 유지하면서 고객을 고정화시키는 전략을 전개하고 있다. 아를테면 브랜드 콤플렉스에 걸린 베르나르 제국(帝國)이라고 부르는 것이 알맞을런지도 모른다.

이 회사가 소유하고 있는 브랜드는 디올뤼뷔통, 지방시, 훼레, 세리누, 라크로와 로에베(피혁제품), 록크(스킨케어), 게르랑(향수), 모에(샴페인), 헤네씨(샴페인), 부부구리코(샴페인), 돈베리뇽(샴페인) 등으로 세계의 톱 브랜드를 즐비하게 갖추고 있는데 이들 브랜드를 교묘히 시장에 침투시켜 경영에 성공한 큰 회사이다.

브랜드 만들기에서 성공한 사례는 많지만 너무 브랜드의 이미지가 강해 다른 분야의 상품은 판매해도 잘 팔리지 않아 실패한 경우도 있다.

예를 들어 세계 제일의 청바지 메이커인 리바이스 스트라우스사가 신사복을 만들어 발매한 일이 있었는데 청바지의 이미지가 너무 강해 실패하고 말았다. 와콜도 여성 속옷의 이미지가 너무 강해 남성의류의 실패는 물론 여성의 에프론이나 인테리어에까지 영향을 입혔다.

차이를 강조하는 것이 브랜드 전략이지만 반대로 브랜드를 너무 많이 내놓아 차이점을 모르기 때문에 소비자가 혼란을 일으키는 경우도 있다. 예를 들어 도요다나 닛산의 다차종(多車種) 전략이다. 다른 판매루트에 같은 자동차를 디자인만 약간 바꾸어 판매하는 '세 쌍둥이 차 전략'이나 '네 쌍둥이 차 전략'이다. 경우에 따라서 미쓰비시는 차체(車体)의 기본인 플로어 판넬(floor panel)이 대중차에서 고급차까지 동일하며, 랜서로부터 갸랑, 디아망테, 데보네어에 이르기까지 모든 차종이 기본적으로 똑같은 차라는 전략을 비용절감 때문에 채택하고 있는 회사도 있다.

이쯤 되면 차이가 있는 것처럼 보이면서 실은 같은 상품을 파는 것이 되어 마케팅에 역행하는 반마케팅(anti-marketing) 행동이 된다. 현재 일본 자동차 메이커가 겪는 부진은 단순히 불경기에 의한 경영부진이 아니라 소비자를 얕잡아본 행동에 대한 소비자의 무언의 반발인지도 모른다.

브랜드의 차이가 얼마만큼 위력적인가를 말해 주는 예가 있다. 산토리와 닛카의 위스키는 옛부터 라이벌 관계로서 현재 닛카는 아사히 맥주의 자회사가 되어 맥주분야에서도 치열한 경쟁이 계속되고 있다. 산토리와 닛카는 위스키 분야에서는 전통이 비슷하고 위스키의 맛에 있어서도 눈을 가리고 테스트한다 해도 보통사람이라면 거의 식별하지 못할 정도이다.

그러나 산토리의 광고나 이미지 만들기의 탁월성은 도저히 타사가 따라올 수 없으며 이런 것들이 산토리 위스키의 평가를 높여 주고 있다. 따라서 매출액에 있어서도 닛카와는 비교가 되지 않을 만큼 큰 차이를 보여 주고 있다.

산토리는 일류, 닛카는 이류라는 소비자들의 가혹한 평가는 브랜드명에 의한 차이가 얼마나 무서운가를 입증해 주고 있다.

5. 이미지의 시대

일본인은 세계에서 그 유례를 찾아보기 어려울 만큼 이미지를 좋아한다. 이미지에 의해 기업이나 브랜드, 심지어는 사람까지도 평가해 버린다. 일본은 이를테면 이미지 대국이라고 할 수 있다. 이미지 만들기에만 성공하면 타사와의 경쟁에 있어서 월등히 유리한 입장에 서게 된다. 그래서 기업들은 온갖 노력을 경주하여 이미지 만들기에 전력투구하는 것이다.

이미지 경쟁이 치열한 분야는 어디까지나 기업간의 경쟁이 심한 업계이며 전력회사와 같은 독점기업에 있어서는 관심도가 극히 낮다. 자유경쟁사회의 전형적(典型的) 특징이라고 할 수 있는 것이 바로 이미지 경쟁이다.

소비자들의 소득이 향상돼서 풍요로운 사회가 실현되면 이미지는 마케팅 전략의 중요한 위치를 점하고 이미지 전략에 관한 기술이 발달해 교묘해진다. 각 기업들은 온갖 테크닉을 사용해서 소비자들이 의식하지 못하는 가운데 이미지의 포로로 삼아 버리는 것이다.

일본은 매스컴이 작용하는 소비자에 대한 영향력이 매우 강하며 그 중에서도 TV가 주는 영향력은 크고도 넓다. TV 매체를 활용한 광고는 기업이나 브랜드의 인지도나 지명도를 높일 뿐만 아니라 기업 그 자체를 일류의 이미지로 만들어 버린다. TV 광고의 캐치프레이즈로나 CM송이 크게 히트하면 상품이 폭발적으로 팔리는 경우가 많아 기업은 더욱 TV 광고에 매달리게 된다.

50년대 후반에서 60년대 전반에 이르기까지 산토리, 도요다, 닛산, 혼다, 시세이도, 가오, 라이온, 소니, 마쓰시다 등 각 사가 경쟁적으로 TV 광고를 실시해서 매출액 신장만이 아니라 기업 이미지나 브랜드 이미지까지 끌어올린 메리트는 매우 놀랍다. TV 광고 대리점의 덴쓰(電通)가 세계 제일의 광고회사가 된 것도 TV 광고가 일본 기업들에게 얼마나 중시되고 있는가를 단적으로 말해 주고 있다는 것이다.

이미지 전략으로 성공한 대표적인 기업은 역시 시세이도이다. 화장품은 그다지 품질차(品質差)가 없는데 단지 향(香)이나 용기, 브랜드명, 점포 만들기, 광고 등 이미지 전략으로 기업간 격차가 생기는 것이 이 업계의 전형이다. 그 때문에 광고투자는 무서울 정도이며 광고계를 좌우하는 실력을 지닌 업계가 되고 있다.

2차 세계대전이 발발하기 전에는 화장품의 경우 동경지역은 레에도 화장품의 히라오(平尾) 상점 그리고 오사카를 중심으로 한 관서지역은 구라부 화장품의 나카야마 다이요도(中山太陽堂)가 세력을 잡고 있었다. 이밖에 시세이도를 위시하여 비엔(美園), 교엔(御園), 가카시, 시라호 화장품 등은 하위 그룹을 형성하고 있었다.

전후(戰後) 화장품 메이커 중 가장 순조롭게 사업을 전개한 기업은 구라부와 레에도와 시세이도이며 이 밖에 메이쇼쿠(明色), 피아스, 키스미, 데루미, 파피리오, 마담, 맥스휙터 등이었다. 50년대는 키스미가 신문광고를 강력히 추진하였는데 "키스를 해도 지워지지 않는 루즈"라는 캐치프레이즈로 루즈의 매출액에서 압도적인 시장점유율을 자랑하게 되었다.

50년대 초가 되자 구라부나 레에도 등 한때의 대기업도 힘이 쇠진하여 구라부는 유명배우 미즈다니 야에코(水谷八重子)를 광고모델로 기용하는 등 안간힘을 썼지만 일본풍의 이미지로는 시대의 흐름에 영합할 수 없어 결국 1954년에 부도를 내고 회사갱생법(會社更生法)의 적용신청을 하기에 이르렀다.

1955년부터 TV 광고의 전성시대가 도래하여 키스미의 섹시핑크, 맥스휙터의 로망핑크·카페 아 라 모드, 시세이도의 캔디톤 등의 캠페인이 화려하게 전개되고 각 사의 이미지 전략은 더욱 치열해져 갔다. 그러나 키스미는 대량광고에다가 제품의 생산과잉으로 채널전략에 실패하고 가격체계의 붕괴가 발생해 마침내 싸구려 메이커로 전락되어 버렸다.

맥스휄터는 미국에서는 싸구려 메이커였지만 일본에서는 고급 이미지를 구축하는 데 성공했다. 그러나 채널전략 및 고객에 대한 프리젠트 전략 등 일본의 독특한 마케팅 전략에 소극적으로 대처하여 다른 경쟁사에 뒤지고 말았다.

이에 반하여 시세이도는 TV 광고로 대대적인 캠페인을 벌여 이미지 유지나 할인판매 방지를 위한 채널전략을 강화하고 이미지 전략에 본격적으로 나섰다. 그 결과 완전히 톱의 지위를 확보할 수가 있었다.

1966년에 들어와서는 인기 여배우 마에다 미하리(前田美波里)를 기용해 "태양으로부터 사랑을 받자"라는 캠페인을 전개해서 일약 화장품 마케팅 전략을 바꿔 버렸다. 대대적인 매스컴의 활용과 전사적인 마케팅을 전개하여 붐 메이킹 마케팅(boom making marketing)을 실천해 나갔다. 또 고급화 전략을 강력히 추진해 속속 고급 화장품을 개발해 냈다. 한편 이미지에 약한 젊은층을 노려 젊은 시절부터 시세이도의 고정객이 되도록 이미지 캠페인을 전개하여 미래 지향적인 고객화 시도에 역점을 두었다.

1975년경에 이르러 시세이도의 CM송이 크게 히트했으며 젊은이를 대상으로 화상(畫像)과 음악을 중심으로 하는 이미지 광고를 확립해 나갔다. 예를 들면 '흔들리는 눈동자', '그대 눈동자는 일만 볼트', '나쓰코의 여름(불타라 어여쁜 여자여!), '위험한 루즈 매직' 등이다. 이 시기에 시세이도를 모방하여 강력한 이미지 전략을 전개한 회사가 가네보(鐘紡) 화장품이며 패션의류업계에서 경험을 쌓은 이미지 만들기를 최대한으로 살려 시장점유율 2위를 기록하게 되었다.

70년대 후반이 되자 과거의 대형 화장품 메이커는 거의 탈락해 버리고 겨우 살아남은 곳은 고급 이미지 만들기에 성공한 시세이도, 가네보, 포라, 고세, 메너드 등이었다.

포라와 메너드는 방문판매로 고급화 전략을 구사했으며 시세이도와 가네보는 매스컴을 이용한 이미지 상승전략으로 시장을 제패했다.

85년대 들어 무향료(無香料)나 피부에 부드러운 자연 화장품의 이미지 전략이 중시되어 가오의 소피나와 크리니크(미국의 에스티 로다사)가 독특한 카운셀링 판매 및 백색의 컬러전략으로 대성공을 거두어 일순간에 2위까지 시장점유율을 높여 가오, 시세이도, 가네보의 삼파전(三巴戰) 양상을 띠었다. 한편 니혼 암웨이와 니혼 샤크리와 같은 외국기업은 멀티(Multi) 상법적 영업조직으로 급성장하여 안티 이미지(anti image) 전략도 동시에 붐을 일으켰다.

1990년대 들어와서는 색(色)으로 소비자에게 어필하는 컬러전략이 붐을 일으켰다. 샤넬은 검은색, 크리니크나 가오나 시세이도의 이프사는 흰색, 유럽에서 인기있는 클라란스나 미국의 엘리자베스 아덴은 빨간색, 남성 화장품의 아라미스는 짙은 황갈색 등으로 각 메이커의 매장이 옹기종기 모여 있는 백화점에서는 색상의 사용문제로 각 기업간에 분규가 일어날 정도로 경쟁이 치열했다.

이처럼 화장품 업계는 이미지 전략에 여념이 없지만 이것은 다시 말해서 이미지 전략의 효과가 일본에서는 특히 크다는 증거이다.

이미지 전략의 싸움은 비단 화장품 업계만이 아니다. 다른 업계에서도 마찬가지다. 필름 업계에서도 코닥은 황색, 후지는 그린, 코니카는 블루 등의 컬러전략이다. 백화점 업계는 심볼전략으로 미쓰코시(三越)는 사자, 다이마루(大丸)는 공작새, 다카시마야(高島屋)는 장미, 마쓰자카야(松坂屋)는 카틀레야, 한큐(阪急)는 오랑캐, 소고는 달리아 등으로 하고 있다.

택급편(宅急便) 업계에서는 주로 동물인데 야마토는 검은 고양이, 니혼 통운은 펠리컨(사다새), 홋워크는 다스크 훈트(짧은 다리에 몸이 긴 독일개), 세이노(西濃) 운수는 캥거루, 이밖에도 제비, 곰, 표범, 라이온, 비둘기 등이 사용되고 있다.

캐럭터(character) 인형의 활용도 많은데 후지야(不二家)의 페코인형, 스즈탄(鈴丹)의 꼬마인형, 가니도라쿠의 움직이는 게, 캔터키 후라이드 치킨의 산타할아버지 등이다.

최근에는 은행에서도 인기 탤런트를 기용한 상업광고가 한창인데 고이즈미(小泉今日子) 양을 기용해서 이긴 다이이치 칸교(第一勸業) 은행은 신규예금 가입자의 수효가 대폭적으로 증가하여 이미지 전략의 위대함을 실감케 했다.

6. 선택적 투명성

차이의 추구는 마케팅의 하나의 특징이지만 기업이 적극적으로 차이를 추구하지 않더라도 외부로부터 정보나 자극을 받았을 때 어떻게 판단하고 어떻게 행동하는가는 기업 스스로는 인식하지 못하더라도 각기 다른다.

외부로부터 정보를 얻었을 경우, 통상 기업은 많은 느낌을 갖게 되며 그 중에서 가장 적당하다고 생각되는 느낌을 선택한다. 다음으로, 느낀 것에 대한 평가나 판단에서도 많은 안(案)이 나오게 된다. 그 중에서 최선이라고 생각되는 안 하나를 선택하고 판단에 따라 기업행동의 방안을 생각한다. 기업행동안도 복수로 입안해 그 중에서 경영자나 담당 책임자가 선택해서 하나의 기업활동을 실시한다.

이 과정을 거쳐 행동이 실시되면 당연히 다른 기업과 다른 기업행동이 된다. 각 기업이 조금씩 다른 기업활동을 전개해 나가도 전체적인 면에서 볼 때는 전혀 다른 개별적인 기업행동을 나타낸다. 즉 외부로부터의 정보나 자극에 대하여 각 사가 각기 선택적으로 의사결정을 함으로써 마침내는 서로 다른 기업행동을 하게 된다. 이것을 기업의 선택적 투과성(選擇的透過性)이라고 부른다.

같은 조건이라도 기업은 각기 다른 행동을 나타낸다. 이와 같이 의도치 않은 행동을 장기간 채택하면 기업은 자연히 독특한 기업체질을 형성하게 된다. 또한 똑같은 마케팅 전략을 각 기업이 채택했다 하더라도 이질적인 행위가 되거나 전혀 다른 결과가 된다. 이것은 곧 각 사의 기업체질의 차이라고 할 수 있다. 이처럼 선택적 투과성은 각기 다른 마케팅 행동을 낳게 할 뿐만 아니라 다른 기업체질까지도 형성한다.

그렇다면 선택적 투과성에 의해 다른 판단을 하게 되고 그 결과 기업체질이 크게 달라지는 예를 들어 보기로 하자.

예를 들어 대량생산, 대량광고, 대량판매, 대량소비라고 하는 일련의 대량 사이클이 제1차 석유파동으로 보기 좋게 붕괴되어 버렸다. 이 석유파동이라는 정보(자극)에 의하여 슈퍼마켓 업계의 이토요카도는 코스트 다운과 머천다이징의 철저한 합리화를 추진해 나갔다.

한편 다이에는 가격을 보다 싸게 하기 위해 규모의 확대를 노려 다점포 전개와 제휴를 증대시켰다. 또 다각화를 실시해서 컨글로머천트화도 지향했다. 세이유(西友)는 백화점이나 전문점이나 서비스 업계 등에의 다각화와 프라이비트 브랜드(private brand)에 주력했으며 자스코는 업무제휴를 촉진하여 그룹으로서의 규모확대를 지향했으며 니치이는 대형점화로 탈양판점화를 조금씩 실현시켜 나갔다.

이즈미야는 디스카운트 노선과 시스템화에 주력했으며 야오한은 해외출점에다 기업존속의 사운(社運)을 걸었으며 나가사키야(長崎屋)는 프랜차이즈 시스템을 적극 도입했으며 유니는 교외(郊外) 대형점에 힘을 쏟는 의사결정을 내렸다.

이상과 같이 슈퍼마켓 업계의 각 사는 석유 쇼크라고 하는 큰 충격에 대하여 저가격 전략, 고급화 전략, 합리화 전략, 업무제휴 전략, 대형점포화 전략, 프랜차이즈화 전략, 컨글로 머천트화 전략, 해외출점 전략 등을 각기 채택하게 되었다.

지금까지 슈퍼마켓 업계는 동질적인 전략을 채택하는 일이 많았지만 석유파동 후 파동에 대한 의미분석이 크게 달라 각 사는 나름대로의 전략을 채택하게 된 것이다.

그 후에 다이에는 매출액 확대 노선과 컨글로 머천트화 전략으로 비록 자산내용은 그리 좋지 않지만 사업규모를 확대시킬 수 있었다. 전략을 선택할 때의 폭도 넓어졌으며 거대 소매업자로 군림하게 되었다. 이토요카도는 소매 비즈니스에만 집착한 결과 자산내용에서는 최고 우량기업이 되어 소매기업으로서 세계적인 기업으로 성장해 갔다.

세이유는 같은 세존 그룹인 세이부(西武) 백화점이 컨글로 머천트화를 너무 서두른 결과 극도의 업적부진에 봉착한데 반하여 비록 낮은 업적이었지만 꾸준히 성장을 계속해 나갔다. 자스코는 더욱 제휴를 추진시켜 매스 머천다이징의 실현에 주력하여 세이유를 앞지르는 실력을 갖게 되었다. 니치이는 탈양판점 체제에 성공해 그 후 이토요카도와 어깨를 나란히 할 정도로 급성장했으며 하위 소매업으로부터 대형 소매업으로 격상하는 데 성공했다.

유니와 나가사키야는 전략에 특징이 없어 기업으로서 제대로 성장하지 못하고 지위는 떨어져 대형 소매기업과의 격차의 확대로 대기업도 아니고 특색있는 전문적인 중견업체도 아닌 어중간한 슈퍼마켓으로 전락해 버렸다. 이렇게 되면 장래 채택하는 전략의 폭도 극도로 좁아져 경영전략상 어려운 입장에 놓이게 된다.

기업체질이나 기업능력에 있어서도 전국 체인조직이 곤란하고 설사 체인이 가능하다고 해도 지역체인의 조직유지는 어렵다.

이즈미야는 지역체인을 유지하면서 디스카운트 노선에 성공했지만 소규모의 기업이어서 중견 우량기업의 범주를 뛰어넘지 못했다. 소매업에서는 디스카운트 시스템력과 매스(크기)가 기본요인이며 시스템력은 있었지만 대규모가 아닌 이즈미야는 금후의 전략책정이 어렵게 되었다. 즉 싸게 팔기 위해서는 기업규모가 크지 않으면 안된다. 기업규모가 커짐으로서만이 싸게 팔 수 있는 것이 최종적인 디스카운트업(業)의 모습이다.

미국의 디스카운트 소매업을 보더라도 살아남은 기업은 가장 크고 커질 수 있는 기업으로서 그밖에는 전문적인 디스카운트 소매점뿐이다. 이즈미야가 양판점의 디스카운트 스토어를 지향한다면 매상액을 현재의 5배 정도 확대시키지 않으면 안되며 한정된 전문 디스카운트 스토어로서는 기업규모로 보아 존속하기 매우 힘들다.

반대로 야오한은 일본에서의 경쟁을 피해 동남 아시아 진출전략을 세워 본사를 아예 홍콩으로 옮겼다. 그 결과 동남아 지역에서는 넘버원의 보더레스(borderess) 소매기업으로 변신할 수 있었고 장래성이 밝은 기업이 되었다. 야오한은 스스로 선택한 전략으로 자신의 기업능력과 기업체질을 강화시킬 수 있었으며 마침내는 국제화 전략으로 여러 가지를 선택할 수 있는 지위에까지 도달할 수 있게 되었다.

선택적 투과성에 의해 석유파동 후의 대응전략이 슈퍼마켓 업계에 있어서 이렇게 달라진 결과 각 사가 지향하는 방향이 완전히 달라졌으며 드디어는 기업체질이나 기업능력까지도 전혀 다른 기업이 되었다. 그리고 이처럼 달라진 기업체질이나 기업능력으로 인해 앞으로 더욱 달라진 전략을 채택하지 않을 수 없게 되었다. 즉 경영자의 사물을 보는 시각이나 발상의 차이에 따라 기업은 엄청나게 달라지는 것이다. 마케팅에 있어서도 의사결정자의 시각과 발상의 차이에 따라 기업 자체가 크게 달라진다.

7

이익은 기업노력의 결과

이익은 기업노력의 결과

1. 마케팅에 있어서의 이익이란?

마케팅에서는 이익(利益)의 개념을 기업이 노력한 수고의 대가로 소비자로부터 사례(謝禮)를 받는 물질이라고 생각한다. 따라서 이익은 추구하는 것이 아니라 노력 후에 따라오는 것이라고 생각한다. 그렇기 때문에 마케팅에서는 영업이익목표 등 이익에 관한 목표는 당초부터 설정하지 않는다. 이익액이나 이익률을 설정하면 자신도 모르는 사이에 이익추구형의 기업체질로 전화(轉化)되어 소비자 만족이라는 마케팅 사상이 소멸되어 버리기 때문이다.

이미 언급했듯이 다이마루의 기업정신을 나타낸 말 가운데 선의후리(先義後利)라는 것이 있다. 장사란 소비자에게 먼저 의리나 신의를 다한 후에 비로소 자기에게 이(利)가 돌아온다는 말이다. 정녕 마케팅의 기본 정신을 나타낸 말이며 이익추구가 앞서면 기업의 사회적 책임이나 기업간의 룰이나 소비자에 대한 봉사는 모두 무시되어 버리고 '돈벌이'라는 하나의 생각만이 머리 속에 맴돌아 결국 이것을 제어(制御)하지 못하고 기업은 이익추구의 노예가 되고 만다.

기업이 한 번 이익추구의 노예가 되어 버리면 보다 많이 벌기 위해 무엇을 해야 하는가, 보다 많이 벌기 위해 무엇을 버려야 하는가에만 관심이 집중돼 효율과 이익률만이 자사의 평가척도가 된다. 고객만족을 생각한다는 것은 채산이 맞지 않는다든가 비효율적이라든가 하여 결국 무시되고 만다.

이익지상주의(利益至上主義)에 빠지면 돈벌이만이 절대적 교리(敎理)가 된다. 본래 원패턴화되기 쉬운 이익지상주의가 기업 내에서 완전무결한 자기 운동을 일으켜 전체 사원이 다른 가치관을 거부하고 돈벌이의 노예가 되어 사회규범에서 이탈한 이상한 기업행동을 일으킨다. 정말 믿기 어려울 정도의 이익지상주의의 기업행동의 예는 손꼽을 수 없을 만큼 많다.

이익은 기업노력의 결과라고 말하면, 대부분의 경영자들은 "이상(理想)적이기는 하지만 그런 여유있는 생각을 하다가는 절대로 이익을 낼 수 없다"라든가 "아무리 노력해도 우리 회사는 적자(赤字)다" 또는 "소비자는 너무 지나치다. 원가를 밑도는 값으로 판매해도 굉장히 이익을 내고 있는 줄 알고 있다"라고 반론을 제기한다.

그러나 기업이라는 것은 어디까지나 존속되는 것이 가장 큰 목적이기 때문에 그러기 위해서는 소비자에게 계속적으로 메리트를 제공해 주지 않으면 안된다. 그리고 소비자에게 메리트를 계속 제공해 주기 위해서는 기업을 유지시키기 위한 이익이라는 에너지가 필요하다. 그 이익이라는 에너지를 확보하기 위해서는 소비자가 더 많은 돈을 지불하고서도 아깝지 않다고 생각할 만큼 우수한 상품이나 우수한 서비스를 제공해야만 하는 것이다. 따라서 소비자의 만족도가 높으면 높을수록 이익률은 높아진다.

그러나 어떤 상품을 독점하고 일방적으로 이익을 끌어올린다거나 공적(公的)으로 관리하여 이익을 높게 설정한다거나 소비자를 기만하여 이익을 획득한다거나 하는 것은 일시적으로는 성공할지 모르지만 장기적으로는 소비자의 만족을 충족시키지 못해 이익률은 하락하게 된다. 특히 바람직한 것은 소비자가 만족하고 있는 상태라 할지라도 더욱 가격을 낮춰 상품을 제공하면 소비자에 대한 최선의 만족도 제공이라고 할 수 있다. 그러나 이로 인해 초래되는 이익률의 저하는 소비자 만족을 계속 유지해 가기 위한 자원, 즉 힘과 조직을 고갈(枯渴)시킨다.

가령 가격을 낮추면 많은 소비자가 구매해 주기 때문에 개당 이익이 적다고 하더라도 대량판매로 이익을 남길 수 있다는 생각에서 그런 방식을 지나치게 추구하면 결국 마케팅에서 이탈하게 된다. 가격을 싸게 해서 많은 소비자를 끌어들인다는 이론은 그럴싸하지만 소비자의 수는 무한한 것이 아니며 소비자 확대가 한계에 도달하면 적은 이익률로는 도저히 소비자 만족 추구를 위한 투자나 기업 유지·확대를 위한 투자를 할 수 없다. 요컨대 적절한 가격의 설정으로 소비자의 만족을 충족시키는 것이 바람직하다. 지나친 염가판매는 마케팅이라고 할 수 없다.

또 아무리 노력해도 적자를 면치 못하는 까닭은 기업이 소비자 만족의 기업노력을 하지 않았기 때문에 소비자가 상품을 사주지 않는 것이며 노력의 방향이 잘못되어 있다고 할 수 있다. 경우에 따라서는 기업의 생산 시스템이나 판매 시스템의 효율이 나빠 아무리 소비자가 만족해 하는 상품을 만든다 해도 적자를 면치 못하는 기업이 있다. 이것은 기업 자신의 효율성에 관한 문제이며 소비자를 만족시키려는 기업노력과는 별개의 이야기이다.

또 기업의 피나는 노력에도 불구하고 소비자가 전혀 이해하지 못하고 지나치게 이익만을 추구한다고 생각하는 경우도 있다. 분명히 말하면 소비자들은 기업이 상품을 만들기 위해 얼마만큼의 노력과 투자를 했는지는 생각하지도 않고 무조건 돈을 벌고 있다고 생각하기 쉽다. 그러나 세상의 모든 상품은 비슷하거나 다른 것과 대체(代替)시킬 수 있는데 전혀 독점적이고 독자적인 상품은 매우 드물다. 그렇기 때문에 원가에 가까운 가격으로 판매하고 있는데도 소비자는 무조건 비싸다고 생각한다. 그러나 비싼 상품일지라도 그것이 다른 상품과 비교하여 싸다는 생각이 들면 소비자는 상품을 구매하기 때문에 결과적으로 적절한 이폭(利幅)을 확보할 수가 있다.

소비자는 장기적으로 볼 때 올바른 판단을 하고 있으며 소비자가 만족감을 느끼고 있는 상품에 대해서는 대금을 지불한다. 이익이 생기지 않는다는 것은 기업측에 문제가 있으며 그 문제점을 기업 자신이 깨닫지 못하고 있는 것이다. 결과적으로 이익은 마케팅의 본질을 나타내는 에센스이다.

2. 기업의 수명은 노력 여하에 달려있다

기업의 가장 큰 목표는 기업 자체의 존속이다. 기업은 오래오래 존속함으로써 그 존재 이유를 나타낸다. 이처럼 중요한 존속의식도 실제로 기업이 소멸되지 않고 존재하고 있으면 그다지 절실한 문제로 여기지 않는다. 오히려 존속되는 것이 당연하다고 여기기 쉽고 이익은 자연히 발생되며 매출은 오르게 마련이라고 생각한다.

마쓰시다의 각 그룹은 지난날 매출액의 10% 정도의 경상이익을 목표로 신제품을 개발할 때에나 사업의 다각화(多角化)를 시도할 경우에도 이 목표의 달성을 조건으로 해왔다. 이들은 목표의 경상이익이 우선적이고 그 다음에 비즈니스 활동이 있다고 생각하여 5% 정도의 낮은 경상이익을 내고 있는 계열회사는 그룹 최고 경영진으로부터 호된 규탄을 받았다. 말하자면 소비자는 마쓰시다에게 있어서 단순한 판매대상에 지나지 않았다.

그러나 가전업계(家電業界)가 컬러 TV에서 에어콘으로, 비디오에서 CD나 대화면(大画面) TV로 계속해서 주역(主役)이 바뀔 때에는 이익지상주의가 종업원의 의욕을 고무시켰지만 거품(bubble) 경제가 붕괴되고 소비자들이 구매를 자제하기 시작하자 이익지상주의는 고사하고 순식간에 감수감익(減收減益)의 늪에 빠지게 되었다. 서둘러 소비자의 욕구가 무엇인지 소비자가 소유하고 있는 전화제품(電化製品)이 무엇인가를 조사했지만 진정한 의미에서의 소비자 만족을 추구하는 신제품 개발 시스템이나 판매 시스템을 구축하고 있지 않았기 때문에 아무런 대응책도 강구하지 못하고 오랫동안 불황 속에서 헤어나지 못했다.

마쓰시다에 있어서의 소비자 지향이란 불필요한 기능을 제품에 더덕더덕 덧붙여 대량광고로 이것이 유행이라고 소비자를 세뇌(洗腦)시켜 이익을 올리는 데 있었다. 이것은 비단 마쓰시다만의 이야기가 아니다. 소니나 도시바 등 다른 가전 메이커나 자동차 메이커도 마찬가지의 실정이다.

이익을 우선하는 발상법은 단기간의 이익은 기대할 수 있어도 장기적으로는 소비자의 신뢰를 얻지 못해 기업이 존속해 나갈 수가 없다. 기업이 대규모화되고 사회적 지위가 높아지면 우리 회사 제품이라면 소비자가 사지 않고는 못배긴다는 오만함이 가득차 소비자에게 주는 만족감이 무엇이며 이익은 노력의 결과라는 생각이 머리속에서 완전히 사라져 버린다.

부단히 소비자 만족을 추구해 간다는 말은 쉽지만 대단히 힘든 일이다. 그러나 그러한 노력의 추구를 실행으로 옮긴다면 기업의 수명은 확실히 연장된다. 노력 여하에 따라 자사의 수명을 연장시킬 수 있다는 것이 기업의 최대의 특색인데 인간의 수명처럼 뜻대로 되지 않는 것이 기업의 수명이다.

소비자 만족의 추구라는 기업노력을 통해서 기업의 수명을 연장시켜 최종 목표인 존속을 실현해 나가는 것이 마케팅이다. 이때 가장 문제가 되는 것은 지금까지 언급해 온 이익에 대한 사고의 차이이다. 이익만을 필사적으로 추구하면 마침내 투기(投機)에 빠지게 되는 것이다.

투자는 확실성이 높은 분야에 자금을 투입하는 것이지만 투기는 대단히 불확실하며 위험도가 높은 반면 이익도 크다. 투자가 아니라 투기에 빠지는 것은 마치 도박에 손을 대는 것과 마찬가지이며 한 번 성공하면 더욱 큰 승부를 걸고자 마음먹는다.

그러나 계속 이길 수만 없는 것이 승부의 세계인데 계속 패하거나 큰 승부에서는 한 번만 패해도 기업은 단번에 망하고 만다. 거품경제가 한창일 때 이익지상주의의 회사만이 아니라 돈만 벌면 되지 않는가, 타사도 손을 대고 있지 않는가 하면서 재(財) 테크에 관여해 재미를 보았던 보통의 회사가 거품경제의 붕괴로 곤욕을 치뤘던 것이 바로 그러한 예에 속한다.

에도(江戶) 시대 때부터 존속해 온 일본의 대표적인 기업 스미토모(住友) 그룹은 "지나치게 이익을 추구하지 마라"라는 사훈을 잊어 버리고 스미토모 은행이나 스미토모 부동산은 그만 이익지상주의에 빠져 지나치게 이익을 추구하는 데 정신을 빼앗겼다. 에도 시대부터 수백년 동안 견실경영을 해왔고 그것이 기업체질에 뿌리내린 줄로 알았는데 한 사람의 경영자에 의해 한 순간에 변질되어 그룹 전체가 이익 추구에 혈안이 되었다.

소비자 만족의 추구도 마찬가지로 조금만 방심하면 기업의 수명까지도 단축시키는 결과를 초래한다. 기업의 수명을 단축시키는 최대의 원인은 지나치게 이익에 혈안이 되는 것과 소비자를 무시하는 일이다.

3. 팔리지 않는 것이 당연하다

상품이란 팔리지 않으면 쓰레기나 다를 바 없다. 물건이 팔려 나가야만 상품이라고 부를 수 있는데 웬일인지 상품이 잘 팔리지 않는다. 그러나 상품이 날개가 돋친 듯이 잘 팔리면 그것을 당연시하다가도 상품이 잘 안팔리면 경기가 나쁘다, 날씨가 나쁘다, 근처에 큰 상점이 들어섰기 때문이다 하면서 모두 남의 탓으로 돌린다.

운좋게 상품이 잘 팔려 전국적으로 유명해지고 업계의 톱 자리를 오랫동안 유지하면 상품이 팔릴 것을 전제로 의사결정을 행하고 안팔리면 어떻게 하나 하는 불안은 아예 머리속에서 말끔히 사라져 버리고 만다.

그런데 마케팅은 일견 대단히 화려한 학문처럼 보이고 마케팅 학자들은 모두가 낙관주의자처럼 보이지만 실지로는 전혀 그렇지 않다. 마케팅은 '만약'이라는 비관적 가정을 제시하기를 좋아하며 만일 갑작스럽게 상품이 팔리지 않는다면 어떻게 할 것인가 하는 문제에 대하여 항상 염려한다. 마케팅에서는 상품은 안팔리는 것이 당연하다는 생각을 가지고 팔기 위해서는 어떻게 할 것인가에 대해 늘 탐구한다. 그리고 그 해답을 소비자 만족이라는 관점에서 도출

(導出)해 내려고 한다.

기업의 마케팅 담당자도 그러한 생각으로 언제나 소비자의 만족이 무엇인가를 염두에 두고 그것을 구체적으로 실현하기 위해서는 무엇을 어떻게 할 것인가를 생각하지 않으면 안된다. 단지 영업사원의 엉덩이만을 두들기며 "어떠한 수단을 써서라도 팔아야 한다"라고 강요하는 것이 마케팅 담당 책임자의 일은 아니다.

한마디로 말해서 마케팅 관계자는 겁장이나 다름없다. 언제나 소비자! 소비자! 하고 부르짖지 않으면 불안해서 못견딘다. 소비자가 자사를 어떻게 보고 있는지, 소비자가 자사의 상품을 사용해 보고 과연 만족하고 있는지, 광고는 자신들의 생각대로 잘 전달되고 있는지, 소비자는 타사에게 매력을 느껴 외도를 하고 있는지 도무지 불안스러워 견딜 수가 없다.

그 불안감을 조금이라도 덜어 보려고 여러 가지로 소비자 조사를 하거나 소비자가 이쪽에 주목하도록 광고를 하거나 소비자 대책에 주력하기도 한다.

기업으로서 오래 존속하고 보다 많은 노력을 경주하여 이익을 획득하기 위해서는 마케팅에 대해 항상 염려하고 최악의 사태가 발생하면 어떻게 할 것인가 하는 생각과 소비자의 동태에 신경을 쓰며 기업이 오만해지면 도산한다는 경각심을 갖는 것이 뒷탈이 없다. 창업이래 오랜 역사와 전통을 자랑하는 기업의 대부분이 견실한 자세로 낭비를 억제하고 중요한 찬스에는 과감히 투자하되 고객을 매우 소중히 여기는 모습만 보아도 그같은 사실을 알 수 있다.

현재 소매업으로 세계적 톱 클래스에 올라 있는 이토요카도는 전후(戰後) 동경의 번화가에서 양품점으로 출발한 기업인데 창업 초기에는 아침 일찍부터 가게문을 열었지만 하루종일 손님이 하나도 없는 날이 많았다. 그러나 손님이 없더라도 "먼 곳에서 일부러 찾아오는 손님에게 폐를 끼쳐서는 안된다"는 생각으로 가게 앞에서 주인(창업자)이 언제 올지도 모르는 손님을 기다렸다고 한다. 그리고 창업자의 머리속에는 "상품은 팔리지 않는 것이 당연하다. 이곳까지 일부러 찾아오는 손님이야말로 참으로 고마운 존재다" 라는 생각이 자리잡고 있었다.

이 한 가지 생각, 즉 "팔리지 않는 것이 당연하다"는 사고는 정녕 마케팅 에센스의 하나이며 왜 마케팅을 해야 하는가의 해답이며 마케팅에 노력을 경주하는 이유이기도 하다.

4. 경상이익보다 영업이익을

마케팅을 경영적인 측면에서 보면 아래와 같은 공식이 성립된다.

$$\boxed{경영 - 재무 - 인사 = 마케팅}$$

메이커일 경우에는 다음과 같은 공식이 된다.

$$\boxed{경영 - 재무 - 인사 - 생산 = 마케팅}$$

경영에서 재무문제, 인사문제, 생산문제(제품계획 등의 기획은 제외)를 뺀 것이 마케팅이 된다. 회계적인 측면에서 보면 마케팅은 매출액과 기업의 판매업무에 의해 발생하는 판매경비에 책임을 진다. 이익으로서는 매출총이익〔粗利益〕과 영업이익이 마케팅의 책임범위가 된다. 매출총이익은 매출액에서 매입금액이나 제조원가를 차인(差引)한 것이며 영업이익은 매출총이익에서 판매비와 일반 관리비를 차인한 것이다.

재무문제로 중시되는 경상이익은 주로 차입금 문제나 재(財)테크 문제에 관련되는 이익인데 마케팅에 있어서는 그다지 중요한 이익지표가 아니다. 역시 마케팅의 최대 관심사는 매출액과 매출총이익과 영업이익이다. 이 세 가지가 마케팅 노력의 성과를 측정하는 지표의 하나이다.

매출액은 마케팅에 있어서 기업의 파워를 나타내는 것이며 모든 기업노력의 성과를 나타내고 있다. 소비자가 만족하고 상품을 구입하면 매출액으로서 최초로 계상(計上)되기 때문에 매출액은 소비자가 기업에 대해 나타내는 가장 중요한 의사표시이다.

매출총이익은 기업이 사업활동을 해나가는 데 있어서 에너지의 원천이 되며 소비자가 기업에 대해 갖는 이미지가 높으면 높을수록 큰 수치(數値)가 되어 비즈니스로서도 실속이 있는 비즈니스이다.

영업이익은 기업의 사업활동에 관한 기업노력의 성과를 나타낸 것으로서 본업(本業)으로의 수입에 상응하는 비용으로 경영되고 있는가를 체크하는 데에도 사용된다. 마케팅이 아무리 성공했다 하더라도 마케팅에 소요된 비용이 수입을 웃돈다면 무엇 때문에 마케팅을 했는지 알 수 없기 때문에 영업이익이 대폭적인 흑자이면 영업이나 마케팅 활동은 전체적으로 순조롭다고 할 수 있을 것이다.

마케팅에 성공하면 우선 매출액이 오르며 이어서 영업이익도 올라간다. 그러나 마케팅에 실패하면 매출액이 가장 빠른 변화를 나타내며 이어서 영업이익이 급감(急減)하게 된다. 매출총이익은 매입가격이나 제조원가와의 관련으로 변화하기 때문에 마케팅보다 구매교섭력이나 제조의 노하우나 생산면에서의 코스트 다운에 의해 큰 영향을 받는다.

경상이익은 영업 이외의 활동으로 얻은 수입(부동산이나 주식의 매각이나 이자 등)이나 영업 이외의 활동으로 사용한 비용(지불 이자나 주식에서의 손실 등)이 영업이익에서 가감되기 때문에 재테크 등을 포함하는 전체 사업활동의 성과를 나타낸다.

이 때문에 마케팅에서는 경상이익보다 영업이익이 스트레이트 하게 마케팅 성과를 나타내는 것으로 생각하고 영업이익의 수치를 중시한다.

하나의 업계를 중심으로 모든 기업의 영업이익이 장기간에 걸쳐 아주 나쁜 수준이라면 업계 그 자체가 쇠퇴기에 접어들고 있는 경우가 많다. 그러나 업계 자체가 쇠퇴기에 접어들더라도 경상 이익이 대폭적으로 흑자를 시현하는 기업이 존재하는 경우도 있다. 이것은 지난날 축적해 온 자산효과로 이자수입이 많다든가 과거에 구입한 부동산을 매각했다든가 하는 마케팅 이외의 결과에 의한 경우가 많다. 이 때문에 경상이익은 기업의 재무상 체력이나 실 력을 나타내지만 마케팅면에서는 영업이익을 중심으로 주의를 기울이는 것이 필요하다.

5. 이익은 소비자 만족의 재투자로

소비자를 만족시켜 얻은 이익은 소비자를 더욱 만족시키기 위해 재투자하지 않으면 안된다. 그런데 자칫하면 소비자를 만족시켜 얻은 이익을 자산확대를 위해 재테크에 투자하거나 더 많은 이익을 노려 타분야에 투자해서 사업의 다각화를 꾀하려고 한다. 요컨대 소비자에 의해 얻은 이익은 소비자에게 다시 환원시켜 더욱 커다란 소비자 만족을 추구하는 것이 정도(正道)인데 웬일인지 소비자 이익에 재투자하는 것을 소홀히 하는 경향이 있다.

인간의 심리란 탐욕스러워서 손쉽게 이익을 획득하는 방법을 익히면 아무래도 더욱 효율성이 좋은 방법을 추구하게 된다. 성실하게 노력하는 것을 더없이 바보스럽게 생각하며 투기 등은 화려하고 가슴을 뛰게 하는 사업처럼 여긴다.

그러나 마케팅은 투기와는 전혀 반대되는 사고방식으로 일견 화려하고 모험적인 면이 있는 것처럼 보이지만 실은 성실하고 항상 소비자의 입장, 소비자의 만족을 생각하는 소비자 지향적인 면을 갖고 있다.

마케팅이 소비자를 위한 것이라면 타사가 싫어하든 생색이 나지 않든 꾸준히 노력해야 한다. 소비자 만족을 위해 노력하는 모습은 긴 안목으로 값지게 평가받아야 마땅하다. 현대적이며 화려해 보이는 일들이 기대와는 전혀 반대되는 경우가 많다. 마케팅은 오로지 소비자 중심의 활동이다. 만일 그것이 소비자 만족을 위한 길이라면 끝까지 끈기있게 시도해야 한다.

그렇기 때문에 소비자 만족을 추구하기 위해서는 많은 투자도 마다하지 않는다. 소비자의 기호가 다채롭게 바뀌어 소비자의 만족도가 여러 형태로 변화하더라도 어떻게 해서든 대응해 가려고 노력한다. 이같은 대응을 위해 많은 노력이나 자금이 요구되더라도 소비자 만족을 위해 아낌없이 투입하는 것이다.

이럴 때의 소비자 만족의 재투자는 마케팅 방법의 개발투자만이 아니라 소비자 만족을 더욱 추구하기 위한 생산설비의 투자나 영업소 개설, 정보 시스템 투자, 채널 대책비(거래처도 고객이다), 소비자 문제 대책비, 소비자 조사, 홍보부문이나 메세나 활동에의 투자 등 여러 가지 타입의 투자가 포함된다.

사업 다각화를 진행시키는 데에도 단순히 이익추구를 위한 다각화라면 소비자 만족을 위한 투자가 될 수 없다. M & A라 하더라도 단지 사업의 확대와 이익 획득의 기회만을 노린다면 소비자 만족에의 투자는 할 수 없다. 소비자 만족을 최우선의 판단기준으로 채택하지 않으면 안된다. 그러므로 다각화라 하더라도 자사의 고객에게 메리트가 있을 경우나 새로운 고객을 획득하기 위한 다각화만이 마케팅이라고 할 수 있다.

이것만 준수했다면 거품경제 때처럼 무질서한 다각화의 실패로 기업의 업적을 끌어내리거나 사업의 장래를 어둡게 하지는 않았을 것이다.

지난날 엔고(円高)였을 때 엔화의 가치가 높아지자 적은 투자로 미국의 유수기업을 매수할 수 있다고 생각하여 투기적으로 서둘러 미국의 부동산 등을 매점해 결과적으로 대폭적인 적자를 초래하거나 거기에다가 부동산까지 하락해 매각하지도 못하고 본사의 자금사정을 경색케 만든 사태는 결코 발생하지 않았을 것이다.

어디까지나 소비자 만족이라는 이념을 지속적으로 실천해 나가지 않으면 안되는 것이다. 마케팅은 성실하고도 움직일 수 없는 소비자 제일주의 사상이다.

8

마케팅 전쟁

이·것·이·마·케·팅·이·다

마케팅 전쟁

1. 마케팅이 전쟁이 되었다

미국에서의 마케팅은 1960년대부터 전성기를 맞이하여 해를 거듭할수록 경쟁은 치열해져 마케팅 전쟁이라고까지 부를 정도이다. 일본도 1965년 이후 경제의 고도성장기에 마케팅이 업계에 침투해 경제가 저성장기를 맞이할 즈음에는 마케팅 전쟁에까지 돌입했다. 마케팅 경쟁은 각 기업들이 마케팅으로 서로 다투는 것이지만 마케팅 전쟁은 마케팅이 성공하느냐 실패하느냐에 따라 기업의 존망(存亡)이 좌우되는 상태를 말한다.

기업간 경쟁이 일단 전쟁상태에 돌입하면 좀처럼 전세(戰勢)가 수그러들지 않으며 마케팅의 테크닉 개발도 더욱 에스컬레이트 (escalate)되고 교묘해진다. 마케팅 전쟁에서는 강한 기업만이 살아남게 되는데 그렇다고 해서 거대기업간의 전쟁만이 전개되느냐 하면 그렇지도 않다. 거대기업도 언제 싸움에 패해 도산될지 모르며 약소기업이라도 찬스와 지혜로써 순식간 거대화되어 시장에 군림할지 모른다. 마케팅 전쟁은 흔히 경제학에서 말하는 자금력에 의한 약육강식이 아니라 지혜로 승패가 가려지는 전쟁인 것이다.

특히 소비자의 행동에 직접 영향을 주는 업계의 전쟁은 결렬해지게 마련이다. 식품업계나 패션·의류업계, 소매업계, 가전업계, 그리고 화장품업계 등이 그 대표적인 경우이다. 마케팅 전쟁이 치열해지는 동기는 업계 내에 많은 기업들이 존재하기 때문에 그런 경우도 있지만 극히 소수의 기업밖에 존재하지 않음에도 싸움이 치열히 전개되는 경우가 있다.

예를 들어 카메라 필름의 경우 일본의 후지필름과 코니카, 미국의 코닥, 독일의 아그파, 그리고 미쓰비시 제지가 대표적이다. 그러나 실지로는 코닥, 후지, 코니카의 삼파전으로 현재에 와서는 코닥과 후지필름의 전쟁으로 압축되고 있는 실정이다. 이를테면 양사의 과점(寡占)이라고 할 수 있겠는데 모두 일보의 양보도 없이 심한 경쟁을 벌이고 있다.

정부에 의해 독점권이 인정되었던 산업도 세계적인 민영화(民營化) 추세에 의해 점차 민영화가 진행되어 JR, NTT처럼 타사와의 심한 전쟁으로 여념이 없는 업계도 있다.

NTT는 신전전(新電電) 각 사와의 전략권으로 여념이 없지만 앞으로는 더욱 많은 라이벌이 출현할 가능성이 짙다. 예를 들어 멀티미디어에 의해 가전 메이커나 방송사가 통신사업에 뛰어들 것이다. 이렇게 되면 NTT는 소니, 마쓰시다, NHK 등과 통신사업으로 경쟁을 벌여 각종 사업이 구분되어 있던 과거와는 달리 바야흐로 사업간의 울타리가 없는 비즈니스 보더레스(borderless) 시대에 돌입하게 되는 것이다.

또 국내에서 타사를 타도하고 한 회사만의 독점화가 이루어진다고 하더라도 타국 기업과의 전쟁이 남아 있다. 이것은 통상의 의미에서의 국경이 없는 보더레스 사회에서의 비즈니스 전쟁인 것이다.

이와 같이 마케팅 전쟁은 같은 업종간의 경쟁, 타업종간의 경쟁, 세계적인 경쟁, 수직적인 경쟁(메이커가 소매업에 진출한다거나 소매업이 제조업에 진출한다거나 하는 것), 다각화의 경쟁, 참여의 경쟁 등 복잡하고도 동태적인 전면전쟁이 전개되고 있다.

마케팅 전쟁은 절대로 정전도 없고 종전(終戰)도 없는 영속적으로 계속되는 영구전쟁이다. 종업원이라는 이름의 기업전사(企業戰士)들은 속속 고용되어 회사를 위해 마케팅 전략을 입안·실천하되 적의 기업으로부터 죽음을 당하면 다음의 기업전사에게 바톤을 넘겨 주는 식으로 영원히 마케팅 전쟁은 계속된다.

마케팅 전쟁에서는 피 흘리는 일은 없지만 싸움에서 지면 한 나라가 패망하듯이 그 기업은 도산되고 만다. 기업이 도산되면 다른 기업이 대신해서 소비자 만족을 추구해 나간다. 도산된 기업은 오로지 소비자 만족을 위해 노력해 왔지만 그런 사실들은 소비자의 기억 속에서 사라져 버린다. 그럼에도 불구하고 기업들은 계속 소비자 만족의 획득을 추구하고 치열한 마케팅 전쟁을 전개한다.

2. 마케팅은 목숨을 건 비즈니스 게임

마케팅 전쟁은 돈의 전쟁이 아니라 두뇌의 전쟁이다. 아니 지적(知的)인 전략입안의 전쟁인 것이다. 전쟁은 날이 갈수록 치열해지며 전선이 확대되면 될수록 계속 새로운 마케팅 테크닉이 개발되는 상태가 끝없이 이어진다. 휴전이나 평화도 없이 전쟁으로 날이 지새고 또 지샌다.

마케팅 전쟁에서는 군사력이 마케팅 파워에 해당된다. 그 파워는 매출액으로부터 이익액, 시장점유율로부터 고객만족도, 브랜드력으로부터 기업의 이미지, 영업력으로부터 창조력, 이렇듯 많은 힘의 관계가 작용하는가 하면 승부에 있어서도 매출액으로는 이겼지만 신용력에서는 졌다는 식으로 일정화된 척도가 없는 것이 마케팅 전쟁이다.

마케팅 전쟁은 지적인 전쟁이기 때문에 게임(game)적인 색채가 짙으며 한 번 마케팅 전략의 입안에 참여하면 손을 뗄 수 없을 정도로 매력을 느끼게 된다. 그리고 마케팅 전쟁은 마케팅 행동의 질(質), 타이밍, 장소, 기후, 이미지, 과거의 행동, 자금량, 인재, 참전하는 기업의 수효나 규모 등 수많은 요인이 영향을 주고 있어 실지의 전쟁과 똑같은 수준이라고 할 수 있다.

새로운 전략수법이 속속 개발되고 전략의 노하우는 근본적으로 변화되는 것이 보통이며 과거의 성공의 노하우는 거의 쓸모가 없게 된다. 어떤 경우에는 운(運)도 관계되므로 과학적인 이론보다 육감이 중시되기도 한다.

과점시장에서는 거의 경쟁상대가 정해져 있으므로 상대편이 그렇게 나오면 당사는 이렇게 맞서서 싸우겠다는 비즈니스 게임적인 사고도 필요하다. 그리고 마케팅 전쟁의 중심은 톱 기업간의 싸움이므로 이들의 싸움은 업계 전체의 마케팅 전쟁을 좌우한다. 동일한 업계에 속해 있는 타기업과의 전쟁은 톱 기업간의 싸움과는 상대적 위치관계에서 전쟁이 펼쳐지는 것이다.

예를 들어 AV기기 업계에서는 마쓰시다 전기산업과 소니의 전쟁이 중심이 되고 있는데 산요, 샤프, 파이어니어, 니혼 빅터, 아이와, 켄우드, 히다치, 도시바, 후지쓰(富士通) 제너럴, 구라리온, 니혼덴키(日本電氣) 홈 일렉트로닉스, 후나이 등이 양사의 틈바구니에 끼어 마케팅 전쟁을 벌이고 있다.

소니는 워크맨, CD플레이어, 8밀리 VTR 카메라 및 미니디스크를 가지고 시장을 독자적으로 창조하고 있을 뿐만 아니라 미니컴포에 있어서도 수위자리를 굳히고 있다. 마쓰시다도 도시바에 한발 늦게 참여해서 2번 타자가 된 대화면 TV와 니혼 빅터와 소니보다 뒤늦기는 했지만 설치형 VTR에 있어서는 톱의 자리를 점유하고 있다. 컬러TV 분야에서도 마쓰시다는 오랫동안 수위자리를 유지하고 있으며 헤드폰 스테레오, CD플레이어, 비디오 카메라 분야에서도 소니에 이어 2위의 자리를 지키고 있다.

이 양사는 AV 사업에 회사의 존망까지도 걸 만큼 의욕이 매우 강한데 마쓰시다가 자회사인 니혼 빅터와 더불어 VTR로 소니의 베타막스를 짓밟은 이래 더욱더 치열해지고 있다.

대화면 TV에서는 마쓰시다의 가오(画王) 대 소니의 키라라 밧소, 설치형 VTR에 있어서는 마쓰시다의 VHS 대 소니의 베타막스, 카메라 일체형(一体型) VTR에 있어서는 마쓰시다의 VHS-C 대 소니의 8밀리 VTR, VTR 디스크에 있어서는 마쓰시다의 VHD 대 소니의 레이저 디스크, 차세대 오디오 기기에 있어서는 마쓰시다의 DCC 대 소니의 미니디스크라는 식이다. 거기에다 각기 제품의 규격이 달라 전쟁은 죽느냐 사느냐의 전쟁이 되고 말았다.

또한 소니가 AV의 장래성을 노려 하드와 소프트 양쪽 분야의 수위를 지향해 미국의 컬럼비아 영화사를 매수했더니 곧바로 마쓰시다는 MCA(유니버설 영화사)를 매수했다. AV전략의 요건이 되는 TV 분야에 있어서는 BS(방송위성)와 CS(통신위성) 대응의 대화면 TV로 마쓰시다의 가오와 소니의 키라라 밧소가 전면대결을 하고 있다.

결과를 점친다면 현재 소니가 우세한 편이며 장래에 있어서도 소니측이 유리할 것으로 추측된다. 그 이유는 소니는 거대시장인 가전산업에서 AV사업에 전력투구하고 있으며 심지어 냉장고나 에어컨, 청소기, 세탁기마저도 생산하지 않고 오직 AV기기 제조에만 치중하고 있기 때문이다.

이에 대하여 대기업인 마쓰시다 전기산업은 모든 가전산업에 손을 대고 있기 때문에 AV사업을 유독 비즈니스의 중심에 놓아둘 수가 없으며, 또한 모든 정력을 AV사업에만 쏟을 수 없다. 마쓰시다는 가전 메이커의 거대한 올라운드(all-round) 기업이기 때문에 가전의 종합력에 있어서는 발군(拔群)의 강세를 자랑하고 있지만 특정분야에의 특화 전략(特化戰略)에는 매우 약세라고 할 수 있다. AV사업이 앞으로의 시장규모가 거대하다는 것은 충분히 알고 있지만 그렇다고 해서 이미 벌여 놓은 가전사업을 포기할 수도 없는 입장이다.

이와 비슷한 경우로 지난날 중전(重電) 메이커의 히다치나 도시바나 미쓰비시 전기가 앞으로 가전시장이 급성장할 것이라고 예측했지만 중전사업을 과감히 잘라 버리지 못하고 엉거주춤했기 때문에 결국 거대한 가전시장을 마쓰시다, 산요, 샤프, 소니 등에게 빼앗겼다.

기업이 목숨을 걸고 있는 사업에 마케팅 전개가 가능하냐 못하냐는 대단히 중요한 문제인데 비교적 작은 기업들이 마케팅 전개에 사력(死力)을 다한다. 말하자면 목숨을 건 비즈니스인가 아닌가의 차이는 마케팅 전개에서 나타나는 것이다.

그리고 전력투구하고 있는 기업이 우연히 어떤 상황하에서 어떤 전략을 채택함으로써 마케팅의 게임 전개가 변화되어 새로운 마케팅 국면이 발생하고 그것이 토대가 되어 또다시 새로운 마케팅 국면이 발생하는 것이 마케팅 전쟁이기도 하다.

예를 들어 아사히 맥주의 경우이다. 전쟁 전 일본 1위의 맥주 메이커였던 다이닛봉(大日本) 맥주는 전쟁이 끝난 후 경제력 집중 배제법에 의해 1949년 아사히 맥주와 니혼 맥주(현재의 삿포로 맥주)로 분활되어 새로운 아사히 맥주가 탄생했다. 그 당시는 아사히 맥주, 니혼 맥주, 기린 맥주가 거의 비슷한 비율로 시장 점유율을 차지하고 있었지만 그 후 기린 맥주가 급성장해서 마침내 압도적 수위를 확보하게 되었다. 아사히 맥주는 시장점유율이 급락(急落)해 삿포로 맥주 점유율의 절반, 기린 맥주 점유율의 6분의1 수준까지 떨어졌다. 이런 추세로 나간다면 후발기업인 산토리에게도 추월당할 것이 뻔하다.

아사히 맥주는 장기간 부진을 계속하고 있었기 때문에 경영이 아사히 가세이(旭化成)에서 스미도모(住友) 은행관리로 넘어가 발본적(拔本的)인 개혁이 추진되었다. 그 결과 패배의식을 씻고 지난날의 명문(名門) 아사히 맥주의 자존심을 되찾기 위해 내놓은 새상품이 슈퍼드라이 맥주였다.

이 슈퍼드라이 맥주가 크게 히트를 쳐 맥주의 역사를 뒤바꿔 놓았다. 아사히의 시장점유율은 9.6%에서 일약 25%까지 급상 승했으며 그 세찬 바람에 밀려 기린 맥주는 61%에서 48%로 떨어졌고 삿포로 맥주는 20%에서 18%로, 산토리 맥주는 9.5%에서 8.1%로 내려갔다.

산토리는 맥주의 매출액만 감소된 것이 아니라 맥주의 드라이 붐에 영향을 입어 위스키의 매출에도 큰 타격을 입게 되었다. 이리하여 산토리는 맥주와 위스키의 양개 부문에서 적지 않은 적자를 냈던 것이다.

그 결과 산토리는 위스키와 맥주 이외의 부문인 드링크 부문에 마케팅 노력을 쏟아 필사적인 노력으로 우론차, 벌꿀레몬, 철골 (鐵骨) 음료 등의 상품을 개발해 냈다. 말하자면 슈퍼드라이가 벌꿀레몬을 탄생시켜 도미노(domino) 이론을 무색하게 만들었다.

마케팅은 불가역성(不可逆性)의 특징을 지니고 있어서 똑같은 마케팅 환경은 두번 다시 생기지 않으며 끈임없는 변화 속에서 새로운 마케팅이 태어나는 것이다. 슈퍼드라이이라는 하나의 영향력이 차례로 연쇄반응을 일으켜 새로운 국면을 만들어 냈고 새로운 마케팅 활동이 태어나게 되었다.

어찌 마케팅이 다이내믹하다고 말하지 않을 수 있겠는가. 칼비의 스넥식품의 캐치프레이즈에 "그만둘 수 없다! 멈출 수 없다!" 라는 말이 있는데, 마케팅 게임의 전략입안은 마케팅 의사결정 자에게 있어서 그만둘 수도 멈출 수도 없는 재미있는 게임이다. 그러나 마케팅 게임은 죽느냐 사느냐의 게임이기도 하다.

3. 전략의 시대

마케팅은 기업존속의 명운(命運)을 건 승부이기 때문에 경영자의 지시에 따라 기업 전체가 특정목표를 지향하여 실수없이 효과적으로 움직이지 않으면 안된다. 이 지시를 전략이라고 말하는데, 이 전략은 곧 싸우기 위한 책략(策略)이다. 만일 전략을 그르치면 전투에 패하여 기업은 도산되고 만다. 그러므로 경영자의 직책은 올바른 전략을 세우는 것 하나에 국한된다고도 할 수 있다. 그러나 올바른 전략을 늘 입안해 나간다는 것은 여간 어려운 일이 아니다. 어쨌든 모든 노력을 기울여 올바른 전략을 입안해 나가지 않으면 안된다.

마케팅에 전략적 사고가 도입된 것은 최근의 일이다. 지금까지 마케팅은 제삼자적인 입장에서 그 이론을 구축해 왔던 것이다. 그러나 1970년대 이후 기업간의 경쟁은 격화되고 기업 나름대로의 효과적인 마케팅이 요구됨으로써 전략적인 마케팅을 열심히 연구해 왔다.

전쟁용어인 전략이라는 말과 전략적인 사고(思考)가 마케팅에 적극적으로 도입된 것은 위와 같은 이유에서이다. 마케팅에 도입된 용어로서 일반화된 것 가운데에는 전략, 전술, 로지스틱스(logistics : 병참학으로부터 물류 분야에 도입), 표적·란체스타의 법칙, 출점(出店)할 때에 사용하는 면(面) 전략이나 점(点) 전략, 캠페인, 정보 시스템에 있어서의 인텔리전스 시스템(intelligence system) 등이 있다.

전략의 최대의 특징은 기업 전체의 행동으로 실시한다는 점이다. 똑같은 기업활동이라도 일개 부문에서 실시하는 것과 거사적으로 실시하는 것은 그 결과에 있어서 엄청난 차이가 있다.

예를 들면 스미도모 은행은 이소다(磯田) 씨가 은행장으로 취임하자 곧바로 이익면에서 톱이 되어야 한다는 목표로 이익지향 제일주의를 표방, 전략을 입안해 나갔다. 이익이 큰 분야에는 집중적으로 인재와 자금을 투입했으며 슬롯머신 업계, 부동산 업계, 논뱅크(nonbank) 업계, 골프장 업계 등을 주된 표적으로 삼고 거사적으로 전력투구했다.

이렇게 해서 성공을 거두자 다른 대형 도시은행들도 스미도모 은행을 본받게 되었는데, 특히 산와(三和) 은행과 후지(富士) 은행이 스미도모를 흉내내어 이익지상주의를 도입해 스미도모를 추격했다. 그러나 스미도모만큼 완벽하게 이익지향을 추구하지 못했으며 거품경제의 전성기에도 따라잡지 못했다.

다른 은행들도 스미도모를 흉내내었지만 전략이 용두사미로 끝나 산와나 후지만큼도 이익향상에 연계시키지 못했다.

이밖에 다른 대형 도시은행들의 전략도 전사적(全社的)인 수준이 되지 못했고 부분적으로만 스미도모식 이익제일주의를 받아들이는 데 그쳤다. 이러한 실정에 비해 스미도모나 산와나 후지은행은 일사불란(一絲不亂)한 체질을 소유하고 있는 데다가 행장이 명령만 내리면 그대로 따르는 풍토가 마련되어 있어서 전략을 철저하게 실행할 수 있었다.

마케팅 전략을 입안할 때도 그렇지만 전략에는 일관성이 무엇보다도 중요하다. 자사의 전략을 전개하는 중에 타사의 전략이 성공하면 갑자기 그 전략을 흉내내거나 자사의 제품 중 어느 하나가 크게 히트치면 앞뒤 가리지 않고 그쪽으로만 힘을 쏟거나 그러다가 그것이 팔리지 않으면 또다시 다른 방향으로 쏠리는 일관성 없는 기업들이 있다.

이렇듯 조령모개식(朝令暮改式)의 전략설정은 전략이라고도 할 수 없으며 그러한 경영자가 있다면 그 사람부터 퇴진시키는 것이 가장 시급한 전략이다. 전략을 부동(不動)의 것으로 고정시키는 것은 좋지 않지만 전략을 실시하는 기간에는 방향만큼은 확고하게 정해 두어야 하며 수정이나 조정은 극히 미미한 정도로 그치는 것이 바람직하다.

또 전략은 명확하지 않거나 애매모호해서는 절대로 안된다. 그리고 사원이나 소비자에게도 전략의 방향이 명확하게 전달되어 있어야 한다. 대기업일수록 전략이 명확하지 못한 경향이 있다. 그래서 소비자들은 그 기업이 무엇을 하고 있는지 몰라 결국 외면하게 되며 사원들도 경영자에 대하여 불신감을 갖게 된다.

예를 들어 지난날 중전(重電)의 명문 미쓰비시 전기의 경우, 라이벌인 히다치나 도시바에 비해 전략이 불분명한 데가 있을 뿐 아니라 과감한 중점투자도 하지 않고 올라운드형 경영만을 지향했기 때문에 기업능력이 지나치게 분산되어 결국 어느 틈엔가 고객들의 관심밖으로 밀려나고 말았다.

한때 전기 떡방아 및 이불 건조기로 세인의 주목을 끌었지만 그것은 잠시뿐 마침내 컴퓨터 분야에서나 반도체 분야에서나 톱 기업에게 밀려났으며 중전분야에서도 뒤쳐져 마침내 소비자들이 의식조차 하지 않을 정도로 소외되고 말았다. 그래서 유명한 탤런트를 기용해 지명도를 높이려고 에어컨에서는 고이즈미(小泉 今日子), AV기기에서는 마돈나 및 아메리칸 풋볼의 슈퍼스타 몬타나를 CF모델로 기용했지만 상품 매출에는 별도움이 되지 않고 엉뚱하게도 CM만 유명해졌다.

소비자들은 미쓰비시라는 상호 때문에 신뢰했지만 만일 미쓰비시 전기의 제품에서 미쓰비시라는 상호를 떼어 버리면 얼마만큼 소비자가 물건을 사줄 것인지를 경영자가 한번쯤이나마 생각해 보았어야 할 일이다.

반대로 필사의 각오로 분명하고도 명확한 전략을 펴낸 기업이 샤프였다. 가전 메이커치고는 작은 기업이었기 때문에 업계에 도사리고 있는 거대한 기업 틈바구니에 끼어 살아남기 위해서라도 어쨌든 명확한 전략이 필요했다. 가전제품을 타사에 앞서 개발해서 판매했지만 곧바로 마쓰시다에게 추월당하기 일쑤였고 퍼스컴의 경우도 처음에는 선두주자였지만 어느 틈엔가 니혼덴기에 추월당해 창업이래 줄곧 고통스러운 입장에 놓이게 되었다.

그래서 샤프는 카시오 전탁(電卓 : 전자식 탁상 계산기)의 저가격 전략을 단행하여 성공했으며 그 후부터는 본격적인 저가격 전략을 채택하여 매출을 증가시켰던 것이다. 다음은 약자군(弱者群)에 속해 있던 라디오카세트 분야도 W카세트를 독자적인 아이디어와 소비자의 라이프 스타일에 알맞게 개발해 성공시켰다.

또한 전탁에서 전자수첩으로 발전시켜 정보가전(情報家電)이라는 새로운 시장을 만들어 냈으며 오래 전부터 눈독을 들여 온 액정기술(液晶技術)에 있어서는 세계 정상에 오르게 되었다. 이 분야에서 독특한 지위를 확보한 것이다. 샤프는 액정 뷰컴과 같은 상품을 속속 개발하여 독특한 아이디어 상품으로 기본전략 속에 자리를 굳히면서 각자의 상품전략을 균형있게 전개해 나갔다.

항상 이류에 속해 있던 샤프가 전략의 기교와 명확성, 그리고 자사의 약점을 정확히 자각하여 마케팅 전쟁이 치열한 가전업계에서 살아남아 지속적인 성장을 하게 된 것이다.

4. 전략의 압축

기업이 대규모화되면 사업범위는 자연히 넓어져 통합적인 전략을 전개하는 면에서 많은 장해(障害)가 발생한다. 규모가 작은 하위전략도 많이 나오며 이러한 하위전략이 서로 중복되거나 복잡하게 얽혀 이러지도 저러지도 못할 경우도 있다.

이럴 경우에는 기본전략을 명확히 하여 많은 전략을 압축해야 할 필요가 있다. 전략이 탁월한 기업이란 계속적으로 많은 전략을 생산해 내는 기업이 아니라 효과적으로 전략을 통합해서 전개해 나가는 기업이다.

마케팅 전략에서도 예외는 아니다. 마케팅의 기본전략을 바탕으로 많은 하위 마케팅 전략이 입안된다. 예를 들면 마케팅의 전체 전략하에서는 판매촉진의 기본전략이 입안되고 그 아래에 다시 광고전략이 입안된다. 이렇듯 계층화되어 전략이 세워진다.

전략은 기업의 행동을 담은 것이기 때문에 혼란스러우면 기업행동의 보조(步調)도 당연히 흐트러진다. 혼란의 원인 중 가장 대표적인 것이 전략 그 자체의 졸렬성과 양적 과다(過多)에서 오는 혼란이다.

전략이 많아지는 것은 경영자가 전략을 통합하는 능력이 빈곤하거나 기업이 대규모화되어 가기 때문이다. 이밖에 만일의 경우를 생각하여 전략을 의도적으로 많이 세우거나 세분화하는 것이 일에 도움이 된다고 생각해서이다.

전략은 조직원 전체가 명확히 인지하고 언제나 일을 할 때마다 머리에 떠올릴 수 있도록 간결하게 해둘 필요가 있다. 이렇게 하기 위해서는 전략의 압축이나 통합이 필요하다.

대기업일수록 커뮤니케이션에 많은 시간이 소요되므로 전략의 압축은 매우 중요하다. 만일 마케팅 전략을 압축하지 못한다면 상품군(商品群) 단위로 사업부제(事業部制)를 채택하거나 별회사(別會社) 방식으로 개별 마케팅 전략을 전개하지 않으면 안된다. 사업부제나 별회사 방식의 조직형성은 독립채산의식이나 프로핏센터(profit center)로서의 위치부여 등 재무적 색채가 짙은 조직전략이지만 실지로 전략의 명확화를 지향하는 마케팅 전략·전개면에서는 필요한 조직전략이다.

또 전략을 압축해 두면 전략을 평가·분석할 때 보다 적절한 평가나 분석이 가능하게 되어 다음 번에 전략을 책정할 때 그러한 평가·분석결과를 효과적으로 활용할 수 있는 것이 메리트이다.

5. 시장점유율의 전쟁

많은 사람들이 곧잘 지적하듯이 일본의 기업들은 시장점유율에 매우 집착하는 편이다. 정녕 일본의 기업들은 시장점유율의 향상에 집착하고 있다고 해도 과언이 아니다.

　시장점유율이 상승하면 회사의 지명도가 높아져 장사하기가 수월해지며 사회적 지위는 물론 금융기관으로부터의 융자나 거래처와의 거래조건도 좋아진다. 그뿐만이 아니라 비용절감에도 연계되어 이익이 상승될 가능성이 높으며 채널정책도 용이하게 전개되어 가격유지면에서도 어려움이 없게 된다. 그리고 1포인트의 점유율이 상승하면 상대적으로 동업타사는 1포인트의 점유율이 낮아지기 때문에 그 수치의 격차는 매우 크다. 한편 종업원의 사기도 높아지며 우수한 인재를 확보하기도 쉽고 사장의 대외적인 발언력도 크게 확대된다.

　수많은 메리트가 시장점유율의 상승에 의하여 발생하기 때문에 기업들은 시장점유율만 확대되면 무조건 좋아한다. 만약에 시장점유율이 60%를 넘어서면 경험적으로 보아 마케팅 전략에 큰 실패만 없다면 점유율은 결코 떨어지지 않는다. 광고에 그다지 투자를 하지 않더라도 상품은 계속 팔려 나간다. 또한 전혀 색다른 경쟁상품이 시장에 출현하지 않는 한 안일하게 장사할 수도 있다. 타사가 제아무리 마케팅에 노력을 기울인다 해도 그들 자신의 시장점유율을 지키기에도 힘이 벅찰 것이다. 따라서 그들 기업들의 행동은 극히 온순해진다. 60% 이상의 시장점유율을 움켜쥔 기업들은 장사하기 쉽고 경영자가 하루종일 골프로 노닥거려도 회사는 기울 염려가 없다. 반대로 톱 기업의 시장점유율이 10% 이하라면 완전경쟁에 가까운 상태가 되어 시장에는 신규참여자나 탈퇴자가 빈번하게 속출되고 이익률도 저하된다.

　통상적으로 톱 기업이 시장점유율을 30% 정도만 확보하고 있으면 톱의 자리를 그대로 유지하면서 걱정없이 지낼 수가 있다. 그러나 30% 정도로는 조그마한 변화에도 점유율이 크게 변동하는 사태가 생기므로 역시 안전 점유율의 한계선은 60% 이상이다.

그렇다고 60% 정도의 시장점유율을 가지고 있다고 해서 역전이 안되느냐 하면 그렇지도 않다. 지난날 기린 맥주는 60% 이상의 점유율을 맥주 업계에서 유지해 왔지만 아사히 맥주가 슈퍼드라이 상품을 개발하여 시장에 내놓는 바람에 40% 선까지 점유율이 떨어져 고자세였던 기린 맥주의 영업사원들은 하루아침에 코가 납작해졌던 것이다.

시장점유율이 비정상적으로 비대해져 100%에 가까운 경우에는 독금법(獨禁法)에 저촉되어 기업분할도 각오해야 하기 때문에 좋은 것만도 아니다. 높은 시장점유율을 유지하고 이익률이 높아지면 타업계로부터의 시장참여가 줄을 잇게 되므로 차라리 이익률을 억제하고 시장의 신규참여를 저지하는 전략을 쓰는 것이 좋다. 예를 들어 화학 조미료의 아지노모토, 파스너의 YKK, 농축유산균 음료의 칼피스 등이다.

이익이 높았기 때문에 많은 기업들이 참여해서 시장점유율을 대폭적으로 다운시켰을 뿐만 아니라 이익도 대폭 감소시킨 예도 많다. 쓰무라의 바스크린, 최고급 아이스크림의 레디 보덴 등이 있다. 말하자면 톱을 빼앗겼거나 톱의 자리는 그대로 유지하고 있지만 시장점유율을 대폭 감소시킨 사례이다.

한편 오랫동안 톱 자리를 유지하고 있는 데다가 시장점유율도 좋고 장래성도 높아 신규참여 기업들이 끈질기게 톱 기업에 도전해 보지만 결국 보기 좋게 참패하는 경우도 많다.

예를 들어 칼비의 포테이토칩의 경우이다. 중소 메이커가 그 지방 특유의 산업으로 제조하고 있던 포테이토칩 분야에 캐퍼에 비센으로 성공한 칼비가 참여하여 순식간에 국내 제일의 메이커로 부상, 포테이토칩 시장을 수십배의 규모로 확대시켜 놓았다.

이 시장확대와 칼비의 성공에 자극을 받아 속속 대형식품 메이커가 포테이토칩 업계에 참여했다. 야마자키 제빵은 나비스코와 제휴하여 모양이 손상되지 않고 원형(原形)이 잘 보존되도록 통형(筒型)으로 제품을 만들어 칩스타라 이름붙여 시장에 내놓았으며 SB는 작은 감자칩으로 만들어 5/8칩이라는 이름으로, 그리고 호치야(湖池屋)는 맵게 하여 가라무초라는 이름으로 제품을 내놓고 대대적으로 마케팅을 전개했다. 그러나 칼비의 포테이토칩에는 도저히 당해 낼 수가 없어 결국 속수무책으로 칼비의 독주를 지켜볼 수밖에 없었다.

칼비는 포테이토칩의 신선도를 내세우고 약간씩 맛을 달리한 신제품으로 고객의 기호에 대응하는 동시에 영업사원을 통한 소매점 지원도 아끼지 않아 압도적인 시장점유율을 오늘에까지 유지해 오고 있는 것이다.

그러나 지나칠 정도로 높은 시장점유율의 확보는 앞에서 언급한 것처럼 독금법 위반에 걸릴 염려가 있으므로 너무 강력하게 브랜드력으로 시장점유율을 획득하는 것은 극히 위험한 일이 아닐 수 없다.

6. 타업계를 참고로

동일한 업종끼리 마케팅 전쟁이 치열해지면 각 사의 마케팅 전략이나 마케팅 발상은 점점 비슷해지기 쉽다. 서로간에 흉내를 내거나 닮거나 하면 소비자는 차이점을 쉽게 식별하지 못한다.

그래서 타사와의 뚜렷한 차이점을 내세우기 위해 각 사는 여러 형태로 행동을 시도하게 된다. 그러나 획기적인 발상이 떠오르지 않는다. 이럴 때 비교적 성공의 확률이 높은 것은 타업계의 성공사례를 인용해 보는 것이다. 타업계의 발상이나 그들의 성공사례 중에는 뜻하지 않은 신선한 힌트가 숨겨져 있다.

예를 들어 포드(FORD)가 포드 T형의 자동차를 벨트 컨베이어(belt conveyor) 시스템으로 대량생산하여 저가격으로 판매함으로써 크게 히트쳐 자동차 왕국을 이루어 낸 것은 너무도 유명한 이야기이다. 이러한 성공의 원인은 포드가 타업계로부터의 아이디어를 자동차 생산에 응용했기 때문이다.

포드씨가 하루는 미국 통신판매의 대형사인 시어즈 로벅사(Sears, Roebuck社)의 물류 센터에 구경갔다가 소비자로부터 주문받은 상품을 발주처별로 분류하는 작업과정에서 벨트 컨베이어를 이용한 시스템을 보고 감동을 받았던 것이다. 그래서 그가 이러한 시스템을 자동차 생산공정에 응용한 것이 바로 포드의 벨트 컨베이어를 이용한 생산 시스템이다.

이 생산방식은 다른 자동차 메이커에게 위협적인 존재가 되었고 지금까지 도토리 키 재는 식의 업계에서 일약 포드는 미국 자동차 산업의 왕자로 부상했으며 그 후 오랫동안 업계를 지배했다.

일본에서도 이와 비슷한 예가 있다. 세계적으로도 유명한 도요다의 간반방식(カンバン方式)을 자사의 재고(在庫) 시스템, 판매 시스템 그리고 물류 시스템에 응용해서 세계적인 소매업이 된 것이 이토요카도이다.

당시 슈퍼마켓 업계는 다이에와 세이유가 쌍벽을 이루고 있었으며 나가자키야(長崎屋), 이즈미야, 유니드, 니치이, 자스코, 유니 등이 무리를 이루어 3위 다툼을 벌였으며 이토요카도는 3위 경쟁자 중에서도 최하위에 자리할 정도의 규모였다.

이토요카도의 이토(伊藤) 씨는 도요다의 본사 공장에 찾아가 간반방식의 재고·물류 시스템 등에 대해 공부했다. 간반방식의 중심개념인 "쓸데없는 재고를 극력히 없애는 방법"을 확고히 몸에 익히고서는 즉시 이토요카도의 점두재고, 백룸재고, 물류 센터 재고, 배송(配送) 시스템, 발주 시스템, 납품업자의 물류 시스템에 이 방식을 응용했던 것이다.

슈퍼마켓의 라이벌사들은 이토요카도의 이러한 정책을 비판하면서 저렇게 재고량이 적은 재고 시스템은 실현성이 없다라든가 재고가 적으면 점포의 매력이 감소된다거나 심지어 리스크 관리를 무시한 시스템이라고까지 혹평했다. 그뿐 아니라 설사 메이커가 이 시스템으로 성공했다고 해도 소매업으로는 무리한 시스템이라고 비웃었던 것이다.

역시 이 시스템을 도입하는 데에는 적지 않은 저항이 따랐다. 납품업자들은 다빈도(多頻度) 소량배송을 맹렬히 반대했는데 그처럼 비용이 먹히는 배송 시스템은 받아들일 수 없다고 버텼으며 재고의 손실을 납품업자에게 떠넘기려는 처사라면서 방자한 이토요카도와는 거래를 안해도 좋다고까지 했다.

그러나 이토요카도는 고집스럽게도 이 제도를 실천에 옮겨 재고량의 감소, 매출액의 향상을 실현시켜 나갔다. 이 제도가 확고한 이토요카도의 경영방침이라는 것을 회사 내외에 인식시키는 동시에 이 시스템을 장기간에 걸쳐 정착시킴으로써 마침내 세계적인 고도(高度)의 상품 시스템으로 완성시켰던 것이다. 특히 양판점의 이토요카도를 비롯하여 세븐일레븐도 본격적으로 이 시스템을 도입·성공시켜 머천다이징 시스템의 이토요카도라고 까지 일컬을 정도로 완벽하게 정착시켰다.

또 하나의 예로 마케팅에서 소비자를 파악하는 방법으로 흔히 이용하고 있는 라이프 스타일의 개념이 일본에서 최초로 확산된 것은 1970년 초 패션업계에서였다. 당시 패션·의류업계에서는 라이프 스타일의 마케팅이 크게 유행했으며 이것이 소매업계에도 비화(飛火)되어 라이프 스타일 제안형(提案型)의 머천다이징의 효과가 인정되기 시작했다. 그것이 1975년경이다.

그 후 가전업계가 라이프 스타일에 뛰어든 것이 1980년경이며 뒤를 이어 인테리어 업계, 1985년경에는 자동차업계나 주택업계에도 확대되어 거의 전 산업에 라이프 스타일의 사고가 확산되었다.

라이프 스타일의 사고방식을 상품기획이나 판매기술에 최초로 응용한 기업들은 소비자로부터 친절하다는 이미지를 얻었고 많은 메리트를 향수(享受)하는 데 성공했다.

이와 같이 타업계에서 성공한 전략을 모방하거나 인용해서 성공한 예가 많은데 최근 이 크로스 오버(cross over)적 수법이 증가되고 있다. 고정관념이 강한 업계의 발상을 타업계의 발상으로 리프레시(refresh)시키는 방법은 마케팅 전략만이 아니라 인간에게까지도 적용되고 있다. 요즘 대형 가전 메이커들이 사원들을 1년 한도로 해외에 파견시켜 자유로운 활동을 통해 타업계나 타 분야와의 접촉을 꾀함으로써 새로운 발상을 창출해 내게 하는 것은 바로 이 흐름과 같다.

7. 머니 메이킹 에어리어(money making area)를 만든다

마케팅 전쟁이 장기화되면 당연한 일로서 이익을 내기가 대단히 어렵다. 최악의 경우는 업계 내의 전 기업들이 적자(赤字)라는 늪에 빠지게 된다. 기업은 여러 해 적자가 지속되면 도산되고 마는데 적자를 피해보려고 가진 노력을 다하게 된다. 그러나 갖은 노력을 다해도 좀처럼 경영이 개선되지 못하는 약체의 기업도 많다. 이들 대부분의 회사들은 자사가 가장 자신이 있다고 확신하는 상품을 갖고 있지 못하다. 이 분야만큼은 절대로 이익을 낼 수 있다는 분야를 소유한 기업은 저력이 있는 기업으로서 경쟁에서 버틸 수 있다. 이러한 분야를 마케팅에서는 이익을 낼 수 있는 사업분야, 즉 머니 메이킹 에어리어라고 부른다.

머니 메이킹 에어리어를 하나 이상 만듬으로써 기업의 기초체력을 갖출 수 있어 자사의 약체 사업분야에 계속해서 투자할 수 있다. 머니 메이킹 에어리어는 경쟁이 치열한 시대가 아니더라도 불황이나 다각화를 시도할 경우나 다각화에서 실패했을 때에도 기업을 받쳐주는 큰 기둥 역할을 한다.

그런데 머니 메이킹 에어리어라는 것은, 일단 머니 메이킹 에어리어가 되면 장기간 머니 메이킹 에어리어로서 유지되어야 하는 것이 본래의 의미이지만 현대와 같은 마케팅 전쟁의 시대에서는 비교적 단기간 내에 이익이 발생되지 않는 분야가 될 가능성도 있다.

그래서 머니 메이킹 에어리어를 유지하기 위한 폴로업(follow-up)이 필요하게 되는데 그토록 간단히 단즙을 빨아먹을 수는 없는 것이다. 자사에 이익이 되는 분야는 타사의 표적(標的)이 되기 쉬우므로 지속적으로 투자를 계속해야 한다.

자스코는 이 머니 메이킹 에어리어를 훌륭하게 활용하고 있는 좋은 예이다. 양판점 업계는 경쟁이 치열한 데가가 동질적(同質的) 경쟁이 되기 쉬운 업계여서 경쟁을 전쟁이라고 표현하는 것이 알맞다. 자스코는 그 중에서도 머천다이징력이 약하다고 평가되고 있으며 대형 양판점으로는 다이에와 이토요카도를 꼽고 있는데 거의 전 상품면에서 강한 편이며 니치이나 유니는 의료품, 세이유나 이즈미야는 식료품이 강하다고 평가되고 있다. 자스코는 이렇다 할 강한 상품분야를 갖고 있지 못함에도 불구하고 매출액 1조 엔을 돌파하는 업계 4위의 대형 양판점으로서 이익액도 다이에나 세이유를 상회하는 우량기업이다.

그러나 대형 양판점들과 경쟁을 벌이면 가장 약한 기업이 자스코라고 말하고 있다. 똑같은 입지(立地)에서 동일한 매장면적의 양판점을 동시에 개점한다면 어느 기업이 대전(對戰) 상대가 되든 경쟁에서 지는 것이 자스코이다.

이렇듯 약한 기업인데도 어째서 자스코가 우량기업으로 존재하느냐 하는 점이다. 그 까닭은 자스코는 두 개의 머니 메이킹 에어리어를 갖고 소도시 독점전략을 전개하고 있기 때문이다.

두 개의 머니 메이킹 에어리어는 욧가이치(四日市)와 히메지(姫路)를 말한다. 자스코는 욧가이치에 있는 의류 슈퍼의 오카다야(岡田屋)와, 히메지에 있는 슈퍼 후다기(フタギ)와 도요나카(豊中)의 슈퍼 시로(シロ)가 합병하여 양판점이 된 기업이다. 그런 까닭에 욧가이치와 히메지에 돌을 던지면 자스코의 머리 위에 떨어진다고 할 만큼 자스코가 집중적으로 출점(出店)하고 있어 타사는 거의 진출하지 못하는, 이를테면 지역독점을 형성해 놓고 있다. 따라서 약한 점포도 한 곳에 집중하면 절대적인 위력을 가질 수 있다.

또 경쟁에 약하다는 말을 듣는 자스코의 약점을 해결해 준 것이 인구 3만 명 정도밖에 안되는 소도시에 대형점포 하나를 우선적으로 출점한 전략이다. 인구가 적은 도시에는 좀 크다고 생각되는 규모의 점포를 제일 먼저 개점하면 타사가 감히 참여하지 못한다. 만일 참여했을 땐 두 점포가 다 함께 약해져 적자를 보는 것은 명약관화(明若観火)하기 때문에 타기업은 출점을 단념하지 않을 수 없다. 이렇게 되면 자스코만의 점포만 남아 결국 작은 도시의 소비자를 독식할 수 있게 된다.

이러한 소도시 독점전략을 자스코는 전국 도처에서 전개했는데 도시의 규모는 비록 작지만 머니 메이킹 에어리어가 되어 도쿄나 오사카에서의 패전(敗戰)을 이들 머니 메이킹 에어리어들이 만회해 줌으로써 전체적으로 우량기업의 지위를 유지하고 있다.

자사의 약점을 알고 있는 상태에서 세운 효율적인 전략은 한마디로 훌륭하다고 표현할 수밖에 없다. 머니 메이킹 에어리어 전략으로 성공을 거두면 호경기를 맞아 적극적인 경영을 추진할 경우나 불경기를 맞아 기업체력 다지기에 주력할 경우나 이익의 원천이 되며 기업으로서는 참으로 다행스러운 일이 아닐 수 없다. 오늘날처럼 변화가 심한 시대에서는 전략에 실패하면 돌이킬 수 없는 큰 타격이 되므로 어떠한 일이 있더라도 꼭 머니 메이킹 에어리어를 만들어 놓을 필요가 있다.

8. 톱 기업의 전략

마케팅 전쟁에서는 기업의 업계 내 지위에 따라 기업전략이 크게 달라진다. 이것은 통상의 전쟁과 비교할 때 조금도 다를 바가 없다. 업계 내에서 지위가 높으면 높을수록 많은 전략의 대체안(代替案)을 소유할 수 있어 성공의 가능성이 높은데, 이런 일은 실지의 전쟁에 있어서도 마찬가지다. 특히 톱 기업은 많은 전략안(案)을 가지고 있기 때문에 전쟁을 자사측에 유리하게 전개시킬 수 있다. 시장점유율이 낮은 기업일수록 전략의 선택폭이 좁아 톱 기업의 결정 여하에 따라 크게 제약을 받는다.

톱 기업은 자사의 사정과 상대 기업의 현황을 냉철히 관찰해서 최적(最適)의 안을 선택하게 된다. 지위가 낮은 기업들은 우선 톱 기업의 행동을 주시하고 있다가 이에 대응하는 전략을 택하는 경우가 많다. 이처럼 약한 기업들은 비교적 수동적인 입장에서 대응하고 있는데 톱 기업의 전략을 자사의 페이스로 유도하여 도전하기도 한다. 그러나 결국 톱에게 유리한 싸움으로 끝나 버리는 일이 많다.

톱 기업의 전략적 특징은 종합력을 최대로 발휘해서 유연하게 전략을 전개하는 동시에 힘을 집중시키는 것이다. 톱 기업은 경우에 따라서 톱의 지위를 양보하기도 하지만 종합력을 살린 전략, 즉 풀라인 전략, 풀서비스 전략, 코디네이트 전략, 오거나이저(organizer) 전략 등을 사용한다. 종합적 전략은 톱 기업의 전횡물(專橫物)로서 하위 메이커가 도전해 오더라도 도저히 맞서서 이길 수 없는 전략이다.

또한 톱 기업은 종합력을 살려 다양한 전략을 선택할 수 있기 때문에 상황에 대응하여 보다 훌륭한 전략을 기획한다. 따라서 여유있고 유연하게 작전을 세울 수 있다. 만일 어떠한 전략에 실패하더라도 다음 전략에서 충분히 만회할 수 있는 여러 가지의 해결책을 준비할 수가 있다.

또 톱 기업은 파워를 최대한으로 발휘하는 전략도 전개한다. 예를 들어 대량생산, 대량유통, 대량광고, 대량판매 등의 매스 전략은 규모의 장점을 최대한으로 발휘한 것이기 때문에 톱 기업에게 유리한 전략이 된다. 또 매스 전략은 비용 절감에 직결되기 때문에 톱 기업에게 유리하게 작용한다. 지명도나 신용력도 절대적 파워로서의 효과를 나타내는 경우가 많다.

그리고 2위 이하의 기업들이 특정분야에 집중공격을 해오면 자금이나 인력을 대대적으로 투입하여 물량전략(物量戰略)으로 격퇴시키거나 장기전으로 끌고 가면 자금력을 바탕으로 한 기업체력이 튼튼하기 때문에 톱 기업이 승리하는 것은 지극히 당연하다. 어쨌든 통상의 마케팅 경쟁에서는 톱 기업이 단연 유리한 싸움을 전개시킬 수 있다.

예를 들어 바이크(bike), 즉 발동기를 갖춘 자전거 업종에서 세계 제일을 자랑하는 혼다가 자동차 시장에 뛰어들어 기존 자동차 메이커로부터 맹렬한 공격을 받았다. 그런데 혼다가 바이크 부문에 소홀했을 때 야마하(山葉)가 패밀리 바이크라는 상품으로 대대적인 공격을 감행해 온 일이 있었다. 혼다의 바이크는 국내는 물론 세계에서도 압도적인 강세를 보여 미국 등지에서는 바이크는 곧 혼다라는 인식이 소비자의 머리속에 박혀 있을 정도였다.

그러한 혼다에 대하여 악기(樂器) 분야에서는 세계 제일이지만 바이크에서는 혼다에게 뒤떨어진 야마하가 신상품과 저가격 정책이라는 두 가지의 공격무기를 가지고 도전해 온 것이다. 혼다는 처음에는 그다지 관심을 갖지 않았지만 야마하의 바이크 매출액의 급상승을 보고 급히 반격에 나섰다. 이를테면 잠자고 있는 혼다의 사자 꼬리를 야마하가 마음껏 짓밟아 버린 것이다.

혼다는 바이크 분야에서는 압도적인 기술력과 상품 개발력을 지니고 있었기 때문에 한달 내에 몇 가지 신제품을 내놓겠다는 계획을 수립하는 동시에 야마하 바이크의 저가격 정책에 대응하는 가격을 설정하고 매스컴을 이용해 대대적인 광고 캠페인을 전개했다. 마침내 혼다는 상품 개발력과 영업력, 자금력, 지명도를 최대한으로 발휘하여 순식간에 야마하를 가격(加擊)해서 시장점유율을 확대시켰다.

야마하는 결국 이로 인해 다음 해에는 판매부진, 재고량 급증, 경비의 증대 등으로 적자폭이 커져 경영위기에 빠지게 되었다. 당시 야마하는 피아노 분야에서도 판매가 부진해 피아노와 바이크의 더블펀치를 맞게 되자 지난날 명성을 떨쳤던 명문기업의 존속까지도 위태로울 정도로 궁지에 몰리고 말았다.

이것은 톱의 위력을 증명해 준 경우인데 톱 기업이 능력을 최대한으로 발휘하면 반드시 싸움에서 이긴다는 것을 말해 주고 있다.

그리고 톱 기업은 불황에 직면하면 강한 모습을 보이는 특성이 있다. 그래서 이들 기업들은 불황기에 시장점유율을 확대시킨다. 그 이유는 막강한 종합력과 많은 고정객이 톱 기업의 매출액을 받쳐 주고 있기 때문이다.

예를 들어 1991년 이후 자동차 업계의 판매부진은 전후(戰後) 자동차 산업이 시작된 이래 처음이라고 할 정도로 대폭적이며 구조적인 것이었다. 이러한 자동차 산업의 불황 중에서도 도요다는 계속 시장점유율을 확대시켜 나갔다. 가령 도요다의 매출액이 전년대비 마이너스를 시현했다면 2위 이하의 메이커는 그 이상의 마이너스가 초래되기 때문에 도요다의 시장점유율은 상대적으로 그만큼 증가되는 것이다.

도요다는 영업력의 강점(强點)과 고정객을 확실히 장악하고 있었다. 그리고 소비자들이 갖고 있는 인식은 정통적으로 자동차라면 도요다를 머리에 떠올릴 정도로 도요다 자동차를 선호하는 경향이 있었다. 한편 도요다는 가장 저코스트로 자동차 생산을 할 수 있었기 때문에 저가격으로도 판매가 가능했다. 하나의 예로서 마크II(MARK II)의 경우 모델을 바꿔 격(格)을 높여 놓았음에도 불구하고 저가격 전략으로 대성공을 거둘 수가 있었다. 불황에 처한 시기에 보여 준 톱 기업의 대표적인 전략이라고 할 수 있다.

9. 사과맛의 확인이론

마케팅에서는 독창적인 발상으로 마케팅 활동을 추진해 나가는 기업을 높이 평가한다. 그러나 때에 따라서는 혁신기업을 모방해서 자사의 독자적(獨自的)인 컬러로 염색하여 혁신기업 이상으로 두각을 나타내는 기업도 높이 평가한다. 모방을 단순히 모방으로 끝내지 않고 비즈니스 측면에서 선발기업을 앞지른다면 마케팅에 있어서 더더욱 높은 평가를 받게 될 것이다.

이것은 사과맛 확인이론〔毒味理論, 원저〕으로 비유되는 마케팅이다. 혁신적인 상품을 개발하거나 혁신적인 마케팅을 생각해 낸 기업이 시장이라는 사과를 제일 먼저 한입 베어 먹는다. 옆에서 이것을 유심히 보고 있던 경쟁기업은 그 사과가 맛있는 사과인지 아니면 맛없는 사과인지를 관찰하고 있다가 맛이 좋을 것이라는 판단이 들면 그 사과를 빼앗아 두 번째로 먹게 되고, 그 맛이 아주 좋으면 거의 먹어치우는 전략을 사과맛 확인이론이라고 한다.

이 사과맛의 확인이론에 있어서 혁신기업이 사과를 먹어치울 때까지 우두커니 구경만 하고 있어서는 안된다. 요컨대 그 사과가 맛이 있는 사과인지 맛이 없는 사과인지를 재빠르게 판단해야 한다. 다른 경쟁자들도 그 사과맛에 관심을 가지고 있을지 모르므로 타사보다 빨리 그 사과를 나꿔채서 맛을 보지 않으면 타사에게 맛좋은 사과를 빼앗길 수도 있다.

또 시식차례가 두 번째라 해도 혁신기업, 즉 처음에 입에 넣은 기업이 맛이 좋아 그대로 사과를 움켜쥐고 독식하는 경우도 있기 때문에 그러기 전에 재빨리 빼앗아 두 번째로 자신이 즐겨야 한다. 다시 말해서 혁신기업을 추월하려면 그가 개발한 상품이나 서비스

이상의 부가가치를 곁들여 신속히 시장에 개입하지 않으면 안된다. 그런데 혁신기업이 팔고 있는 상품과 서비스에 비하여 똑같은 수준의 것이라면 한발 앞선 혁신기업이 압도적으로 유리한 입장이므로 그를 뒤쫓는 추수(追隨) 기업은 결코 선행기업을 따라잡을 수 없다. 바로 그 선행주자를 추월하기 위해서는 마케팅이 절대 우세해야 한다는 것이다.

그리고 모방하는 추수기업은 맛있는 사과인지 아니면 맛없는 사과인지를 분간해 내는 분별력과 혁신기업의 마케팅 전략을 분석하는 능력과 혁신기업에 앞선 훌륭한 마케팅 전략의 입안능력이 필요하다. 즉 사과맛의 확인이론으로 성공하기 위해서는 고도의 마케팅 능력이 필요하며 그것을 실행할 수 있는 능력이 없으면 안된다. 마케팅에 있어서 사과맛의 확인이론을 실천해 나가는 기업을 높이 평가하는 까닭도 이러한 이유 때문이다.

사과맛의 확인이론에 있어서 추수기업에 패한 혁신기업은 독창성만은 높이 평가하지만 마케팅 능력은 평가받지 못한다. 일본에서 사과맛 확인이론이 뛰어난 대표적인 기업이 마쓰시다 전기산업이다. 거의 대부분의 가전(家電) 상품에 있어서 최고의 시장점유율을 획득하고 있지만 스스로 개발한 상품은 고작 몇 개에 지나지 않는다. 대부분이 타사의 행동을 관찰하고 있다가 채산 가능성이 높다고 판단될 때에 뛰어들어 개발한 상품들이다.

우선 발매를 시작한 기업의 제품보다 사용하기 편하고 디자인도 뛰어난 상품을 만들어 대량생산한다. 그리고 동시에 적극적으로 선전광고를 실시하는 한편 정예 영업사원을 일제히 투입해서 전국의 판매점으로 하여금 대량판매를 하도록 한다. 이것이 마쓰시다형 수도철학식(水道哲學式) 마케팅 전략으로서 시장점유율 향상을 노리는 방식이다. 상품에 최대의 플러스 알파를 부가시키고 적극적인 물량작전과 맹렬한 판매정신을 통합하여 사과맛의 확인이론을 성공시켜 나가는 것이다.

예를 들어 전자 레인지의 경우 샤프가 먼저 제품을 개발했는데, 소비자들이 불을 사용하지 않고 전자(電子)로 찌거나 굽는 것을 불안스럽게 생각하여 발매 초기에는 매출이 극히 부진했다. 그래서 샤프는 전자 레인지를 짐차에 실고 다니면서 주택가나 아파트 단지의 주부들을 대상으로 실지로 조리해 보이면서 전자 레인지에 대한 불안을 해소시켰다.

마침내 그 전략이 성공하여 대대적인 캠페인과 동시에 본격적인 판매에 돌입하려는 순간 마쓰시다는 샤프의 제품보다 사용하기도 편리하고 디자인도 뛰어난 전자 레인지를 개발해 ·내셔널이라는 지명도를 최대한으로 활용해서 대량생산, 대량광고, 대량판매, 대량판촉을 전개하여 삽시간에 톱 자리를 빼앗고서 독주를 시작했다.

사과맛의 확인이론에 있어서 도서출판업의 슈에이샤(集英社)도 매우 재치있는 기업이었다. 잡지류에 있어서는 헤이본(平凡) 출판사, 지금의 매거진 하우스(Magazine House)가 참신하고도 독특한 기획에 뛰어나 이노베이터(innovator)로서 속속 새로운 타입의 잡지를 내놓았다. 그것을 슈에이샤가 뒤쫓아 대부분의 잡지를 추월했는데 어떤 잡지는 폐간하기까지도 했다.

재미있는 예로는 매거진 하우스가 월간 헤이본을 내놓으면 슈에이샤는 월간 메이세이(明星)를, 주간 헤이본을 내놓으면 주간 메이세이를, 헤이본 펀치를 내놓으면 주간 플레이보이를, 안안을 출판하면 논노를 출판하는 식이다. 또한 크라상을 내놓았더니 슈에이샤는 모어를, 프리를 내놓았더니 동시판매이긴 했지만 슈에이샤는 리를 내놓았는데, 매거진 하우스가 발행하는 잡지의 대부분이 현재는 폐간되고 말았다.

슈에이샤의 사과맛의 확인이론을 전형적으로 관찰할 수 있는데, 특히 슈에이샤의 마케팅 능력의 탁월함이 극적으로 증명된 것이 「쇼넨(少年) 점프」였다. 당시 만화잡지로서는 쇼넨 선데이와 쇼넨 매거진의 양 거두가 독서층을 지배하면서 1959년까지 시장을 석권하고 있었다. 거기에 슈에이샤가 1968년 후발 주자로 뛰어들었다. 게다가 슈에이샤는 가격도 양사보다 20엔이나 더 비싼 90엔으로 판매한다는 전략이었다. 저가격 전략으로 시장에 참여한다면 또 몰라도 고가격으로 저연령층을 상대한다는 것이다.

그렇다면 슈에이샤는 과연 어떠한 마케팅 전략을 구사했던 것일까 ?

슈에이샤는 쇼넨 점프의 표적 대상을 국민학교 학생으로 명확히 설정해 놓고 국민학생들이 좋아하는 만화잡지의 편집에 들어갔다. 당시 쇼넨 선데이나 쇼넨 매거진은 유명한 만화가에게 의뢰해서 그들이 즐겨 그리는 만화를 편집해서 시판했다. 그러나 슈에이샤는 정반대로 어린이들이 좋아하는 만화를 만화가에게 그리게 하여 잡지로 만들어 시판한다는 역전(逆轉)의 발상을 가지고 쇼넨 점프를 기획했던 것이다.

그래서 슈에이샤는 즉각 국민학교 학생들을 대상으로 앙케트를 실시했다. 앙케트 내용은 "당신이(학생들이) 좋아하는 낱말은 무엇입니까 ?"라는 것이었다. 그런데 이 설문의 대답 가운데 압도적으로 많은 것이 우정, 노력, 승리였다. 이처럼 어린이들이 좋아하는 낱말을 주제로 만화를 편집하기로 했다.

슈에이샤의 이러한 소재의 만화를 그리는 사람은 유명한 기성 만화가가 아니라 별로 이름이 알려지지 않은 무명의 신인화가들이었다. 설사 유명한 화가를 기용하려고 해도 양쪽 거두(쇼넨 선데이와 쇼넨 매거진)가 이미 이들을 묶어놓고 있었기 때문에 불가능한 일이었으며 결국 슈에이샤의 쇼넨 점프는 신인 만화가의 등용문(登龍門)이 되었다.

그리고 슈에이샤는 잡지 속에 독자 앙케트 엽서를 끼워넣어 독자가 금주에 읽은 만화 중에서 재미있다고 생각한 만화를 적어 보내 달라고 하여 인기순위를 작성하고 독자의 기호나 취향을 분석하는 시스템을 도입했다. 한편 쇼넨 점프에는 매주 약 15개 정도의 작품이 실렸는데 인기순위 10위 안에 계속 들지 못하면 어떠한 연재만화라도 중지한다는 룰을 정해 두었다. 즉 만화작가의 그림을 저울질하여 항상 독자로부터 기쁨과 즐거움을 사는 만화를 만드는 체제를 확립했다.

그 결과 슈에이샤는 항상 복수(複數)의 만화를 준비해 놓아야 했기 때문에 신인 만화가에게는 등용의 찬스가 되었으며 현재 게제 중인 작가들도 최선을 다해 만화를 그리려고 했으므로 쇼넨 점프의 만화수준은 자연히 향상되었다.

또 가격이 20엔 정도 높은 90엔이었으므로 구입하는 학생들에게 비싸지 않다는 인식을 심어 주기 위해 이에 대응하는 전략도 채택했다. 그 하나의 방법으로 잡지의 페이지 수를 늘려 중량감있게 만든 것이다. 이러한 이유로 쇼넨 점프 이래 만화잡지가 두꺼워졌으며 만화잡지의 붐과 더불어 대중화가 급속히 진전되었다.

그리고 쇼넨 점프가 발매된 지 7년 후인 1975년에는 지금까지 톱을 유지해 오던 쇼넨 매거진을 추월하여 발행부수 2배 이상이라는 놀라운 격차와 아울러 일약 압도적 수위를 차지하는 데 성공했다. 현재 슈에이샤의 주간 점프는 1주일 동안 판매부수가 늘 5백만 부를 크게 상회하는 위세를 떨치고 있다.

10. 지적 재산권 전쟁

기업가의 본심을 들여다 보면 자기만이 돈을 벌고자 하는 독점욕을 발견할 수가 있다. 소비자를 생각하는 것보다 자사의 이익을 우선적으로 생각한다는 것은 확실히 거짓없는 본심이다. 그러나 그렇지 못한 것이 현실이다. 어디까지나 소비자를 우선적으로 생각하는 것이 기업이 존속할 수 있는 길인데 이를 위해서 실시하는 것이 마케팅이다.

그런데 최소한 자신이 착안한 아이디어나 독자적으로 해온 것을 타인이 임의로 모방해서 돈벌이의 수단으로 삼지 못하도록 법적인 보호수단이나 제도가 없을까 하고 생각하는 사람들이 많다. 이 절실한 요구에 부응한 것이 바로 지적 재산권(知的財産權)이다. 이 지적 재산권은 현재 마케팅에 있어서 전략상 중요한 비중을 차지하고 있는데 전쟁으로까지 클로즈업되고 있다.

지적 재산권은 소유권이라는 '물건에 대해 지배하는 권리'와는 성질이 다르며 사람이 창조적인 활동에 의하여 창출한 발명이나 고안(考案)이나 상표나 저작물 등의 소프트 웨어에 관계되는 권리이다. 이 지적 재산권을 보호하거나 이용하거나 하는 목적으로 제정한 것이 지적 재산권법으로서 특허법, 실용신안법, 의장법(意匠法), 상표법(商標法), 저작권법(著作權法) 등이 있다. 그런데 지적 소유권이라는 표현은 소유권이라는 좁은 의미의 권리이기 때문에 혼동하기 쉬워 통상적으로는 지적 재산권이라고 말한다.

최근 이 지적 재산권으로 사용료를 벌어들이거나 타사로 하여금 사용치 못하게 하여 자사의 마케팅 전략을 유리하게 전개하기도 한다.

상품의 특허전략으로 성공하여 세계 제1위의 자리를 장기간 독점해 온 예로서는 IBM, 제록스, 폴라로이드 카메라, 닌텐도의 패밀리 컴퓨터 게임, 닛싱 식품의 컵누들, 니혼 빅터의 VTR, 도레이(東洋 rayon)나 도호(東邦) 레이온의 탄소섬유, 니콘의 스텝퍼(Stepper, 반도체 제조용 逐次 이동식 露光裝置) 등 수많은 것들이 있다.

이처럼 막대한 이익을 가져오는 특허의 독점을 노려 R & D에 거액의 투자를 시도한다. 특허를 취득해 비즈니스로서 성공하면 시장독점이라든가 타사에 특허를 공개해서 특허료 수입을 얻거나 하는데 그 어느 쪽이든 기업에게는 대단히 유리한 기업전략이 되고 있다.

그러나 그 맛있고 달콤한 과일에는 반드시라고 할 정도로 독(毒)이 도사리고 있다. 특허전략의 독이란 특허를 획득하여 타사가 추수(追隨)해 오지 못하도록 한 다음 장기간 혼자서 맛있는 비즈니스를 독식하면 반드시 교만이라는 맹독이 전신에 퍼진다. 이 맹독은 기업체질을 변화시켜 올바른 의사결정을 마비시킨다.

예를 들어 제록스는 보통지(普通紙) 복사기(PPC)로 세계 특허를 독점하고 글자 그대로 제록스 제국을 눈깜짝할 사이에 구축해 놓았다. 경쟁자들은 제록스의 특허에 저촉되지 않도록 기술력을 총동원하여 복사기 개발에 착수했지만 제록스와의 격차를 좁히지 못하다가 제록스의 특허기한이 만료되자 앞을 다투어 PPC 시장에 참여했던 것이다.

제록스가 특허라는 보호벽 속에서 오랜 세월 독점적 위치에서 단물을 즐기고 있는 동안 신제품 개발력도 약화되고 마케팅 노하우도 결여되어 단지 상품만을 팔아먹는 벌거숭이 임금격이 되어 버렸다.

이러한 시기에 각 사가 복사기 업계에 밀물처럼 밀려들었는데 그 중에서도 캐논과 리코가 순식간에 제록스 시장을 탈취해 버려 마침내 세계시장은 3사의 과점상태로 변화되었다. 그리고 고속기(高速機)는 제록스, 중속기(中速機)는 리코, 저속기(低速機)와 컬러기는 캐논이 지배하게 되었으며 제록스사의 상대적 지위는 보기에도 딱할 만큼 저하되고 말았다.

제록스는 한때 세계 특허로 독점을 구가했지만 특허에 의한 교만 때문에 발목이 잡혀 단지 세계적인 기업으로만 남게 된 것이다. 반대로 후지필름과의 제휴로 이루어진 후지 제록스의 개발력과 마케팅력은 모(母) 회사의 제록스보다 뛰어났기 때문에 일본으로부터 미국에의 역수출과 경영의 노하우 전수(傳授) 등이 행해질 정도로 신장되었다.

그러나 반대로 특허를 지나치게 많이 취득해서 타사의 참여를 허용치 않았기 때문에 참여에 의한 상승효과나 상호향상효과가 이루어지지 않아 결국 시장이 소비자로부터 인지되지 못하고 소멸되어 버리는 일도 있었다. 닛싱 식품의 컵라이스가 그 대표적인 예이며 소니의 베타막스 방식의 VTR이나 소니 트리니트론 컬러 TV도 이와 비슷한 예인데 에이다이(永大) 산업의 투바이포(two-by-four) 방식도 에이다이 산업이 도산된 뒤에 부활되었다는 얄궂은 예도 있다.

이처럼 특허로 지나치게 방어함으로써 디메리트가 발생한다는 점을 고려해서 굳이 특허를 출원하지 않거나 취득한 특허를 공개하는 경우도 있다.

특허를 출원하지 않음으로써 시장이 예상외로 확대되어 스스로에게 이익이 된 경우로는 닛싱의 치킨라면, 산토리의 벌꿀레몬

(상표등록은 하지 않았음) 등이 있다.

특허를 굳이 공개하여 성공한 예로서는 니혼 빅터의 VHS 방식 VTR이나 파이어니어의 레이저 디스크이며 회사 전체적으로 취득한 특허를 공개하는 시스템을 도입한 기업이 히다치 제작소이다. 히다치의 경우는 타사가 갖고 있는 특허와 히다치의 특허를 교환하는 방식도 채택하고 있어 이 특허 교환방식은 세계적인 붐을 일으키고 있다.

하이테크 제품에서는 무턱대고 특허를 공개하지 않고 특허교환으로 서로간에 메리트를 주고받는 전략을 중심으로 업무제휴나 기업합병조차도 이 기준으로 결정하는 일이 많아졌다. 바꿔 말하면 타사가 매력을 느낄 정도의 특허를 지닌 기술력이 없으면 하이테크 분야에서는 기업을 존속시킬 수 없다는 것이다.

또 상표문제도 마케팅 전략에 있어서 최근에 갑자기 중요성을 더해 가고 있다. 일본은 특히 소비자 행동에 있어서 이미지가 키포인트가 되는 일이 많은데 상표 이미지 만들기, 즉 브랜드 이미지 만들기는 마케팅의 가장 중요한 과제의 하나이다.

일본 경제의 강세로 인한 엔고(円高) 경향에 의해 일본 기업들이 해외 유명기업과의 M & A(merger & acquisition)나 해외 유명 브랜드와의 제휴도입이 활발해진 것도 일본인들의 해외 고급 브랜드의 선호 때문이다. 특히 전통적인 고급 이미지를 갖고 있는 상표는 신흥기업에 있어서는 절대로 취득 불가능한 가치가 있는 것이므로 상표의 지적 재산값은 매우 높아지고 있다.

그러나 상표를 어렵게 취득했다 하더라도 취득한 기업에 의해서 그 가치가 상실되는 경우도 있다. 예를 들면 지난날 세이부(西武) 백화점이 제휴했던 데드 라피도스의 브랜드를 다이에가 취득했는데 웬일인지 그 가치가 크게 떨어져 고급 브랜드 이미지는 삽

시간에 소멸되고 말았다. 미국에서 이류의 이미지를 갖고 있던 미스터 도넛을 일본에서는 다스킨이 훌륭하게 일류 이미지로 만들어 낸 반면 미국에서는 톱인 던킨 도넛이 세존 그룹에 의해 이류 이미지로 전락되고 말았다.

해외의 유명상표를 잘 활용하여 국내에서 좋은 이미지로 끌어올린 전략의 사례는· 매우 많다. 세이부 백화점이 랄프로렌이나 베네통으로 이미지를 높였으며 도부(東武) 백화점이 건프스(보석)로, 자스코가 롤러 어슈레이(잡화)와 보디숍(자연화장품)으로, 도큐(東急) 백화점이 니먼 머커스나 로에베, 그리고 짐 토프손(타이실크)이나 윌리엄 소노머(가정용품)로서 각각 이미지 상승에 성공하고 있다.

저작권 문제가 마케팅 전략에 크게 영향을 준 것은 비디오 대여점이나 복사기 메이커, 그리고 DAT(Digital Audio Tape) 기기 메이커나 가라오케 업계이다. 특히 비디오 대여점에서는 신작(新作) 비디오의 대여문제가 일미(日美) 경제문제로까지 발전해서 결국 비디오 대여점이 패배하여 도산 및 취급상품의 변경을 불가피하게 했다. DAT기기 메이커는 디지탈로 녹음하는 관계상 저작권 문제로 뒤틀려 DAT라고 하는 장래성이 있고 유망한 신제품의 매출에 실패해 제품이 제대로 빛을 보지도 못한 상태에서 소멸되고 말았다.

DAT는 장차 부활의 가능성이 높지만 어쨌든 저작권 문제가 이처럼 마케팅 전략 전개상 큰 장애가 되는 경우가 최근 부쩍 늘어나고 있다. 위성방송이나 뉴미디어가 발달되어 감에 따라 소프트의 수요도 급격히 확대되어 저작권을 둘러싼 전략이 국제적으로도 활발히 진행되고 있다. 그 까닭은 저작권 문제로 뒤틀리면 뉴미디어의 장래에도 큰 장애가 되기 때문에 그런 것을 방지하려는 데에서 비롯되었다고 할 수 있다.

물론 저작권은 충분히 보호받아야 하겠지만 제멋대로의 저작권 보호 때문에 소비자가 받아야 할 서비스를 방해받거나 기업이 공정하게 경쟁해야 할 비즈니스 찬스를 짓밟아 버리는 것은 절대로 용서할 수 없는 일이다.

예를 들어 미국의 유명한 가수가 자신의 곡을 가라오케에서 사용하는 것을 금지시켜 그 곡을 부르고 싶어하는 팬들의 즐거움을 박탈하거나 저작권 보호를 트집잡아 재판매가격 유지를 강제하거나 타사에의 판매를 거부하거나 하는 것은 소비자 만족의 추구를 모토로 하는 마케팅에서는 용서할 수 없는 일이라고 하겠다.

11. 참여의 전략

현대의 마케팅의 특징의 하나로는 경쟁상대가 언제 나타날지 모른다는 점이다. 기술적으로도 각 사의 차이는 별로 두드러지지 않으며 그러한 기술도 M & A나 구입이라는 형태로 간단히 취득할 수 있는 상태하에서는 타업계의 참여가 계속 뒤를 잇는다. 설사 기술적으로 각 사의 차이가 있더라도 차이진 기술로서의 상품화가 가능하며 그것이 이익률이 높다고 판단되면 경쟁적으로 이 시장에 뛰어들게 된다.

기술적인 노하우 수준은 낮고 이익률은 높고 자금력도 그다지 필요하지 않는 아이디어의 참신성만 요구되는 사업일 경우에는 그야말로 시장참여가 러시를 이루어 각 사는 전면전쟁에 돌입하게 된다.

타업계에 참여할 때에는 통상 테스트 판매라는 형태로 일단 참여해 본 다음 성공하면 본격적이고 대규모적으로 참여하게 된다.

물론 타업계에 참여해서 톱 기업에 오른 예도 많다. 배드민턴이나 테니스 라켓의 톱 메이커인 요넥스는 본래 목제품(木製品) 메이커 출신이었으며 아이스크림의 톱 메이커인 구리코는 과자 메이커였으며 가정용 전화기의 톱 메이커인 샤프는 가전 메이커(창업 당시는 샤프펜슬)였으며 기성복 메이커의 톱 레나운은 속옷 메이커로서 타업계에 뛰어들어 성공했던 것이다. 이들은 마치 우엉을 뽑아 내듯이 기존의 대형 메이커를 뽑아 버리고 일약 톱으로 올라선 것이다.

특히 구리코가 유키지루시 유업, 메이지 유업, 모리나가 유업 등 본업의 대형 아이스크림 메이커들을 차례로 제치고 톱의 자리에 오른 것은 한마디로 마케팅 전략의 우수성에 있다고 할 수 있다. 구리코는 당초 개성적인 아이스크림이나 빙과를 유명 탤런트를 기용한 TV 광고로 고가(高價) 전략을 전개하였다. 그리고 아스크림을 계절상품으로부터 연간(年間) 상품화하여 고급 프리미엄 아이스크림(산토리의 하겐다츠 등)을 비롯해 아이스 캔디에 이르기까지 다양한 상품을 공급해서 소비자들이 기호에 맞는 아이스크림을 즐기는 시대로 발전시켰다.

바로 이러한 시기에 멀티(multipack)팩이라는 다양성을 세일즈 포인트로 하는 큰 상사들이 아이스크림을 개발하여 가족을 겨냥해서 슈퍼마켓 중심의 대대적인 캠페인을 전개하였다. 이렇게 해서 멀티팩이 일대 붐을 일으켜 1992년 당초 4위였던 구리코가 그해 가을에는 톱의 자리에 오르게 되었다. 세상의 흐름을 시장에 영합시키는 마케팅 전략을 실시해서 순식간에 톱 자리를 챙겼던 것이다.

타사는 고급화 노선을 지향했으며 메이지 유업은 레디보덴과의 제휴를 그만두고 아야(彩)와 브르제의 새상품을 내놓았으며 모리나가 유업은 안리뷰턴과 벨모어, 유키지루시 유업은 빈테지와 리벤딜과 로열바렐, 롯데는 후로지노, 산토리는 하겐다츠, 다이에는 세이빙 아이스크림 바닐라, 보덴의 레디보덴과 보덴 홈메이드, 아사히 맥주의 스티븐스, 후지케(不二家)의 서티원, 드라이어즈의 드라이어즈 등, 슈퍼 프리미엄 아이스크림을 잇달아서 시장에 내놓고 판매강화를 시도했던 것이다.

구리코도 슈퍼 프리미엄 아이스크림으로서 디어라를, 프리미엄 아이스크림으로서 엑셀런트를 발매했는데 마케팅의 중심은 젊은 층과 가족 지향의 다양한 아이스크림이었다. 타사는 슈퍼 프리미엄 아이스크림 시장의 격전화로 파이(pie)의 쟁탈전을 전개하여 결국 구리코가 어부지리(漁夫之利)로 톱에 올라설 수 있었다.

그런데 참여전략에서 가장 빈번히 활용되는 전략은 제일 먼저 프린지(fringe) 시장에 참여하고 여기에서 성공하면 매스(mass) 시장에서 톱 기업과 전면전쟁에 돌입하는 형태의 전략이다.

이미 앞에서 언급한 기린 맥주가 고이와이(小岩井) 브랜드로 버터시장에 참여했을 때 레이즌(raisin) 버터시장을 먼저 노렸으며 여기에서 톱을 정복한 다음 기프트(gift) 시장에 참여했고 마지막으로 본격적인 버터시장에 참여하는 과정을 채택하여 성공을 거두었다. 또 카시오가 시계시장에 참여했을 때 제일 먼저 프린지 시장인 디지탈 시계에 참여하고 다음에는 아날로그 시계시장에 참여했다.

M & A에 의한 참여도 많은데 소니와 마쓰시다 전기산업의 영화업계 참여, 세죤 그룹에 의한 인터콘티넨탈 호텔 체인의 매수(買收)에 의한 호텔에의 본격적인 참여, 다이에의 오리엔탈 호텔의 계열화에 의한 호텔참여 및 선테레비의 계열화에 의한 매스컴 업계에의 참여, 드림관광 매수에 의한 레저산업에의 참여 등이

있다.

다이에는 이밖에도 다이이치(第一) 건설이나 난카이(南海) 호크스, 리크루트, 호카호카데이, 닛카 등의 M & A에 의하여 이업종에의 참여를 도모하고 컨글로 머천트(conglo merchant)화에 발걸음을 내딛고 있다.

이업종의 기업을 M & A하여 복합기업이 된 것이 컨글로머릿(conglomerate)인데 그 상업판(商業版)이 컨글로 머천트이다. M & A를 하지 않고 자력으로 복합기업이 된 예도 있지만 다른 업종을 동일기업 내에서 유지·발전시키려면 타기업의 매수 이외에는 다른 방도가 없으며 본격적인 컨글로머릿은 이업종 매수에 의한 참여이다.

그리고 참여전략 중 동일사업 내에서 다른 상품분야에 참여하는 것이 다양화 전략이라고 말하는 참여전략이며, 전혀 이질적인 사업에 참여하는 것이 다각화 전략이라고 말하는 참여전략이다. 또 M & A라고 하는 기업매수전략에 의한 참여전략이나 계열화 전략에 의한 참여전략, 그리고 제휴전략을 사용한 참여전략도 있다.

이 참여전략이 재무면을 강조한 것이라고 한다면 마케팅 전략이 아니라 재무전략이 되어 어디까지나 여기에서는 마케팅면을 축(軸)으로 하는 참여전략이 되는 것이다.

12. 철수(撤收) 전략

비즈니스가 항상 성공하는 것은 아니다. 실패하여 물러서지 않으면 안될 상황에 처해질 때도 흔히 있다. 옛부터 전쟁에서 가장 어려운 것이 철수라고 했는데 한 사람의 희생자도 내지 않고 철수할 수 있다면 그 지휘관은 명지휘관일 것이다. 전쟁 중에 철수한다는 것은 적에게 등을 보이는 것이므로 적의 입장에서 보면 이 때처럼 공격하기 쉬운 표적은 없는데 대부분의 경우 철수시에는 대량의 희생자를 내게 마련이며 경우에 따라서는 전멸당하는 수도 있다.

마케팅 전쟁에서도 철수는 매우 어려우며 서투른 짓을 하다가는 적자를 더욱 확대시키는 경우도 있다. 이렇게 되면 기업 이미지는 크게 손상되며 종업원들의 사기 또한 저하되어 책임자나 담당자는 인사조치를 당하게 된다.

철수전략에서 가장 중요한 것은 철수하기로 결심했다면 한시라도 빨리 하는 것이 상책이다. 그러나 말이 쉽지 참으로 어려운 일다. 여태까지 오랜 기간 기울여 온 노력이 수포로 돌아가게 되므로 많은 미련이 남아 다시 한 번 일으켜 세울 수 없을까 하는 생각으로 주저한다. 대부분의 경우 이 주저하는 생각 때문에 상처를 더욱 악화시키고 적자를 더욱 증가시키는 결과가 된다.

예를 들어 데이진(帝人)은 라이벌의 가네보가 화장품 참여로 크게 성공하자 화장품 메이커의 명문이었던 파피리오가 업적부진으로 고전할 때 흡수해서 계열화시켰던 것이다. 그러나 파피리오의 재건에 실패하여 해마다 적자가 누적되었다. 그럼에도 불구하고 매각이나 청산의 결단을 내리지 못하고 마침내 눈덩이처럼 불어난 적자를 감당치 못하다가 결국 매각에 이르게 되었다. 거의 20년 가까이 단 한 번의 흑자도 내지 못하고 수면하로 침몰되고 말았다.

참여한 그날부터 크게 적자가 계속되고 장래가 불투명할 경우에는 철수전략을 재빠르게 실천에 옮겨야 한다. 신닛데쓰(新日鉄) 퍼스컴 사업에 손을 댔다가 1년 반만에 철수했으며 통신판매사업도 1년 동안 크게 적자를 내다가 결국 포기했다. 그뿐만 아니라 컴퓨터

학원의 폐쇄, 국제 컨벤션(convention) 사업의 종결, 자성재료(磁性材料)의 소프트 페라이트(soft ferrite) 사업의 철수 등 수년 사이에 과단성있게 손을 뗐다.

미네베어의 반도체 자회사(子會社) NMBS도 설립 후 약 8년만에 철수하게 되었다. 대형 반도체 메이커와의 1천억 엔 단위의 설비투자 경쟁과 R & D 경쟁에 패하여 약 8백억 엔의 부채를 남겨 놓고 신닛데쓰에 매각되고 말았다. 미네베어 본사도 약 절반에 가까운 채무를 대신 걸머지게 되었으며 자신도 큰 부담을 안게 되었다. NMBS는 설립시에 50만 평방미터의 부지에 공장을 건설하고 DRAM을 중심으로 해외 반도체 메이커의 지원을 받아 탄생되었다.

야쿠르트 본사가 51%, 미쓰비시 상사가 40%, 다이닛봉(大日本) 인쇄와 니혼신판(日本信販)과 니혼통운(日本通運)이 3%씩 출자해서 설립한 통신판매회사가 리프슨이었다. 각 업계의 넘버원이 공동으로 설립했고 통신판매에 필요한 업무의 노하우를 지니고 있는 기업들의 연합체라는 점에서 통신판매 업계에 큰 충격을 준 참여전략이었다.

판매조직 만들기는 주부판매사원의 노하우를 지니고 있는 야쿠르트가 담당했으며 상품매입의 노하우는 미쓰비시 상사가, 카탈로그 인쇄의 노하우는 다이닛본 인쇄가, 크레디트와 현금회수 노하우는 니혼신판이, 상품의 배달 노하우는 니혼통운이 담당했다. 정녕 올스타 게스트였다.

그러나 불과 4년 남짓한 사이에 50억 6천 5백만 엔이라는 누계 손실액을 끌어안고 이 회사는 시장에서 철수하는 동시에 해산되고 말았다. 이 이상 더 경영을 계속하더라도 만회의 가망성은 없고 상처만 더 깊어지기 때문에 서둘러 철수를 결심하게 된 것이다.

통신판매 비즈니스는 이익을 내기 어려운 사업이며 소매업의 프로급인 백화점이나 양판점, 전문점조차도 채산을 맞추기가 어려워 비교적 철수가 많은 편이다. 그뿐만 아니라 본업인 통신판매 전문기업들 가운데에도 적자회사가 많은 형편인데 하물며 신규 참여의 회사가 경영이 좋을 리 없다. 그래서 이 업계는 철수가 빈번히 행해지고 있는 것이다.

그 근본적인 이유는 배송비와 인건비, 카탈로그 제작비, 통신비 등이 높아 이에 상응할 만큼의 매출을 올릴 수 없기 때문이다. 또 각 사의 상품구색이 모두 동질적이고 특징이 없어 소비자는 곧바로 권태를 느끼게 되어 통신판매의 리피트(repeat) 고객은 기업마다 모두 감소했다.

마쓰시다 전기산업의 컴퓨터 분야에서의 철수도 빨랐다. 아니 지나치게 빨랐기 때문에 장래의 컴퓨터 사업에의 비즈니스 찬스를 잃게 되었는데 이것은 마쓰시다 고노스케(松下幸之助) 씨의 최대의 미스였다고 오랫동안 업계에서는 떠들어 댔다. 그러나 현실적으로 컴퓨터나 반도체 사업에는 막대한 투자가 요구되고 상품의 수명도 극히 짧다는 것은 비즈니스로서의 채산성이 적다고 할 수 있어 마쓰시다 씨의 컴퓨터 비즈니스에서의 철수는 현명한 판단이 아니었나 하는 견해도 대두되고 있다.

다운 사이징(down sizing)에 의하여 약소의 후발 메이커라도 성공할 수 있는 찬스의 여지가 많이 남아 있어 새로운 시장의 돌연한 탄생과 고도기술의 도입의 용이성 등이 가세하여 마쓰시다라면 제휴나 M & A를 통해 컴퓨터 비즈니스의 찬스를 포착, 멀티미디어를 중심으로 크게 약진할 가능성이 높기 때문이다.

이렇게 생각하면 마쓰시다 전기산업의 철수는 과연 옳았는지 그렇지 않았는지, 마케팅에서 철수의 옳고 그름의 판단은 시간의 흐름과 더불어 크게 변한다는 것을 항상 인식하고 의사결정을 해야 할 것이다. 단지 현 시점에서 적자이기 때문에 철수가 옳다고 단정하는 것은 너무 경솔한 행위이다.

샤프의 액정사업(液晶事業)은 장기간의 선행투자로 큰 폭의 적자가 눈덩이처럼 불어 샤프의 돈을 잠식시키는 벌레라고까지 일컬어 왔다. 그러나 포기하지 않고 인내한 결과 현재는 샤프의 구세주가 될지도 모를 만큼 유망한 사업으로 커가고 있다.

반대로 신속하게 포기함으로써 많은 메리트를 향수(享受)한 경우도 많다.

도레이는 회사명을 레이온이라는 이름을 붙여서 사용했음에도 불구하고 주종(主宗) 업종인 인견사 업계에서 철수하고 탄소섬유(炭素纖維) 등에 힘을 쏟아부어 크게 비약했다. 또 파이어니어는 반도체가 붐을 일으키기 전에 반도체 사업에 참여했다가 재빨리 철수하여 스테레오 사업과 레이저 디스크 사업에 자금을 쏟아부었다. 특히 레이저 디스크 사업은 여러 해 동안 적자가 계속되었지만 중단하지 않고 자금을 투입하여 마침내 가라오케 붐을 타고 파이어니어를 받쳐 주는 비즈니스가 되었다.

또 일단 철수했다가 재도전해서 성공한 예도 있다. 유키지루시의 슬라이스 치즈는 1962년에 발매되었지만 필름포장을 하지 않았기 때문에 치즈가 달라붙어 실패했다. 그러나 재차 도전하여 슬라이스로 된 치즈를 한 장씩 필름포장함으로써 달라붙지 않아 대성공을 거두었다.

가오의 도전인 농축세제(濃縮洗劑)도 일차 발매했다가 실패를 맛보고 철수한 제품인데, 이번에는 바이오닉스(bionics) 기술로 재도전하여 뜻하지 않게 크게 히트쳤다. 가오의 도전 케이스는 소비자 의식의 변화가 원인이라고 하겠는데 한 번 실패했다고 해서 두번 다시 불가능한 것이 아니라 시대가 변하면 이전에 실패했어도 성공할 수 있다는 것이다. 철수문제 또는 부활의 문제는 기계적으로 판단할 것이 아니라 상황을 잘 파악하여 유연한 발상으로 대처하지 않으면 안된다.

반대로 성급하게 철수하는 예도 있다. 컨비니언스 스토어하면 세븐일레븐을 연상하겠지만 일본에서 최초로 개점한 컨비니언스 스토어는 아니다. 일본에서 제일 먼저 컨비니언스 스토어를 실험적으로 개점한 업주는 세이유였다.

본시 패밀리 마트라는 점명(店名)으로 실험했던 것인데 중소 소매점의 반발과 "무엇이 편리한가"라는 점을 이해하지 못한 데다가 프랜차이즈(franchise) 비즈니스를 잘 몰랐기 때문에 두 번 다시 이 업계에 참여하지 않겠다고 명언(明言)하고 철수해 버렸다.

그러나 그 후 세븐일레븐 및 다이에의 로손의 성공과 급성장을 지켜보다가 부끄러운 심정으로 재차 참여하게 된 것이다. 세이유는 현재 부진을 면치 못하는 세이부 백화점을 뒤에서 지원해 줄 정도로 성공은 했지만 최초의 철수결정은 큰 실수였다. 세이유는 컨비니언스 스토어에의 재참여가 지연된 탓으로 그 후 그것이 큰 핸디캡(우수한 입지확보, 기존 체인의 지역독점 탈취)으로 작용해 세븐일레븐과의 격차는 아직까지 벌어진 상태이다.

9

마케팅 믹스 전략

마케팅 믹스전략

1. 마케팅 믹스란?

비즈니스 활동에 있어서 마케팅은 인간과 자금을 제외한 광범위의 활동에 관련하고 주로 7가지의 주요활동을 담당하고 있다. 즉 (1)영업활동 (2)상품활동 (3)프로모션 활동 (4)가격활동 (5)물적 유통활동 (6) 유통경로활동 (7)서비스 활동이다.

이러한 7가지의 활동이 통일적으로 운영되지 못하면 소비자로서는 이해하기 어려우며 기업의 마케팅 활동의 효율도 나빠진다. 이러한 7가지의 활동을 전체적으로 집약, 공동목표하에 잘 컨트롤하면 효율이 높아질 뿐만 아니라 7가지 활동의 본래의 기능 이상의 작용을 해줄 수도 있다. 7가지의 활동을 단순히 합친 것 이상의 힘을 발휘하도록 하기 위해 이것들을 잘 조립(組立)하고자 하는 것이 마케팅 믹스(marketing mix)이다.

이와 같은 7가지의 활동을 단순히 통합한 것 이상으로 작용하도록 하는 것을 상승효과(synergy 효과)라고 하며 이러한 상승효과를 추구하여 7가지의 활동을 연구하는 것을 마케팅 믹스 전략이라고 한다.

하나의 사례로서 맥도널드의 경우를 살펴보기로 한다.

맥도널드의 좌우명은 Q(Quality & Quick : 품질이 좋고 빨리 먹을 수 있음), S(Service), C(Clean : 청결)인데 이 QSC에 따라서 마케팅 믹스가 고안된다.

영업활동으로서는 카운터에서 재빨리 고객을 맞이하고 재빨리 상품을 제공한다.

대상자는 어린이로부터 가족 전체를 대상으로 하되 번화가의 일등지(一等地)에 출점(出店)한다. 뿐만 아니라 전국의 주요 도시에 출점해서 '일류'의 이미지를 소비자에게 인식시키고 있다.

상품활동으로서는 납품업자에게 재료의 공급을 의뢰하며 대량생산, 대량판매를 위한 음식업의 공업화와 시스템화를 지향한다.

특히 위생에 유의하여 청결을 고객들에게 부각시킨다. 상품의 구색으로는 햄버거, 포테이토와 드링크를 중심으로 하고 있으며 소비자의 기호에 따라 라이스류를 비롯하여 만두, 과자, 아이스크림까지도 취급한다. 햄버거는 만들어서 30분 이상 경과된 것은 모두 폐기처분해 품질유지를 도모한다.

프로모션 활동으로는 "세계인의 공통어 맥도널드"라든가 "역시 맥도널드"를 캐치프레이즈로 내걸고 점포명을 기억하게 한다.

그리고 피에로의 캐릭터(character)나 M마크의 심볼을 사용하여 어린이들에게는 친근감을, 어른들에게는 점포 안으로 쉽게 들어올 수 있는 이미지를 심어 준다. TV를 통해 광고를 집중적으로 전개하고 끊임없이 변화해 가는 맥도널드를 감지시킨다.

가격에 있어서는 전국 공통의 가격을 채택하여 소비자를 안심시키고 때때로 100엔짜리 햄버거나 390엔짜리 생큐세트 같은 것을 기간한정으로 판매하기도 한다. 그런가 하면 쿠폰을 발행하여 디스카운트로서 고객의 단골화를 도모한다.

물적 유통에 있어서는 냉동기술과 조리식품의 노하우를 최대한으로 살려 수송에 편리하도록 체인 스토어화를 도모한다. 컴퓨터를 활용한 POS 시스템을 도입하여 적정재고(適正在庫), 적정판매 예측을 시도하고 효율적인 판매, 재고, 유통 시스템을 구축한다.

유통경로에 있어서는 빵이나 고기도 지정 납품업자에게 엄격히 견적서를 받아 납품받도록 하고 맥도널드와 납품업자간의 밀접한 협력관계를 구축해 나간다. 납품가격도 엄정하게 사정(査定)하며 가격인하 요구에 응하지 않는 대형 제빵업자와는 즉각 거래를 중단하고 다른 업자로 교체한다.

서비스 활동에 있어서는 메뉴얼에 따라 접객이나 일이 관리되며 처음 채용한 아르바이트라도 곧바로 일에 적응할 수 있도록 교육과 훈련을 시킨다. 인사하는 요령, 접객할 때의 언어와 목소리까지도 교육시키고 아르바이트만으로도 점포운영이 가능하도록 시스템화한다. 즉 서비스의 균일화와 표준화를 공업적 수준으로까지 높이고 있는 것이다.

또 소비자의 고정화(固定化)를 촉진시키기 위해 어린이들을 위한 생일 파티를 점포 내에서 개최하거나 햄버거 제조과정을 견학시켜 맥도널드에 친밀감을 갖게 하여 팬 확보에 주력하고 있다.

또한 정기적으로 전시회, 꽃꽂이 등의 프로모션을 실시하여 소비자에게 호감을 주는 노력도 시도한다. 그리고 점포에 풀장을 병설(併設)하거나 유기(遊技) 코너를 설치해 고객의 내점(來店)

빈도의 상승을 기한다.

물론 매출액 신장과 코스트 다운을 위한 노력도 많이 한다. 의자를 딱딱한 나무로 만들어 손님이 오래 앉아 있지 못하게 해서 고객 회전율을 높이거나 코스트 다운을 위해 컵이나 접시를 일회용으로 바꾸고 점내에 점원을 배치하지 않는 셀프 서비스를 하게 하며 드링크의 매출증진을 위해 엽차나 보리차의 서비스를 하지 않는다.

이처럼 마케팅 믹스는 사전에 치밀하게 계산해서 실시하고 그 효과가 최대한 발휘되도록 연구하고 있다. 이처럼 훌륭한 마케팅 테크닉, 즉 세계 제일의 외식기업의 실태를 살펴보면 그 빈틈없는 연구와 시책에 경탄을 금할 수 없다.

그러면 다음으로 마케팅 믹스의 여러 가지의 활동에 대해 설명하기로 한다.

2. 영업전략

영업전략은 영업정책과 영업사원 관리가 기본요소이다. 영업 정책에 있어서는 영업방침 결정과 목표달성 컨트롤이 주가 되며 영업사원 관리에 있어서는 영업사원의 목표설정, 동기부여, 목표달성 점검, 영업사원 지도, 영업 메뉴얼의 작성 등이 학습업무가 된다.

영업은 기업의 기본활동의 하나로서 기업조직의 중추가 되는 라인조직을 형성한다. 우리나라의 경우 기업능력이 영업력에 반영되고 있으며 영업력이 강한 기업일수록 시장점유율이 높고 힘 있는 경영을 해나가는 경향이 있다.

영업과 마케팅의 관계는, 영업이 마케팅의 일부를 담당하고 있지만 마케팅의 우수함과 영업력은 그다지 상관(相関)되지 않는다. 마케팅 파워가 강하면 영업력은 높아지지만 아주 강한 영업력은 도리어 마케팅을 약체화(弱体化)시키는 경우가 많다. 그것은 지나치게 영업력이 강하면 마케팅을 경시하거나 무시하기 때문이다. 즉 영업력과 마케팅력은 반비례하는 것이다. 영업을 지나치게 잘하면 팔기만 하면 된다는 발상으로 반마케팅 행동을 하는 일이 많기 때문이다.

마케팅에 있어서 영업이 중심적 위치를 차지하고는 있지만 만일 매출 제일이라는 편협된 사고에 사로잡힌 영업을 한다면 마케팅과의 조화가 무너지게 된다. 그러나 마케팅과 영업이 잘 연계되면 커다란 위력을 발휘해 매출액의 상승에 직결된다.

예를 들어 기업확대지향의 마케팅 시대였던 1965년경의 마쓰시다, 소니, 노무라 증권, 시세이도, 가오, 도요다, 혼다 등은 그 전형이었다. 영업전략과 마케팅 전략의 상승효과가 당시의 세상 흐름과 멋지게 일치되어 시장점유율을 크게 신장시켰던 것이다. 그러나 환경과 사회여건이 변화함에 따라 영업전략도 변화하게 되어 새로운 판매방법이 제안되었다.

예를 들어 자연화장품(自然化粧品)의 크리니크나 보디숍은 독특한 점포 스타일과 영업체제로 급성장했는데 보디숍은 샴푸 등을 빈 용기에 채워 주는 판매방법으로 화제를 불러일으켰다. 자스코나 세이유나 다이에는 소비자와 협력하여 환경보호운동을 전개한다든가 환경보호지향의 점포 만들기나 매장 만들기, 환경보호상품의 발매 등을 적극적으로 시도하는 중요한 영업전략을 전개해 주목을 끌었다.

영업전략이 잘되어 있다는 것은 영업정책이 훌륭하고 목표설정도 적절하며 영업사원의 사기(士氣)도 양호한 상태를 말한다.

반대로 영업전략에 실패하여 고전한다는 것은 영업정책 자체가 잘못되었거나 영업목표의 설정이 터무니없이 높아 달성하기 힘들고 영업사원의 사기가 저하되어 명령지휘체계가 혼란을 일으키고 있는 상태를 말한다.

영업전략은 대단히 미묘한 것이어서 사장의 사소한 말 한마디나 인사평가의 불만, 영업평가의 불평 등으로 무너지는 경우가 많다. 거기에다 한 번 균형이 깨지면 회복이 곤란하고 장기간의 시일을 요하게 되므로 충분한 주의를 할 필요가 있다.

예를 들어 오랜 기간 동안 정체를 지속하던 미쓰비시 전기가 작은 히트 상품인 전기 떡방아기나 이불 건조기 등을 개발해 내어 영업조직도 전에 없이 활기에 차 "이제부터다!"라는 분위기가 조성되었을 무렵이다. 신년을 맞이해 사장의 "이런 정도의 사소한 히트로 여러분들이 들떠있다는 것은 미쓰비시답지 않다"라는 한 마디 때문에 모처럼 활력이 넘치기 시작하던 조직 전체의 사기가 뚝떨어져 다시 위축되어 버렸다는 이야기가 있다.

일본의 영업사원 관리는 군대식에 가까워 설정된 목표는 반드시 달성해야 한다는 의무감이 강제되고 사규(社規)로 영업사원의 행동이 통제되며 명령전달은 항상 톱 다운(top down) 방식으로 결속력, 신속성, 몰개성(没個性)이 특징으로 되어 있다. 그렇다고 해서 영업의 기본적인 지침이 있는가 하면 그런 것은 찾아보기 힘들고 그저 "팔아 오너라!"의 일변도인 것이다.

확고한 경영방침하에서의 영업방법이 추구되는 것이 아니라 영업성과에만 관심을 집중하고 있을 뿐이다. 이와 같이 시대에 뒤떨어진 영업 스타일을 버리지 못하고 있는 것이 현재 일본의 기업실정이다.

예를 들어 스미도모(住友) 부동산의 경우다. 영업의 결속력과 행동력은 업계에서 최고의 수준이며 거품경제 전성기의 동경 땅값의 폭동은 스미도모 부동산에 의해 비롯되었다고 할 정도였다. 그러나 스미도모 부동산의 마케팅 전략 같은 것은 찾아볼 수 없으며 사회적인 책임감도 찾아볼 수 없는 단지 부동산만 사고파는 영업력만 뛰어나 결국 거품경제가 붕괴된 후 원흉(元兇)이라는 오명만 남기게 되었다.

이와는 대조적으로 가오의 경우 마케팅력과 영업력의 균형이 잘 이루어져 장기간 톱의 자리를 유지할 수 있었으며 사풍(社風)도 비교적 좋은 편이고 소비자로부터 인기가 좋아 2위 이하의 경쟁자를 멀찍이 따돌림으로써 독주를 계속하고 있다.

가오는 탁월한 광고와 프로모션, 높은 기술력과 고품질 그리고 막강한 영업력과 상대적인 저가격으로 인하여 소비자들로부터 "유명하지만 교만하지도 않고 친근감이 있는 믿음직한 회사"라는 이미지를 소비시장에 심는 데 성공했다.

일본 코카콜라도 마케팅 전략과 영업전략이 균형을 이루고 있는 회사이다. 소비자들의 콜라 이탈현상이 늘어나자 스프라이트, 탄산매출이 줄어들자 하이시나 리얼골드, 커피가 유행했을 때에는 조지아, 단 것에 대한 인기가 떨어지자 우론차와 아쿠아리스를 발매해서 소비자의 행동변화에 훌륭히 적응해 나갔다.

캐치프레이즈로서는 "산뜻한 맛의 코카콜라!"를 필두로 "yes, coke yes!", "coke is it!", "상쾌해지는 한때!" 등 히트작을 만들어 내어 그 시대의 소비자가 좋아하는 말로서 소비자의 마음을 사로잡았으며 상품내용은 옛과 다름없지만 젊은이들의 콜라에 대한 관심도를 높여 항상 신선한 이미지를 확립했다.

영업은 정열을 바탕으로 한 맹렬적인 영업이라고 하겠으며 제복, 트럭, 자동판매기, 상품에 이르기까지 컬러코디네이트하여 모든 것이 총괄적으로 관리되고 있는 까닭에 스마트하고 현대적인 이미지를 확립하는 데 성공했다.

또한 영업루트전략에서는 자동판매기 설치촉진전략에 성공했으며 판매루트에서도 소매점에만 국한하지 않고 식당, 주점, 골프장, 대학에까지 확대하여 마침내 펩시콜라를 압도하게 되었다.

1967년에 대담하게 "코크라고 부릅시다! 코카콜라"라는 캠페인을 전개하여 콜라는 코카콜라의 대명사라는 이미지 고정화 전략을 채택했다. 소비자들은 완전히 그 말을 받아들여 '코카콜라 이외는 콜라가 아니다'라는 생각까지 하게 되었으며 코카콜라의 코크전략은 적색(赤色)의 코퍼릿 컬러와 더불어 소비자의 가슴속에 깊숙히 침투해 들어 갔다.

사람, 물건, 자금을 대량으로 투입하는 힘의 마케팅 전략이었는데도 소비자에게 별로 혐오감을 주지 않고 "젊다! 신선하다! 혁신적이다! 큰 기업이다!"라는 평가의 기업 이미지를 확보했다. 일본 코카콜라사의 영업전략은 탁월한 마케팅 전략과의 상승효과로 멋지게 성공한 것이다.

3. 상품전략

마케팅은 원래 상품이나 서비스를 화폐와 교환하는 판매자 활동에서부터 발달되어 왔다. 그렇기 때문에 어떠한 상품, 어떠한 서비스를 파느냐 하는 것은 마케팅 중에서도 특히 관심이 높다. 하찮은 상품이나 서비스를 소비자에게 강매하는 것은 마케팅이라고 할 수 없으며 팔다 남은 상품은 쓰레기처럼 아무런 가치도 없다.

기업은 최선을 다하여 소비자에게 유익한 상품을 만들어 사게

함으로써 비로소 비즈니스가 성립되는 것이다. 이러한 비즈니스를 되풀이함으로써 기업은 존속해 간다. 마케팅에서는 그 상품이 지니고 있는 기본적 기능을 중심으로 상품전략을 입안해 나간다.

예를 들어 자동차라는 상품의 기본기능은 사람을 실어나르는 일이다. 이 기능을 실현시키는 보조기능이 원재료, 품질, 성능, 디자인, 색상, 사이즈, 명칭, 포장 등이다.

이러한 기능이 전부 합쳐져서 하나의 상품적 기능을 구성한다. 여기에 첨가해서 마케팅에서는 다른 상품과의 기능과 상품에 부수된 서비스도 상품의 일부로 간주한다. 이러한 전체를 통합해서 상품이라고 부른다. 그리고 이들 상품의 기능을 소비자가 만족할 수 있도록 만들어 나가는 것이 상품전략이다.

마케팅에서 상품전략을 전개할 경우에는 그 상품이 지니고 있는 특징에 따라서 상품전략의 패턴을 결정하는 방법을 채택하고 있다. 상품의 특징을 분석해서 상품전략을 입안하는 것이다. 상품의 특징분석은 상품분류라는 수단으로 시도된다.

예를 들어 소비자가 쇼핑할 때 소요되는 시간과 행동의 패턴에 따라 전문제품·일용품 등으로 분류하거나 구매빈도에 따라 루틴 상품·논루틴 상품으로, 상품의 유행성에 따라 패션 상품·스테이플(staple) 상품·패드 상품으로, 누가 생산하느냐에 따라 내셔널 브랜드 상품·프라이비트 브랜드 상품 등으로 분류하거나 한다.

또한 바겐용으로 만든 상품인가의 여부에 따라 바겐 상품·프로퍼 상품으로, 다른 상품과 조화시킬 수 있느냐에 따라 단순상품·코디네이트(시스템) 상품으로 분류하는 등 여러 가지의 기준으로 상품을 분류하되 그 분류기준에 따라 상품전략의 기본형을 결정한다.

예를 들어 구매빈도가 높은 담배는, 루틴 상품이기 때문에 선도(鮮度)가 중요시되어 포장이 필요하며 브랜드를 고객들이 중시하기 때문에 광고를 해야 하며 자동판매기에 의해 어디서든지 살 수 있도록 루트가 좋아야 하며 가격도 가능한 한 거스름돈이 없도록 해야 하며 손님의 편의를 고려해 배송(配送) 시스템을 완비하는 등 다각적으로 마케팅 전략을 세워 나간다.

그리고 상품전략의 하나로서 구색 갖추기(상품 믹스) 전략이 있다. 기업이 어떠한 상품군(商品群)을 갖는가 하는 전략이다. 예를 들어 단품(單品) 경영으로 성공하더라도 기업을 오래 존속시키기 위해서는 단품만으로는 매출의 하락이 염려되기 때문에 취급상품을 늘려나가는 전략을 통상적으로 채택한다.

그러나 구색 갖추기 전략은 속속 신제품을 도입해서 상품 라인을 늘리는 한편 팔리지 않는 상품은 생산을 중지하고《제품 드로핑 전략》기업규모에 따라 취급상품의 수효와 밸런스를 조정한다. 이러한 취급상품의 조정활동이 말하자면 구색 갖추기 전략이다. 구색 갖추기 전략에 의해 그 기업의 사업전략이 결정되기 때문에 기업에 있어서는 최고 수준의 의사결정이 되는 것이다.

구색 갖추기 전략에서 가장 주의해야 할 점은 기업은 연륜이 쌓일수록 구색 갖추기가 확대되며 사원들조차도 자사의 상품을 다 모를 정도로 품종이 팽창한다. 그렇게 되면 재고는 늘어나고 효율의 악화로 코스트는 올라간다. 최근 특히 화제가 되고 있는 상품의 리스트럭처링(restructuring)은 이 문제를 해결하려는 사고라고 할 수 있다.

그러나 구색 갖추기 확대의 코스트만을 생각하면 상품전략은 축소 재생산 사이클에 빠지게 된다. 신제품을 끊임없이 도입하지 않으면 기업의 장래를 감당해 나갈 상품이 결여되기 때문에 어떻게 해서든지 기업을 지탱하는 상품을 개발, 도입하지 않으면 안된다.

이것은 모든 상품에 해당되는 일이지만 상품에는 수명이 있으며 언제까지나 계속해서 잘 팔리고 기업을 받쳐 주는 상품이란 있을 수 없다.

그 뿐만이 아니라 상품에는 유행이 있으며 항상 진화하는 데다가 새로운 기술력으로 느닷없이 라이벌 상품이 출현하는 경우도 있어서 언제 재고상품이 없어질는지 모른다.

상품간 경쟁도 치열하여 구상품에만 매달려 있으면 기업이 쇠약해지는 것은 당연한 일이므로 신제품에 기업의 장래를 맡기지 않을 수 없다.

그러나 신제품이라고 해서 발매만하면 다 팔리는 것은 아니다. 실패할 확률이 높고 위험성이 많은 전략이 신제품 도입전략이다. 실패하면 모든 노력과 자금은 수포로 돌아가게 된다. 실패의 최대 원인은 상품 자체의 질이 좋지 않기 때문인데 많은 시간과 인재와 자금을 투입해서 개발했는 데도 팔리지 않아 실패한다. 무엇이 소비자를 만족시키는지도 모르고 경영자의 독단이나 기술자의 기호에 따라 상품을 개발하는 경우가 많아 마케팅의 발상이 결여되고 있는 것이다.

이밖에 신제품 도입에서 실패하는 원인으로서는 마케팅 그 자체의 실패라든가 발매시기의 부적(不適), 라이벌 기업의 격렬한 반응, 톱이나 조직 내의 지원부족, 도매점이나 소매점의 반발, 기존상품과의 마찰, 영업사원의 교육부족 등이 있다. 대개의 경우 여러 가지의 요인이 겹쳐 실패하게 된다.

만일 투자액이 큰 상품에서 실패하면 경영악화에 빠지는 경우도 흔히 있다. 이와는 달리 신제품 개발로 기울어 가던 회사를 기사회생(起死回生)시키는 경우도 많다.

신제품의 성공으로 기업이 회생한 최근의 예로서는 아사히 맥주의 슈퍼드라이, 칼피스의 칼피스 워터, 미놀타의 α-7000, 빅터의 VTR 등이 있다. 이에 반해 신제품 도입 실패의 케이스는 너무나도 많다.

신제품 도입 실패에 의한 거액의 손실을 조금이라도 줄이기 위해 고안된 것이 테스트 마케팅이다. 신제품의 본격적 도입이나 전국 판매에 들어가기 전에 신제품이 팔릴 것인지의 여부를 한정지역에서 시험적으로 판매해 보고 점검하는 일이다. 체크된 항목은 마케팅이나 상품에 관계되는 모든 것을 분석해서 수정한다.

테스트 마케팅은 특정기간이나 한정지역 내에서 각종 마케팅 요소를 컨트롤하면서 실시하기 때문에 비용은 전국 판매나 본격적인 도입에 비해 매우 적다. 테스트 마케팅을 1~2년 계속하는 경우도 있는데, 이는 신제품 도입전략이 얼마나 중요하며 판매에 실패할 경우 얼마나 타격이 큰가를 말해 주고 있다.

4. 상품 라이프 사이클 전략

대개의 상품에는 수명이 있다. 변함없이 오랫동안 팔리는 장수상품도 있지만 이것은 예외적이다. 대개의 상품은 소비자에게 널리 인정받은 후 비로소 급성장하는데 어느 정도 보급되면 성숙기를 구가하다가 소비자가 싫증을 느껴 눈밖으로 밀려나면 완전히 소멸되어 버린다. 이와 같은 일련의 진행과정을 라이프 사이클(수명)이라고 한다.

마치 인간의 일생과도 같은 사이클을 그리는데, 인간과 상품과의 가장 큰 차이는 상품은 새로 태어나거나 전혀 다른 상품으로 변신할 수 있다는 점이다. 예를 들어 축음기(蓄音機)는 스테레오로, 그리고 CD 플레이어로 새로 태어났다. 이처럼 몇백 년 동안 변신을 거듭하면서 상품이 생명을 유지해 오는가 하면 대개의 상품은 생산이 중지되고 새로운 상품과 세대교체를 하게 된다.

통상 마케팅에서는 상품의 라이프 사이클을 탄생기, 성장기, 성숙기, 쇠퇴기의 4기로 나누어 전략에 이용한다. 각 시기에 따라 마케팅 전략을 바꿔 소비자의 만족을 얻어 보다 훌륭한 마케팅 성과를 추구해 나간다.

마케팅에서 상품의 라이프 사이클을 고려하는 이유는 시장이 상품을 받아들이는 정도의 차이에 따라서 소비자를 만족시키는 방법이 전혀 다르기 때문이다.

신제품이 발매되는 시점에서는 지명도를 높이는 것이 중요하며 소비자로부터 상품의 싫증이 확인되면 새로운 상품의 건의를 제안받거나 디자인을 바꿔 유행을 창조해 내는 것도 필요하다. 상품의 라이프 사이클 탄생기에는 발매될 때까지의 연구·개발, 설비투자, 발매 직전까지의 광고비, 상품 발표회의 비용 등 막대한 경비를 투입했기 때문에 그 비용을 한시라도 빨리 회수하고 싶은 생각에서 단지 상품의 지명도를 높여 시용구매(trial buying)에 치중하는 전략을 쓰게 된다.

예를 들어 신문기사나 뉴스로 다루어지면 소비자로부터 신뢰를 얻기도 쉽고 상품명도 기억하기 쉬워 퍼블리시티(기업에 있어서는 무료선전이 됨) 전략이라든가, 상품의 사용방법을 판매원들에게 교육시켜 상품에 대한 친밀감을 갖도록 하는 교육전략이라든가, 대대적인 캠페인을 펼쳐 단시간 내에 지명도를 올리는 전략을 세울 수 있다.

매스컴에서 다루어져 크게 히트한 상품으로는 루빅 큐브(쓰쿠다 제품)나 알카리 이온 정수기 등이 대표적인 예이다. 소비자 교육을 실시해 성공한 예로는 야마하의 피아노 교실이나 일렉톤 교실, NEC의 퍼스콤 교실 등이 있는데 이런것들은 상품이 보급되는 시기에 압도적인 점유율을 획득하기 위한 토양조성의 작업이다. 상품발매를 전후로 대대적인 광고를 실시해서 단번에 톱이 되어 계속 독주해 온 상품으로는 포카리스웨트, 전탁(電卓)의 카시오, 하우스 식품 등의 제품들이 있다.

상품의 라이프 사이클 성장기에는 초기 투자를 겨우 회수하는 단계이며 매출이 급상승하면 톱 기업은 더욱 시장점유율을 확대시켜 나가는 반면 탈락되어 가는 기업도 속출되는 시기이다. 이 시기의 마케팅 전략의 기본은 상대 기업을 누르고 자사가 유리한 위치에 올라설 수 있는 체제를 빨리 확립시키는 것이 명제(命題)이다.

대량생산, 대량광고, 대량유통, 대량판매라는 대량의 목표를 지향하되 저가격으로 더욱 폭을 넓혀 많은 상품을 팔거나 판매 루트를 계열화하거나 영업력을 집중시켜 상대 기업을 제압하거나 한다. 소위 파워의 마케팅 전략인 것이다.

상품의 라이프 사이클이 성숙기에 이르면 기업간의 기술격차는 축소되고 브랜드명이나 기업의 이미지 등 소프트면에서의 격차는 더욱 확대된다. 신제품 전략도 색상, 디자인, 사이즈, 편리성 등의 사소한 특색으로 차이점을 강조하는 제품 차별화 전략이 많아지고 한편 시장도 여러 가지의 기준으로 분활되며 그 분활된 시장에서 최고의 점유율을 획득하려는 시장세분화 전략이 중심이 된다.

상품의 이용면에서의 제안 마케팅도 활발히 전개되며 섬세한 전략과 가려운 곳을 긁어 주는 식의 전략이 두드러지게 나타난다. 상품 라이프 사이클의 성숙기에는 소비자를 제일의(第一義)로 생각하는 마케팅 지향의 기업이 시장점유율을 확대하게 되며 이로 인해 마케팅면에서의 기업간 격차가 확대된다.

성장기에는 경쟁에 패하여 탈락되는 기업도 많지만 성숙기에는 느린 속도로 기업간 격차가 확대되어 경쟁에 지고 있던 기업들도 다각화(多角化) 등을 시도하기 때문에 상품의 매출부진만으로는 쉽게 도산되지 않으며 참여한 기업의 철수도 그다지 눈에 띄지 않는다.

이 시기에는 상품의 라이프 사이클의 자그마한 변동이 흔히 발생한다. 시장점유율의 측면에서 분석해 보면, 성숙기간 중 작은 변동의 하강 국면 속에서 유력한 기업들이 저력을 보이면서 시장 점유율을 상승시키는 형태가 많다. 이렇게 되풀이하면서 서서히 톱 기업은 시장점유율을 확대시켜 나간다.

상품 라이프 사이클이 쇠퇴기에 접어들기 직전부터 매출의 둔화가 보이기 시작하며 각 사, 특히 하위 메이커의 이익률은 현저히 저하되는 경향을 보인다. 매출실적이 전년대비 마이너스를 시현하는 시점부터 상품의 라이프 사이클은 쇠퇴기에 돌입한다.

쇠퇴기에는 각 사가 대폭적으로 이익의 감소를 보이며 최후에 가서는 톱 기업이 이익의 감소를 경험한다는 패턴을 보여 준다. 톱 기업이 계속 적자를 보면 상품의 라이프 사이클은 완전히 쇠퇴기에 들어서게 된다. 중소기업은 걷잡을 수 없는 적자 때문에 차례차례로 도산되거나 철수가 진행된다.

쇠퇴기가 되면 업계 전체적으로 일치·단결하는 경우가 많고 업계적으로 정부에 정책 지원금이나 보조금을 요구하는 움직임이 활발해진다. 행정에의 의존이 높으면 기업 스스로의 자조노력이 결여되기 시작해서 정치가와의 유착(癒着)에만 전념하게 되고 자력 갱생의 길은 끊어져 결국 업계 경영자만이 비만해지는 구도가 되는 것이다. 지난날 이와 같은 사례는 너무도 많았다.

상품의 라이프 사이클이 쇠퇴기에 들어섰다고 해서 곧바로 시장이 소멸되거나 상품의 생산이 중지되는 일은 별로 없다. 대개의 경우 서서히 쇠약해져 간다. 이러한 상황에 업계 전체가 빠져들어 갈 때 개중에는 쇠퇴에 도전해서 필사적인 자구노력을 기울이는 기업도 있다. 축소되어 가는 시장에서 높은 점유율을 유지하면서 조금이라도 오래 살아남아 보려고 발버둥치는 것이다.

예를 들어 마쓰시다 전기산업의 다리미 사업부가 그 좋은 예이다. 다리미가 이 세상에서 사라지는 일은 없겠지만 시장은 좀처럼 확대되지 않고 가전상품 중에서는 이미 쇠퇴상품 범주에 속한다. 따라서 각 가전 메이커들도 생산에 힘을 쏟지 않으며 대형 가전 메이커 중에는 생산을 중지한 곳도 생겼다.

이런 상황 속에서 마쓰시다의 다리미 사업부는 라이벌 가전 메이커의 다리미 OEM 생산(상대편의 브랜드로 생산)을 인수하여 시장점유율을 확대하는 한편 스스로 신제품을 개발해서 작은 연못 속의 큰 잉어가 되는 전략을 채택했던 것이다. 예컨대 스팀 다리미나 여행용 다리미, 옷걸이에 옷을 걸어둔 채 사용할 수 있는 다리미, 무선 다리미 등 신제품을 속속 개발해 매출액을 끌어올려 현재는 마쓰시다 전기산업 중에서도 고수익 사업부가 되었다.

상품의 라이프 사이클이 쇠퇴기에 접어들면 라이벌 기업과 합병해서 모든 경비를 억제하고 규모의 메리트를 살리려는 전략도 많아진다. 또 비용절감을 추구하기 위해 해외에 자회사(子會社)를 설립하여 생산을 해외에 떠넘기는 일도 많다. 쇠퇴기에는 판매가격도 오르지 않기 때문에 코스트 다운을 염두에 두지 않을 수 없다.

상품의 라이프 사이클은 이러한 패턴을 나타내면서 소멸해 가는데 그 소멸해 가는 패턴도 각양각색이다. 3년에서 5년 사이에

라이프 사이클이 끝나는 형이 있는가 하면 한 시즌 동안 크게 히트를 치다가 소멸되는 형도 있다.

그런가 하면 일정한 상품수명이 있는 것이 아니라 끊임없이 팔리거나 또는 주기적으로만 팔리는 상품도 있다. 즉 주기적으로 매출이 변동하는 주기 변동형 상품, 이를 테면 아이스크림 같은 것이 있다. 단 아이스크림 그 자체는 주기적으로 변동하지만 아이스크림의 브랜드에는 상품수명이라는 게 있어서 단명으로 끝나는 경우가 있다.

또 특정 시즌에만 팔리는 계절형 상품, 그리고 매년 일정하게 팔리는 상품 등이 있다.

그러나 대부분의 상품에는 수명이 있기 때문에 기업으로서는 상품의 모델을 바꿔서 연명책(延命策)을 강구하려고 노력한다. 즉 라이프 사이클의 연명전략이다. 예를 들면 단순한 햄버거에다가 슬라이스 치즈를 끼워 넣어 치즈버거로 판다거나 고기를 두 조각 끼워 넣어 더블 버거라는 이름으로 판다거나 생선 후라이를 햄버거 속에 넣어 피시버거로, 치킨을 넣어 치킨버거로, 생선에 양념장을 발라 구운 것을 곁들인 데리야키버거 등 각양각색의 햄버거를 선보여 기묘한 연명전략을 시도하고 있다.

특히 최근에는 상품의 라이프 사이클의 수명이 짧아지는 단축화 경향이 두드러지고 있다. 유행가가 그 대표적인 케이스로서 옛날 같으면 1년 또는 2년 정도는 유행했지만 1965년경에 이르러서는 3개월 정도로 단축되었으며 오늘에 이르러서는 고작 2개월에서 1개월 사이에 수명이 끝나 버리는 곡들이 허다하다. 그래서 마케팅 전략도 상품 라이프 사이클의 단축화 경향에 맞춰 목표를 세워 판매하는 것이다. 다시 말해서 시간과의 싸움 속에서 마케팅 전략을 세우고 실시한다는 것이다.

5. 프로모션 전략

프로모션이란 세일즈 프로모션〔販賣促進〕의 생략형으로서 상품, 가격, 영업 이외의 수단으로 매출액을 증가시키려는 방법을 말한다. 그 내용은 좁은 의미의 판매촉진과 광고, 그리고 퍼블리시티에서 성립되는데 마케팅 중에서도 가장 화려한 분야의 활동이다.

판매촉진은 넓은 의미에서는 광고나 퍼블리시티를 포함하는 것이지만 좁은 의미에서의 판매촉진은 캠페인이나 경품, 시공품(試供品), 전시회, 쿠폰 등 매출증가에 직결되는 활동을 총칭하는 용어가 된다. 광고는 TV나 잡지, 신문 등의 광고매체를 이용해서 행하는 선전활동인데 20세기의 문화를 대표하는 활동이라고까지 말하는 광범위한 마케팅 활동이다.

퍼블리시티는 이미 언급한 것처럼 기업측이 경비를 별로 투입하지 않고 선전할 수 있는 것으로서 뉴스나 신문기사로 다루어져 무료로 기업활동이 소개된다. 소비자들은 자연스럽게 이것들에 접촉함으로써 마치 선전과 같은 충동을 받아 매출증진에 기여하는 효과적인 활동이다.

이상과 같은 세 가지의 것을 총칭하여 프로모션이라고 부르며 현대 마케팅 전략상 빼놓을 수 없는 활동이다. 프로모션에 자금을 투입하여 투입한 경비 이상으로 매출액을 올리거나 이미지 향상을 실현시킨다. 따라서 프로모션 전략의 좋고 나쁨으로 마케팅 효과가 크게 달라지는 것이다.

예를 들어 소니는 레코드에서 CD로 상품이 교체될 때 CD플레이어를 생산하는 소니와 CD소프트를 생산하는 소니뮤직이 공동으로 강력한 캠페인《프로모션 전략》을 전개했다. 전문가들 사이에서는 레코드에서 CD에의 교체는 적어도 최저 5년은 걸릴 것이라고 예상했지만 불과 1년 정도로 검은 도넛형의 레코드를 소멸시키고 CD에로 완전히 대치했다.

소니가 매스컴을 통해 지루할 정도로 CD의 장점을 어필《퍼블리시티 전략》하고 절묘한 광고전략과 신제품 전략으로 CD 붐을 조성해서 신곡(新曲)은 CD로 발매한다는 철두철미한 작전을 세워 종횡무진으로 팔았던 것이다.

소비자들 중 각별히 음질에 관심이 있는 사람들은 CD를 사들였고 이들 사용자들이 오피니언 리더(opinion leader)가 되어 유행을 확산시킴으로써 프로모션 전략을 커뮤니케이션의 확산으로 전화(轉化)시키는 데 성공했다. 그 결과 CD가 완전히 소비대중을 제패해 레코드는 순식간에 시장에서 소멸되고 말았다. 레코드용의 음향기기나 레코드는 소비자에게 모두 쓸모없게 되었지만 소비자의 저항을 그다지 심하게 받지 않고 교묘한 프로모션 전략에 의해 CD시대를 맞이할 수 있었다.

그런데 좁은 의미에서의 판매촉진은 광고보다도 매출액 증가에 직결되는 일이 많아 프로모션 효과도 측정하기 용이하다. 광고는 성공만 하면 판매촉진 이상의 큰 효과를 올릴 수 있으나 대부분의 광고는 매출액 증가에 결부되지 못한다. 아니 매출액 증가에 결부되는지조차도 모를 경우가 많다.

광고는 판매촉진에 비하여 이미지 향상에 도움을 주는 쪽이며 광고에 대한 소비자의 기억은 강하게 남는다. 광고비용은 대단히 높으나 단번에 지명도를 높여 최고라는 이미지를 쌓아 올릴 수 있다. 그러나 광고에 대한 소비자의 신뢰성은 과장된 것인지도 모른다는 생각 때문에 비교적 낮다. 반대로 퍼블리시티는 뉴스나 신문기사 등으로 소개되기 때문에 매스컴 자체에 대한 신뢰성이 퍼블리시티에까지 파급되어 광고나 판매촉진보다 높은 신뢰성을 갖는다.

기업의 프로모션 전략은 이들 세 가지의 활동을 적절히 활용해 전체적으로 유효하게 작용할 수 있도록 프로모션 믹스를 테마로 한다.

예를 들면 니혼 맥도널드가 경영하는 세계 제일의 완구 전문점인 도이자라스(トイザラス)의 일본 법인은 나라(奈良) 현 가시하라(橿原)점의 개점일자를 당시 부시 미국 대통령의 일본 방문일에 맞춰 개업 축하 인사를 하도록 계획했다. 이 사실이 알려지자 일본 매스컴들이 일제히 기사화하는 바람에 일본에서 퍼블리시티 역사가 생긴 이래 최대의 퍼블리시티로 기록되었다. 또 도이자라스는 일본 진출에 앞서 2년 전에 이 문제를 발표함으로써 매스컴의 화제가 되었고 소매업자뿐만 아니라 일반 시민들에게까지 도이자라스의 지명도가 상승할 만큼 퍼블리시티 효과를 노렸다.

도이자라스는 미국에서도 신문에 끼워넣는 광고에 매우 유명한 기업이지만 일본에서도 이러한 프로모션 활동을 실시하여 일본 완구업계가 생긴 이래 획기적인 캠페인을 전개했던 것이다.

일본 도이자라스의 판매촉진정책은 디스카운트 그 자체를 판매촉진의 중심에 둔 전략이었다. 매장의 천정까지 상품을 쌓아올리는 대량진열방식과 창고형의 저코스트 점포의 검소한 내장(內裝)으로 값싼 인상을 강조하는 이미지의 판매촉진전략이다. 판매촉진책으로서 저가격 보증 서비스를 실시했고 만일 동일한 경쟁상품이 도이자라스의 상품보다 쌀 경우에는 타점의 선전용지나 전단을 가져오면 그 차액을 즉석에서 반환해 주었다.

이와 같은 프로모션 전략들이 적중해서 개점일에는 약 2만 명의 고객이 내점했으며 개점 닷새 동안에 무려 11만 명이 점포를 찾았다. 마침내 미국의 도이자라스를 상회하는 성적을 올려 일본 완구 소매점 업계의 지각변동(地殼變動)을 가져온 계기가 되었다.

6. 광고전략

프로모션 전략 중에서 가장 화려한 것이 광고전략인데 이 전략에 성공만 하면 예상을 뛰어넘는 성과를 올릴 수 있다. 단 한 구절의 캐치프레이즈로 매출액이 무려 10배 이상으로 껑충 뛰어오른 후 지모토의 핍프에레키반의 "회장(會長)！"의 예를 인용할 필요도 없이 광고효과의 위력은 대단한 것이다. 특히 매스컴이 발달된 오늘날 광고효과가 대단히 큰 반면 예상이 빗나가는 경우도 있지만 어쨌든 날이 갈수록 도박성향의 색채가 농후해지고 있는 것이 사실이다.

오늘날 광고정책은 매스컴에 대한 의존도가 강해졌으며 광고 관계자들은 매스컴을 어떻게 유리하게 활용해서 광고효과를 높일 것인가에 대하여 최대의 관심을 기울이고 있다. 앞으로도 광고의 매스컴 의존도는 계속 높아질 것이다.

신제품을 발매할 경우, 매스컴에 의한 광고전략의 중요성 때문에 초년도의 목표 매출액을 훨씬 웃도는 광고투자를 하는 기업도 많은데 결코 신기한 일은 아니다. 그러나 광고전략이 실패로 끝 나면 비참한 결과를 초래하는데 투입한 광고비를 비롯하여 신제품 개발비, 신제품 생산비 등을 고스란히 손해보고 팔리지 않은 상 품의 재고만 남게 된다.

이처럼 예상이 빗나가는 불확실한 광고를 최대한으로 억제하고 확실성이 높고 꾸준히 매출액이 상승되는 판매촉진분야에 비용을 보다 많이 투입하는 경향이 늘고 있다.

　광고는 비용을 많이 들인다고 해서 성공률이 높은 것이 아니며 광고를 많이 한다고 해서 지명도가 높아지는 것도 아니다. 오히려 막대한 광고비 부담으로 경영에 적지 않은 타격을 주는 일도 있다. 그리고 한 번 광고로 성공을 거두면 좀처럼 광고예산을 줄이기 어려워 마치 마약처럼 상습화할 가능성이 높다. 하나의 예로서 로도제약(ロ一ト製藥)은 광고비가 매출액의 20% 이상에 달한 적도 있다.

　이처럼 광고는 모험성을 수반하고 막대한 비용이 들어 매우 어려운 문제이지만 일단 성공했을 때의 매력은 대단히 크기 때문에 프로모션 전략 중에서 광고전략이 항상 중심이 되고 있다.

　일본에서는 TV에 대한 시청률이 높고 신뢰도나 사회적 영향력도 강해 TV광고는 최대 최강의 광고매체가 되고 있다. 영상과 음악과 캐치프레이즈가 믹스된 일본의 TV광고의 수준은 세계 제일이며 미국 이상으로 현대문화를 만들어 내는 측면이 강하다. 특히 소비문화에의 광고의 영향은 크고 광고에 의해 시장이 생성되기도 하며 소비자 행동까지도 크게 변화시키고 있다. 기업이 붐을 만들어 내는 붐 메이킹(boom making) 마케팅도 일본에서는 TV를 통해 그 대부분이 이루어지고 있다.

　또 현대의 기업은 글로벌화를 지향하고 있어서 기업이 대상으로 하는 소비자도 전세계적으로 확대되고 있다. 그렇기 때문에 기업명이나 브랜드명을 통일시켜 두지 않으면 광고전략은 어느 나라에 상륙하더라도 효율이 나빠진다. 예를 들어 마쓰시다 전기산업은 일본에서는 마쓰시다라든가 내셔널로 통하지만 해외에서는 전혀 통하지 않고 오직 파나소닉으로만 통한다. 이렇게 되면 외국인이 일본에 와서 내셔널 광고를 보고도 파나소닉과 동일한 브랜드란 사실을 모르기 때문에 마쓰시다로서는 불이익을 보게 된다. 이와 같은 경우가 산요전기와 피셔, 닛산과 닷도산, 도쿄해상과 도쿄마린이다.

또 세계인들에게 기업명이나 브랜드명을 인지시키기 위해서는, 그 나라 국민들이 쉽게 읽고 쉽게 발음할 수 없다면 이것 역시 불이익을 보게 된다. 히다치는 일본인들은 쉽게 히다치라고 발음할 수 있지만 불어로는 이다치가 되며 이토쥬(伊藤忠), 이토요카도, 이시가와지마 하리마 쥬고(石川島播磨重工) 등은 상호가 너무 길어 외국사람들이 읽기 거북하며 가령 이시가와지마 하리마 쥬고를 IHI라고 약칭(略稱)하더라도 그 의미를 알 수 없어 결과적으로 소비자에게 불편을 주며 소비자를 무시한 사명(社名)이라는 비판을 면치 못할 것이다.

사명은 기업에 있어서 전통과 관계되기 때문에 쉽게 바꾸기는 어려울지 모르지만 읽지 못하거나 읽기 힘들거나 영어로 표기했을 때 의미를 알 수 없다면 소비자를 무시한 처사로 비난받아 마땅하다. 세계 어떤 나라의 소비자라도 읽기 쉽고 발음하기 쉽게 사명이나 브랜드명을 바꿔 주는 철저한 소비자 지향이 마케팅에서는 절대로 요구된다.

외국인들이 읽기 거북하고 발음하기 어렵다면 알파벳의 생략형으로 표기하면 될 것이 아니겠느냐고 하겠지만 외국인으로서는 무슨 단어의 생략형인지도 알 수 없는 것이다. 생략형으로 세계에 통하는 사명은 IBM이나 NCR 정도인데 GM의 경우도 보통 풀스펠(fullspell)로 발음하고 표기한다.

일본인들은 전통적으로 이상하리만큼 생략형을 좋아하는데 글로벌화할 경우 생략형은 사용하지 않는 것이 좋다. 또 기업이 글로벌화할 때 유의해야 할 것은 이미지 광고는 일본에서만 통용된다는 사실이다. 이미지를 공유할 수 있는 일본인들끼리라면 이미지 광고의 효과는 크다고 할 수 있겠지만 외국에서는 전혀 통하지 않으며 글로벌의 광고전략으로서는 실격이다.

최근 화제에 오르고 있는 코퍼리트 아이덴티티 시스템(C.I.S) 또는 CI로 생략하는 경우도 있다)은 애써 도입했는데도 실패하는 경우가 많다. 일본은 옛부터 가문(家紋)이나 사장(社章) 등으로 친밀감을 나타내며 활용해 왔다. C.I.S의 붐으로 대부분의 회사들이 최근들어 속속 도입하고 있는데 회사에 따라서는 몇 번씩이나 C.I.S의 변경을 되풀이하기도 한다. 대부분 많은 자금을 투입했으나 효과는 없고 거기에다 똑같은 C.I.S의 전문회사에 의뢰하기 때문에 비슷한 디자인이 나와 차별화 전략은 고사하고 동질화 전략이 되고 있다. 몰개성으로 설득력이 없는 이미지 개악전략(改惡戰略)이 되는 경우가 많다.

광고의 기본은 타사와의 차이점을 소비자에게 이해시키는 행동이다. 그런데 C.I.S를 도입해서 몰개성형의 동질적인 C.I.S가 된다면 그것은 해(害)가 될지언정 결코 익(益)이 될 수 없는 무의미한 투자이므로 C.I.S 개발회사에 헛되이 기부해 준 격이 되고 만다.

광고의 기본의 또 하나는 소비자에게 정보를 제공해 주는 일이다. 그런데 일본의 광고는 자칫 이미지 광고로 흐르기 쉬워 정보제공기능(경우에 따라서는 설득기능)을 경시하는 경우가 있다. 재미있기만 한 아무 의미도 없는 캐치프레이즈가 크게 히트쳐 매출액이 오른다면 그쪽으로 쏠리는 것이 광고대행사와 스폰서 기업들이다.

그러나 광고의 기본에서 이탈하면 손실이 크기 때문에 소비자에게 ‘알린다’, ‘이해시킨다’는 광고의 기본을 절대로 잊어서는 안되는 것이 광고전략이다. 멋부려 지명도만 높이려 하지 않고 광고의 기본을 충실히 준수하는 것이 마케팅에 대한 기업의 자세이며 소비자에게 정직하게 전달함으로써 소비자의 평가도 높아진다.

잔재주를 피우거나 기본을 망각하기 쉬운 것이 광고이다. 그렇기 때문에 기본자세가 무엇보다도 중요하다. 한 번 무너지기 시작하면 철저히 무너져 버리는 것이 광고인데 기본을 문란케 하는 자세는 비단 프로모션 부문만이 아니라 암세포처럼 기업 내부 여기저기에 전이(轉移)되는 것이다.

7. PR전략

소비자와의 사회적 커뮤니케이션을 좋게 하려는 활동을 퍼블릭 릴레이션즈(Public Relations) 전략이라고 한다. PR이 일본에서는 선전(宣傳)이라고 번역되는 경우가 많은데 선전과는 전혀 다른 기업의 사회적 활동이다.

PR은 옛날부터 소수의 기업에서 시도해 왔으나 진정한 의미에서 일반적으로 클로즈업되어 기업이 본격적으로 PR활동에 관심을 가지게 된 것은 1989년경이다. 기업은 사회환경 속에서 살아가기 때문에 이러한 사회환경과의 관계를 양호하게 유지하지 않으면 안된다. 그러기 위해서는 기업이 사회적으로 책임을 다해야 하며 소비자나 지역주민들에게도 좋은 회사가 되어야 한다. 그 일환으로서 퍼블릭 릴레이션즈(사회와의 관계)를 구축해야 된다는 발상이다.

예를 들어 소비자 상담창구의 설치, 문화·교육활동의 후원, 자선사업에의 참여, 공장주변의 주민들과의 접촉기회 마련, 쓰레기 수거, 사회적 교육기관에의 기부금 제공, 거리 가꾸기의 협력, 본사건물 내의 퍼블릭 공간의 할애, 공장견학, 기업 내 의료시설의 주민대상 개방, 문화시설의 설립 등 여러 가지 활동이 행해지고 있다.

최근 기업 내에서 화제가 되고 있는 메세나(mecenat) 또는 자선활동도 퍼블릭 릴레이션의 수단이다.

원래 메세나 또는 자선 등의 PR활동은 기업이 적자를 본다 해도 기업의 사회적 책임을 다한다는 견지에서 지출하지 않으면 안될 예산이다. 그러나 일본의 기업들은 단순히 프로모션 전략의 일종으로 PR전략을 이해하고 있으며 자금이 딸리면 미련없이 단절시켜 버린다. 이것은 매우 잘못된 일로서 PR은 그처럼 단기적인 이익추구를 위한 수단이 아니다.

PR을 지속적으로 실시함으로써 그 기업이 사회 속에서 살아 움직이고 있다는 것을 증명하는 것이며 PR활동은 반대급부를 기대하지 않는, 즉 불교용어로 말하면 시혜(施惠)와 같은 것이다.

PR예산은 처음부터 결정해 두어야 하며 이익이 생겼으니까 그 이익의 일부를 PR예산으로 할당한다는 식의 발상은 잘못이다. PR은 기업이 존속하는 한 영속적으로 실시해야 하는 것으로서 이익이 있을 때에는 실시하고 이익이 없을 때에는 중단한다는 사고로는 PR이 되지 않는다.

또 PR을 매스컴을 이용한 광고로 사용해서도 안된다. 예를 들어 맥도널드의 "당사는 빈깡통을 회수하고 있습니다"라는 광고 캠페인이나 산토리의 버드워칭(birdwatching)이나 시리즈 광고형태로 메세나 활동을 전개해서는 안된다는 것이다. 또 자선활동 등에 자사의 사명(社名)이나 브랜드명을 넣어 주지 않으면 경비를 대주지 않겠다는 기업도 있는데 이것은 전혀 PR의 근본이념을 이해하지 못한 처사이다.

또 공적(公的)인 관계를 좋게 한다는 것을 이유로 정치와의 관계를 강화하거나 특정의 사상운동과의 제휴를 도모하는 것도 허용할 수 없는 일이다. 기업은 정치단체나 종교조직과는 달리 비즈니스를 추구하는 업체이기 때문에 비즈니스 활동에 정치나 종교의 색채를 띠어서는 안된다. 비즈니스에 특정의 정치사상이나 종교 등의 판단기준을 끌어들이면 다른 정치사상이나 종교집단을 배제하는 것이 되므로 폭넓게 사회인들과 관계를 유지하려는 PR의 사상과 배치(背馳)된다.

예를 들면 생협활동(生協活動)을 중심으로 하는 코프(cooperative) 조직도 공산주의나 사회주의와의 연계에서 구축된 활동이기 때문에 하나의 정치, 하나의 사상운동의 일환으로서의 전개로 끝나야 하며 마케팅 사상을 통해서의 기업의 존속을 시도하는 기업의 마케팅과는 근본적으로 상반된다.

지금까지는 머리속으로만 PR을 이해해 왔는데 진정한 의미에서의 PR활동은 이제 시작단계로서 앞으로 발달할 마케팅 영역에 속한다. 앞으로는 PR에의 행동 여하에 따라 기업이 평가되리라고 생각한다. 또 에콜로지(ecology) 문제에의 관여도 PR활동의 하나로 이처럼 계속 환경이 악화된다면 마케팅의 최대 관심사가 되어 더욱더 PR의 중요성은 더해 갈 것이다.

8. 가격경쟁

마케팅 활동을 압축한 기본활동은 상품(또는 서비스)과 돈과의 교환활동이다. 그리고 교환을 성립시키는 제일의 조건은 얼마로 매매하느냐의 가격문제에 귀착된다. 이 때문에 가격문제는 마케팅만이 아니라 비즈니스나 경제학에 있어서도 중요한 테마의 하나로 제기된다. 특히 경제학에서는 가격이 최대, 최고의 테마이다. 그러나 마케팅에서 가격은 중요한 테마이기는 하지만 많은 테마 중의 하나에 지나지 않으며 경제학과 비교할 때 단순히 마케팅의 여러 가지 요소 중의 하나에 불과하다.

마케팅에 있어서 가격이 가장 중시되는 때는 기업이 어느 정도의 값으로 상품을 팔 것인가를 결정할 때이다. 따라서 가격결정 방법의 테크닉이 수없이 개발되고 있다. 또한 가격결정에 관한 이면활동을 포함한 가격전략도 많이 개발되고 있다. 예를 들면 재판매가격 유지행위나 카르텔〔談合〕 행위, 백마진(back margin, 이익의 일부를 되돌려 주는 할인제도 : 옮긴이)이나 위탁판매, 반품을 감안한 가격결정 방법 등이다.

마케팅에서의 가격전략은 다른 마케팅 전략과 연계시켜 실시하는 경우가 많다. 예를 들면 가격 자체를 고객을 흡수하기 위한 판매촉진을 위한 수단의 하나로 하거나 상품의 질(質) 전략과 결부시켜 고가격 전략을 채택하거나 유통채널전략으로서 활용하거나 영업전략과의 관련으로 시장점유율을 전개하거나 한다.

또 마케팅에서 가격은 변경할 수 없는 절대적인 것이 아니라 상황에 따라 변경되는 경우가 많다. 특히 업자간의 납품가격이나 소매점의 점두가격은 변동되는 경우가 많으며 학문적 주장보다는 현실을 우선하는 사고가 마케팅 이론에서는 강하다고 할 수 있다.

또 소비자 문제와 관련해서도 가격을 사용하는 전략을 많이 사용한다. 예를 들어 상품이 고장났을 때의 보증가격전략, 반품시의 반금전략(返金戰略), 1그램 또는 1센티 단위의 가격을 표시해 두고 다른 상품과 가격을 비교하기 쉽게 하는 단위가격제 전략, 다이어몬드 등의 되사기 가격전략, 고품(古品)을 인수하고 신품을 팔 때의 가격전략, 크레디트 가격전략이나 전금전략(前金戰略)

등 여러 형태의 가격전략을 구사하고 있다.

그런데 마케팅에서의 가격과 경제학에서의 가격은 그 사고가 기본적으로 다르다. 경제학에서 상품〔경제학에서는 재(財)라고 말하는데 이 점에서도 마케팅과는 다르다〕은 값싸면 팔리고 값비싸면 팔리지 않는다는 룰을 제멋대로 상정(想定)하고 있다.

마케팅에서는 회화(繪畫)의 경우처럼 값을 높게 매기면 매길수록 손님이 기를 쓰고 덤벼들거나(물론 경우에 따라 다르지만) 높은 가격의 상품이나 낮은 가격의 상품이 동시에 팔리거나 한다. 똑같은 품질의 상품이라도 브랜드명에 따라 가격차가 생기고 똑같은 상품을 소비자가 해외에서 값싸게 구입하기도 하는데, 이처럼 가격에 큰 차이가 생기는 상품도 있다.

마케팅에서 가격은 매우 복잡하고 애매모호하며 모순에 찬 대단히 주관적인 것이다. 그러므로 마케팅 이론에서 결코 가격이론은 탄생되지 못한다. 마케팅에서 존재하는 가격문제는 가격 테크닉뿐이다.

마케팅의 가격과 경제학의 가격의 최대의 차이는, 경제학에서는 같은 상품에 다른 가격을 똑같게 설정하는 것을 인정하지 않으며 인정했다 하더라도 균형가격으로서 하나의 수치로 수속(收束)시킨다.

그러나 마케팅에서는 똑같은 상품이라도 상점에 따라서 가격에 차이가 있다. 또 가격도 생선일 경우에는 매일 차이가 생기고 오전과 오후에 따라 가격이 변동되며 소매점에서는 오후 다섯 시경이면 파장(罷場) 가격으로 값이 계속 떨어진다. 그러나 다음 날에는 또 표준가격에서 시작된다. 즉 마케팅에서 균형가격은 전혀 무의미한데 다만 문제가 되는 것은 자사의 가격과 라이벌 기업과의 가격차이다. 그와 같은 가격차에 의하여 매출액에 격차가 생기며 심할 경우에는 도산까지도 불러들인다.

또 마케팅에서의 가격은 마케팅 믹스 요소의 하나인데 경제학에서는 경제학 이론이 모두 가격에 의해서 구축되고 있다. 그렇기 때문에 마케팅에서는 가격과 디스플레이가 서로 바뀌는 일조차 있다. 가격을 내리는 대신 슈퍼의 코너 등에 대량으로 상품을 진열해 놓으면 같은 값으로 에누리없이 대량판매할 수 있다. 또 백화점에서 상품에 스포트라이트를 비춰 멋있게 시각적으로 전시해 놓으면 보통의 상품이라도 고급스러운 분위기가 조성돼 높은 가격으로 팔 수도 있다. 선어(鮮魚)의 경우도 판자 위에 늘어 놓고 물을 뿌리면서 팔면 선도가 좋아 보여 높은 가격으로 팔 수 있고 어항같은 데 생어(生魚)를 넣어 놓으면 신선한 느낌을 주어 소비자는 가격에 구애되지 않고 사며 만족해 한다.

이처럼 마케팅의 가격전략은 질적 측면과 소비자의 주관적 측면이 강해 경제학에서처럼 현실을 외면하고 클린룸(clean room)에서 결정한 가격이론으로 경제이론을 구축하는 학문과는 전혀 다르다.

9. 물적 유통전략

상품의 매매가 이루어지면 반드시 상품의 이동이 발생한다. 이 상품의 흐름과 이에 관련되는 일을 포함하여 물적 유통이라고 한다. 물적 유통에 대응하는 말로는 상적 유통(商的流通)이 있는데 이것은 매매활동이나 전표(傳票)의 흐름, 자금이나 정보의 흐름 등을 통합하는 활동을 말한다. 쉽게 말하면 하드적인 흐름이 물적 유통이며 소프트적인 흐름이 상적 유통이다.

물적 유통을 줄여서 물류(物流)라고 부르는데 수송, 입하, 하물(荷物)의 분류, 재고, 포장, 보관 등의 활동을 총칭하는 말이다. 일찍이 이는 배송문제로 일컬어져 마케팅에서는 이면적(裏面的)인 일로 간주해 왔다. 물류의 역할은 빠르고, 정확하고, 소중히 배송하는 것으로 족했는데 타사 이상으로 보다 빠르게, 보다 정확하게, 보다 소중하게 배송해야 한다는 생각이 표면화되면서 그것을 세일즈 포인트로 삼고 장사해야겠다는 기업이 발생하기 시작했다. 이때부터 물류 문제는 이면적인 것이 아니라 표면에 등장하는 중요한 존재로 부각되었다. 즉 비즈니스 찬스로 각광을 받게 된 것이다.

그 후 물류 문제는 각종의 통계적 방법이나 경영과학이론이 도입되어 많은 학자가 연구에 착수하기 시작했다. 하드면에서도 대규모의 투자가 행해졌으며 컴퓨터도 많이 도입되었다. 그리고 각 기업은 서로 앞을 다투어 자동창고나 대형 물류 센터의 설치, 컴퓨터화한 재고 시스템의 도입, 입하·출하시의 머티리얼 핸드링 (material handling, 荷役作業의 기계화) 시스템의 도입 및 팰릿 (pallet) 시스템의 도입 등에 투자하여 물류면에서의 차별화 전략에 나선 것이다.

그 결과 단순했던 물류 문제가 물류 전략으로 크게 전환되어 마케팅 전략 중에서도 중요한 부문을 차지할 만큼 발전했다. 물류 전략으로 코스트 다운을 도모하고 보다 훌륭한 서비스를 실현시키려고 노력하는 기업들이 많아져 물류 분야에의 투자 붐이 도래했다.

그러나 자동창고의 건설이나 로봇의 도입, 신형 수송차의 도입이나 대규모 물류 센터의 개설 등 하드면의 경쟁은 경쟁 타사가 쉽게 흉내내 차별적 유리성은 곧 소멸되고 만다. 즉 단순한 효율추구만으로는 차별화가 되지 못한다. 그래서 타자(他者)가 모방할 수 없는 소프트면에서의 차별화를 기하기 위해 코스트 다운을 생각해 낸 것이 도요다의 간반방식, 이에 연동된 소형 배송 시스템, 택배편의 활용 시스템, POS나 VAN을 사용한 컴퓨터 시스템의 고도 이용의 노하우 개발 등이다.

소프트, 즉 아이디어 및 노하우는 하드처럼 간단하게 모방할 수 없으며 한 번 고도의 소프트를 개발해서 그 회사 독자의 유리성을 지니면 장기간에 걸쳐 메리트를 향수(享受)할 수 있다. 현재 물적 유통전략은 이미 소프트 전쟁이 되고 있고 지혜의 차별화 경쟁이 전개되고 있다.

물류 문제는 최근 더욱 발전되었으며 기업의 전체 전략과 결부해 로지스틱스(logistics)의 수준까지 도달했다. 로지스틱스란 본래 병참학(兵站学)을 말하는데, 전쟁 중에 무기나 음식물 등을 적에게 발견되지 않고 효율적으로 진지(陣地)까지 수송한다는 발상에서 비롯된 학문이다. 이 병참학을 물적 유통전략에 응용한 것이다.

마케팅에서의 로지스틱스는 이미 설명한 물적 유통의 기본적 기능 외에 생산계획, 인재배치, 자금계획, 판매계획, 원재료의 조달, 물류 센터의 가공작업 등을 포함한다. 이 때문에 로지스틱스는 물적 유통이라는 단순한 물건의 흐름보다 종합적인 전사(全社)의 흐름이라고 할 수 있다. 최근에 와서는 물류 회사나 창고회사 중에 '로지스틱스 컴퍼니'로 이름붙인 기업이 많아질 정도로 점차 일반화되어 가고 있다.

재고전략도 물류 유통전략에서 중요한 위치를 차지하고 있다. 도요다의 간반방식의 세계적인 유행 이래 메이커나 도매업자, 소매업자도 재고압축에 박차를 가해 소형 배송 시스템의 도입과 아울러 일본의 물류 시스템은 크게 변모되기 시작했다. 더욱이 POS 시스템을 이용한 재고 시스템의 도입으로 한층 재고압축이

가속화되어 소매점의 백룸이나 백야드(점두 뒤쪽의 재고물치장)가 대폭적으로 축소되고 점두의 안전재고(최소한의 재고수준)는 극도로 적어졌으며 이에 따라 도매점이나 메이커에서는 재고가 감소되고 있다.

재고압축에 반비례해서 증가된 것은 메이커에서는 제품 라인수(数), 소매점이나 도매점에서는 구색 갖추기의 폭(幅)이었다. 다품종 소량생산과 다품종 소량 다빈도 배송과 다품종 소량판매가 일본 비즈니스계에 확산된 것이다.

또 퀵 딜리버리(quick delivery)의 비즈니스가 야마토의 택급편 이후 물류 업계에 마치 혁명처럼 파급되어 신속(迅速)을 쟁점으로 하는 마케팅(타임 마케팅)이 붐을 일으키게 되었다. 택배편에서 자전거편, 국제편, 항공편(국내 서비스), 더욱이 택배 피자(pizza pai)나 택배 도시락 서비스 등의 음식 비즈니스에 비화(飛火)되어 마침내 전신(電信)과 결부해서 문장을 보내는 팩시밀리 비즈니스도 출현했다.

콜드 체인(냉동수송 시스템)이나 칠드(chilled) 수송, 생선 등을 산 채로 수송하는 방법도 연구되어 소비자의 생활을 변화시킬 만큼 물류 혁명이 영향을 미치게 되었다. 또 체인 스토어의 출점전략도 물류 전략과의 연동으로 입안되었고 공장건설이나 영업소 배치 전략도 물류 전략을 기본으로 해서 계획하게 되었다.

이와 같이 물류 전략은 마케팅 전략이나 기업전략 중에서도 큰 기둥이 되는 전략으로 음지에서 양지의 무대로 나아가서 공식적인 무대로까지 등장하게 되었다.

10. 유통경로전략

유통경로는 유통채널, 판매루트, 판매경로라고도 불리는데 메이커로부터 도매업자 그리고 소매업으로부터 소비자에 이르기까지의 일련의 판매활동의 흐름을 의미한다.

마케팅이 일반적으로 인지되기 전까지만 해도 유통경로는 메이커가 단지 상품을 유통시키는 파이프에 지나지 않았다. 즉 제조한 상품을 소비자에게 보내는 길이었다. 그러나 파이프도 최종 소비자가 상품을 구입해 주지 않으면 막혀 버리고 마는데 효율성있게 상품을 흘려 보내기 위해서는 파이프 자체를 재검토하지 않으면 안된다.

마케팅에서는 최종 소비자의 만족을 얻기 위해 메이커와 도매업자와 소매업자, 서로 협력해서 상품을 효율적으로 흐르게 하는 파이프의 제작이 꼭 필요하다. 이 파이프를 유통경로전략(또는 채널전략)으로 위치를 부여하고 기업전략의 하나로서 적극적으로 활용하고자 한 것이다. 그 결과 유통경로전략은 전략수단으로서 중요한 면이 많다는 것을 알게 되었으며 여러 가지의 유통경로 전략이 나오게 되었다.

전략문제에 있어서는 누가 유통경로의 주도권을 잡느냐가 대단히 중요하며 주도권을 잡는 기관(메이커인가 도매업자인가 소매업자인가)에 의하여 유통경로의 특징이 크게 달라진다. 또한 유통경로 중에서 가장 강력한 힘을 소유하고 있는 기관을 채널캡틴(channel captain)이라고 부른다.

에도 시대에는 도매업이 절대적인 힘을 지니고 오랜 세월 채널 캡틴의 자리를 지키고 있었다. 그러다가 메이지 시대에 들어와서는 정부의 식산흥업정책에 편승해서 메이커가 급속히 힘을 지니고 채널 캡틴으로 군림해 1955년대까지 절대적인 강한 권력을 발휘하기에 이르렀다.

　그런데 1955년대 중반경 슈퍼마켓의 출현과 함께 시작된 유통
혁명은 소매업의 지위를 굳혀 65년대에서 75년대에 걸쳐 급속히
세력을 강화해 상품분야에 따라서는 소매업자가 채널 캡틴이 되
기도 했다. 1989년 이후에도 소매업의 지위는 강세를 유지했는데
일부의 상품을 제외한 일반 소비재 부문에서 압도적인 채널 캡틴이
되었다. 반대로 메이커의 입장은 약화되었으며 도매업도 계속
약체를 면치 못하고 장기 저락(低落)의 경향을 보이고 있다.

　이에 대하여 소비자의 입장은 유통혁명 이래 줄곧 강화되어
마케팅의 발전과 더불어 신(神)과 같은 강력한 존재가 되었다.
유통경로 속에서 소비자의 입장이 강해지면 강해질수록 소비자
에게 이로운 유통경로로 변화해 효율이 좋은 유통, 코스트 다운이
철저한 유통, 상품이 신속하게 흐르는 유통으로 바뀌어갔다.

　메이커의 유통경로전략은 1955년대까지만 해도 메이커 지향적인
것이었다. 그리고 제조한 상품을 일방적으로 판매하기 위한 파이프
만들기 전략에 지나지 않았지만 55년대 이후부터는 완전히 정반
대의 유통경로전략으로 바뀌었다. 즉 유통경로전략의 최종 목적은
소비자 만족의 실현을 위한 것이며 이를 위해 유통경로가 존재하는
것이지 단순히 상품을 유통시키기 위해 존재하지는 않는다는 발
상으로 전환된 것이다.

　일본의 마케팅 학계에서는 전통적으로 유통경로에 대해 많은
연구를 한다. 이렇게 말하는 까닭은 배급론(配給論)에서 유통론
으로, 그리고 유통론에서 마케팅론이 탄생되었다는 일본의 연구
흐름에서 볼 때 유통문제를 중심으로 생각하는 마케팅 학자라기
보다는 유통학자가 많았기 때문이다. 그리고 일본의 유통경로는
매우 복잡하고 메이커 주도의 유통경로전략이 메이지 시대 이래
계속되어 왔기 때문에 교묘한 전략을 많이 볼 수가 있다. 이에

대응하는 유통학자의 연구도 유통정책(국가의 유통정책, 메이커의 유통정책을 포함해서)에 초점을 맞춘 것이다.

이 때문에 소비자 만족의 추구를 제일의로 하는 유통경로전략의 연구는 비교적 적었으며 메이커 주도의 유통경로전략의 연구가 중심이 되었다. 실지로 메이커 주도의 유통경로전략이 메이커에 의해 효과적으로 강구되어 왔다.

일본의 유통경로전략 중 특징적인 전략으로는 반품제나 위탁판매, 소화매입(消化買入)이나 파견점원을 활용한 전략, 지정도매점제나 점회제(店會制) 등의 채널 컨트롤, 판사제(販社制)를 이용한 채널 컨트롤, 과도한 딜러 헬프즈(dealer helps)를 사용한 유통업자의 복잡성, 재판매(再販賣) 가격유지행위, 리베이트(rebate) 전략, 교묘한 납품거부전략, 과도한 접대공세 등이 있다.

이들 모든 행동의 동기는 메이커의 유통경로 지배를 지향한 전략이거나 아니면 소매점의 유통경로에 대한 패권주의적 행동에 의한 것으로써 일본의 지금까지의 유통경로전략이 단순히 힘과 힘의 경쟁, 즉 파워게임이었다는 것을 말해 주고 있다.

유통경로전략을 파워게임으로 볼 경우, 유통경로전략은 기본적으로 메이커가 타유통기업을 계열화하려는 전략인지 소매점이 타유통기업이나 메이커를 반대로 계열화시키려는 역계열화 전략인지 그렇지 않으면 협조전략인지, 그 어떤 전략의 유형인가로 분류된다.

또 채널 캡틴이 된 기업은 그 파워를 유지시키기 위해 자신의 채널 내의 유통멤버에게 항상 매력적인 것을 제시해서 채널에 남아 있도록 하지 않으면 안된다. 예를 들어 메이커의 채널 캡틴에 속해 있으면 매출액이 올라간다든가, 이익률이 좋아진다든가, 브랜드력이 있다든가, 상품의 품질이 높다든가, 각종 프로모션의 성과가 높다든가, 자금력이 있다든가 정보력이 있다든가 하는 매력이 있어야 한다. 특히 마케팅력이 매력적인(마케팅 믹스 능력이 있는) 기업은 유통경로 문제에서는 우위에 있는 것이다.

그러나 현재의 유통경로전략은 새로운 경로의 창조나 개척도 적극적으로 시도되어 화려하고 다이내믹한 전략이 되고 있다. 예를 들어 일본 코카콜라는 일본의 드링크 업계에서는 과거에 좀처럼 볼 수 없었던 대규모의 직판(直販) 루트를 만들었는가 하면 자동판매기 루트 창조에도 성공했다. 가쿠겐(学研)이 드릴(drill) 등의 판매를 위해 학교단위로 직판루트를 구축해서 대량판매에 성공했으며 일본 출판유통의 왕자(王子)격인 닛반(日販) 등에 위탁판매를 하지 않고 독자의 루트로 판매에 성공한 예도 있다.

또 새로운 발상으로 신규의 유통경로를 개척한 예도 많다. 산토리는 올드를 판매할 때 일본 요리점 루트를 개척해서 성공했고 구리코의 포키의 경우는 과자의 기존 루트인 과자 도매상 루트 이외에 스넥바(snack bar) 등의 도매점을 개척해서 성공했다.

또한 도요다는 복수(複数) 딜러제를 도입해 동일 차종(車種) 계열의 차를 각 딜러망에 동시에 공급, 각 루트의 딜러간에 치열한 경쟁을 벌이게 함으로써 타자동차 메이커에 이길 수 있는 영업력을 길러 훌륭히 유통경로를 구축했다.

또 세븐일레븐은 분류상으로는 소매업이지만 기본적인 업무는 도매업과 같아 프랜차이지(프랜차이즈의 가맹점)를 지도하되 자신은 재고를 갖지 않고 메이커나 도매점과의 관계유지 및 판매의 노하우를 제공해 주는 일을 하고 있다. 이렇게 하여 프랜차이즈의 가맹점들이 열심히 판매하게 만들었다.

이 시스템의 성공이 일본의 유통경로 문제에 던져 준 충격은 일본 유통사상 유례없는 큰 것이었으며 일본 식료품의 유통 시스템 자체를 크게 변화시켜 지난날 슈퍼마켓이 불러일으켰던 유통혁명 이상으로 혁명적인 유통경로전략이 되었다.

유통경로전략은 평범한 사람의 눈으로 보면 각자가 동일한 전략을 전개하고 있어 옛날과 다름없이 구태의연한 문제라고 생각할지 모르지만 실지로 이러한 혁명적이고 전혀 새로운 경로의 개발이 속속 시도되어 소비자 만족을 채널 전체가 추구하고 있는 것이다.

11. 서비스 전략

최근 고객만족(CS : Customer Satisfaction) 경영이 갑자기 유행되고 있는데 이것은 마케팅과 같은 의미이며 말 자체가 이해하기 쉬워 일반적으로 용이하게 받아들여지고 있다. 반대로 마케팅이라는 말은 의미를 잘 몰라 석연치 않게 생각하는 사람들이 많다. 그래서 이 책에서는 마케팅이란 무엇인가에 대해서 구체적으로 언급하고 있는데, 다시 말해서 마케팅이란 소비자〔顧客〕의 만족을 획득하기 위한 활동이며 소비자에게 봉사(서비스)하는 일이라고 정의내릴 수 있다.

이러한 점을 생각해 볼 때 마케팅 믹스에 있어서의 서비스는 대단히 중요한 것으로서 다른 마케팅 믹스의 활동을 원활하게 해준다거나 다른 마케팅 믹스의 완성화를 기한다는 의미도 아울러 지니고 있다. 그러나 종래에는 마케팅에서조차도 마케팅 믹스에 포함시키지 않고 가격, 상품, 유통, 물적 유통, 프로모션만을 마케팅으로 간주하고 서비스는 하나의 부속물 또는 별도의 것으로 생각했다.

그러나 하드면에서의 상품 차별화는 고도의 기술력으로 지적 재산권에 접촉하지 않고 모방이 가능했기 때문에 더욱 곤란해졌다. 그 결과 상품에 부수된 서비스나 이미지에 의한 차별화를 지향하지 않을 수 없는 상황이 되었다. 서비스나 이미지에 의한 차별화는 모방하기 쉬운 것 같지만 실지로는 모방이 대단히 어려워 기업 스스로의 독자적인 소프트를 개발하지 않으면 추수(追隨)하기 어렵다. 그래서 현대의 일본 기업들은 서비스나 이미지에 의한 차별화 전략을 일제히 지향하게 되었다.

그렇다면 서비스란 무엇인가 ?

서비스는 "무형의 제품 또는 소비자의 만족을 보다 훌륭히 실현시키기 위해 제품에 부가시켜 소비자에게 제공하는 활동"이라고 할 수 있다. 정의라는 면에서 보면 여러 가지의 것들이 서비스가 될 수 있기 때문에 현실적으로 서비스 전략은 각 기업이 스스로 구상한 서비스가 바로 서비스이다. 그래서 서비스에 의한 차별화는 여러 가지의 다양성을 내포한다.

일반적으로 서비스의 기본에는 7가지가 있는데 (1)소비자에게 편리해야 한다. 즉 크레디트로 구입한다든가 무료로 상품을 배달해 주는 것 등이다. (2)시간적으로 만족할 수 있어야 한다. 즉 신속하고 정확해야 한다. (3)친절하게 대해 주어야 한다. 예를 들면 접객이 친절하다든가 상품을 조심스럽게 취급한다든가 하는 것이다. (4)품질 등으로 보장해야 한다. (5)플러스 알파를 부가시켜야 한다. 가령 예쁘게 포장해 준다거나 샘플 등을 곁들여 주거나 한다. (6)가격을 할인해 주거나 한다. (7)정보나 노하우를 제공해 준다. 예를 들면 사용법을 설명해 주거나 이용법을 지도해 주는 것 등이다.

또 서비스를 시간적으로 3등분 하는 경우도 있다. 즉 상품을 구입할 때까지의 비포 서비스(before service), 구매를 결정하여 사용개시(소비개시)할 때까지의 인 서비스(in service), 사용개시 후의 애프터 서비스(after service) 등이다. 비포 서비스에는 시승회(試乘會), 접대, 접객 등이 있으며 인 서비스에는 포장이나 지불방법, 배송, 설치 서비스 등이 있다. 그리고 애프터 서비스에는 수리나 정비, 반품 등이 있다.

일본의 경우 지금까지 인건비가 다른 나라에 비해 저렴했기 때문에 인적인 면에서의 과잉 서비스가 많았지만 슈퍼마켓이 등장한 후 셀프 서비스의 장점 인식과 인건비의 인상 등으로 서비스의 내용이 크게 변화되었다. 따라서 소비자에게 그다지 필요하지 않은 서비스는 커트되고 소비자에게 필요한 서비스만 제공하는 동시에 비용이 많이 소요되는 서비스의 경우는 유료화(有料化)했다.

예를 들어 슈퍼마켓에서는 셀프셀렉션(self-selection, 스스로 상품을 선택), 셀프서비스(스스로 상품을 계산대까지 가지고 가서 대금을 지불), 셀프색(self-sack, 스스로 상품을 봉지 속에 넣음), 캐시(cash, 크레디트가 아닌 현금) 및 캐리(carry, 스스로 상품을 자택까지 가지고 감)를 실시함으로써 풀서비스(full-service) 때보다도 값싸게 상품을 공급한다는 전략으로 소비자들로부터 높은 지지를 받게 되었다.

상품이나 가격 등 다른 마케팅 믹스가 아무리 좋더라도 마지막 서비스가 나쁘면 모든 것이 허사로 돌아가고 만다. 예를 들어 백화점에서 소비자가 TV를 만족스러운 가격으로 구입했어도 TV를 설치하러 온 사람의 태도가 나쁘면 모든 것이 허사가 되어 이 소비자는 두번 다시 그 백화점에서 물건을 사지 않을지도 모른다. 이처럼 서비스는 비록 사소한 것이라도 마음이 언짢으면 원점으로 되돌아갈 정도로 미묘하고 중요하다.

또 서비스에는 무한정 많은 종류가 있지만 그 노하우는 개별적인 것이기 때문에 채산을 맞추거나 시스템적으로 운영하는 것은 매우 어렵다. 특히 서비스는 인적 능력에 의존하는 경우가 많기 때문에 인재확보가 곤란하고 노하우도 인재와 아울러 유출(流出)되는 경우가 많다. 또 기업이 자사 내에 서비스부를 설치하면 대기업병에 걸리기 쉽고 서비스도 악화되는 경향이 있다. 그렇다고 해서 별회사(別會社) 방식으로 운영하면 우수한 인재도 모이지 않고 사기저하로 비용만 비싸게 먹히기 때문에 정말 어려운 분야가 서비스 영역이다.

서비스 부문의 코스트는 거의가 인건비로 항상 높은 코스트가 되기 쉬우며 설사 코스트를 높였다고 해서 소비자 만족이 급상승되는 것도 아니다. 참으로 복잡하고 애매하기 짝이 없다. 학문으로서의 마케팅 역시 가장 연구가 뒤떨어지고 있어 가장 학문적 체계화가 시급히 이루어져야 할 분야이다.

서비스의 연구에서 가장 어려운 것은 소비자가 만족해 하는 서비스 수준 자체가 끊임없이 변동될 뿐만 아니라 소비자에게 있어서 전혀 상반되는 만족도도 존재한다는 사실이다. 예를 들어 모든 회사가 높은 수준의 서비스를 제공하고 있다면 이미 그러한 수준의 서비스는 보통의 서비스 수준이 되어 버린 것이다. 지난날 동경에서 선물 포장지로는 최고의 평가를 받았던 미쓰코시(三越)의 포장지도 오늘에 와서는 선물용 포장지로 사용하지 않고 래핑(wrapping) 용지를 사서 포장해 달라는 고객이 늘고 있다. 또 옛날에는 소비자와 점원이 1대 1로 접객하는 것이 서비스였는데 지금은 고객이 물건을 고를 때 점원이 옆에서 시중을 들면 오히려 부담스러워해 논서비스가 진정한 서비스가 되는 경우도 있다.

또 구청이나 동회 등의 행정기관에서 푸른 거리 만들기가 주민들이 바라는 서비스라고 생각하여 예산을 들여 곳곳에다 나무를 심었다. 그런데 낙엽이 떨어지는 것이 지저분하다든가 매미소리가 시끄럽다든가 하는 불평불만의 진정(陳情)이 날아들어와 과연 무엇이 소비자(주민)에게 만족을 주는 것인지 어리둥절할 때도 있다.

그러므로 기업의 서비스 전략은 팔방미인격의 서비스 제공이 아니라 자사에게 있어서 가장 효과적이고 마케팅 믹스 전략에 알맞는 서비스를 선택해서 전개해야 한다. 서비스 전략은 아무리 실시해도 밑도끝도 없는 것이므로 서비스를 계획할 때에는 뚜렷한 목적을 세우고 탄력적으로 언제라도 수정이 가능하도록 설계하지 않으면 안된다.

최근의 서비스 전략은 불만이나 불편만을 해결하려는 소극적인 경향이 있는데 이런 식으로는 서비스의 축소 재생산 사이클에 빠질 가능성이 높고 서비스 자체도 특징이 없는 것이 되기 쉽다. 이러한 시대의 흐름이기 때문에 절대로 타사에게 지지 않는다는 특색있는 서비스 전략이 필요하며 이러한 노력이 있어야만 새롭고 독창적인 서비스 전략을 계속해서 만들어 낼 수 있다.

현대는 서비스 전략의 차별화 시대이다. 서비스는 어디까지나 코스트가 아니라 투자이며 서비스가 커다란 비즈니스 찬스를 낳게 하는 시대가 되었다. 따라서 서비스에 의해 기업의 차별화를 도모해야 할 것이다.

12. 정보전략

마케팅 믹스의 기본요소에는 들어 있지 않지만 마케팅 전략상 중요한 요소의 하나가 정보이다. 지금까지 정보는 정보부문의 문제로서 마케팅과는 분명하게 구분되었지만 정보를 신속하게 처리해서 소비자 만족에 연계시킨다거나 마케팅 정보의 기술적인 분석으로 타사와의 차별화 전략을 성공시킬 수 있기 때문에 마케팅 전략의 일환으로서 기업은 정보전략을 중시하게 된 것이다.

예를 들어 마케팅에 관한 정보를 수집해서 기술적으로 분석하거나 정보와 마케팅 행동의 연동이 타사보다 빠르거나 정보 데이터 뱅크에 크게 투자해서 그 데이터의 양과 검색속도에 있어서 타사가 추종을 불허한다거나 하는 등으로 타사에 대하여 정보면에서 경쟁상 우위에 서려는 경향이 있다.

정보전략을 마케팅 전략에 결부시켜 성공한 예는 허다하다.

예를 들면 국철〔国鉄 : 현재의 JR 도카이(東海)〕의 동해 신간선(新幹線)의 미도리 창구가 있다. 이것은 일본에서 컴퓨터를 처음 온라인화해서 예약 서비스에 활용, 정보전략과 영업전략과 서비스 전략을 결부시켰다. 이 시스템은 정보 시스템 도입에 큰 영향력을 제공하여 서비스 업계에 있어서의 온라인화는 단숨에 높아졌다. 그 후 예약 서비스업의 대표주자가 된 피어가 출현하여 정보전략을 기업전략의 중핵으로 올려놓는 데 성공한 것이다.

은행이나 증권회사의 정보화 전략도 대규모이며 높은 수준이다. 특히 대형 도시은행의 정보화 전략은 세계 제일이며 외국의 기업들도 따라올 수 없는 수준이다. 온라인 시스템을 축(軸)으로 기업전략으로서 전개하여 서비스 전략이나 영업전략, 더욱이 각종 관리에서 감사, 예측, 환거래, 새로운 금융상품의 개발 및 전사적 경영전략 책정에까지 금융회사라기보다 정보회사라고 할 정도로 변신하고 있다. 더욱이 무인점포(無人店鋪)나 팜 뱅킹, 홈 뱅킹으로까지 발전하여 일렉트로 뱅크에의 길을 걷기 시작했다. 정보화 투자의 격차로 생기는 고객 서비스 격차가 은행의 마케팅력 격차에

이어지는 시대가 되고 있는 것이다.

특히 여기에서 말하는 정보화란 정보를 수집, 분석, 평가하여 기업행동에 결부시키기까지의 일련의 시스템을 기업전략의 일부로서 위치를 부여하고 타사와의 경쟁에서 유리하게 작용하려는 행위를 의미하고 있다.

이 면에서의 정보화로 일본의 기업이 세계에서 가장 선두를 달리고 있다. 특히 세븐일레븐의 정보 시스템과 정보전략은 세계에서 그 유례를 찾아볼 수 없는 수준의 것이 되었다. 세븐일레븐의 정보전략은 온라인의 POS 시스템(판매시점 관리 시스템)을 중심으로 매입, 판매예측, 재무, 인사, 경영관리에까지 철저히 행하고 세븐일레븐의 회사 자체가 소매업이라기보다는 인포메이션 컴퍼니(information company)가 되어가고 있다.

예를 들면 언제 어디서 어떤 타입의 사람이 무엇을 구입했는지를 온라인으로 판명하고 그 정보를 모두 수집해서 특정 점포의 당일의 매출예측이나 매입의 분석, 특정 지역의 마케팅 분석 등이 온라인으로 가능하다. 가령 10월 10일, "체육의 날" 전날에 북관동(北関東) 지역의 학교 주변에 있는 세븐일레븐 가운데 팔린 도시락의 매출실적이 작년에는 어떻고 금년에는 어떤가 하는 예측도 행한다.

또 기온이 20도 정도로 올라가는 4월이 되면 소비자들은 따뜻한 기분이 들기 때문에 소프트 드링크가 팔릴 것이며 6월이면 똑같은 20도 정도의 기온이라도 다소 춥게 느껴지므로 어묵이나 우동이 잘 팔린다는 정보가 컴퓨터에 미리 입력되어 있어서 재료의 매입이나 판매에 도움이 된다. 또 어떤 식으로 배열이나 진열을 하면 어떤 타입의 점포에서 얼마만큼 매출액이 향상되는가 하는 정보도 컴퓨터에 입력되어 노하우로서 보관되고 있다.

특히 소매업은 소비자 정보를 가장 직접적으로 수집할 수 있는 입장이기 때문에 무엇이 팔리고 무엇이 안팔리는가의 판단뿐만 아니라 무엇이 앞으로 잘 팔릴 것인가의 예측도 비교적 정확하게 가늠할 수가 있다. 거기에다 세븐일레븐은 식료품만으로도 연간 약 1조 엔 정도를 판매하기 때문에 정보력이나 판매력, 그리고 소비자(특히 젊은층)에 대한 호소력이 탁월해 많은 히트 상품을 내놓을 수 있었다.

최근에는 아사히 맥주의 슈퍼드라이가 주류 판매점에서는 그다지 인기가 좋지 않았지만 세븐일레븐이 슈퍼드라이 판매에 주력함으로써 크게 히트를 치게 되었다. 기린 맥주의 이치반시보리(一番搾り)도 개인지향을 강화해 달라는 기린의 제안으로 이루어졌는데 이것 역시 크게 히트쳤다. 지금까지는 업무지향 대량생산이 중심이었으며 개인지향은 그다지 신경쓰지 않았던 것이 맥주회사의 상품정책이었다.

칼피스 워터도 세븐일레븐이 칼피스를 희석(稀釋)하지 않고 마실 수 있도록 제안함으로써 개발된 상품인데 세븐일레븐이 역점을 두고 판매한 탓으로 크게 히트를 치게 된 것이다.

현재 식료품 메이커는 세븐일레븐에서 상품을 취급해 주지 않으면 히트 상품이 되지 못하며 세븐일레븐에서 히트치면 틀림없이 히트를 치게 된다는 상태여서 세븐일레븐 지향으로 상품이 속속 개발되고 있다.

세븐일레븐에는 일본에서 가장 많이 팔리는 상품도 많은데, 예를 들면 컵라면, 건전지, 카세트 테이프, 필름, 포테이토칩, 1리터들이 우유팩 등 상당히 많은 상품이 있다.

세븐일레븐의 정보전략은 이렇듯 단순히 자사만이 판매하기 위한 것이 아니라 메이커의 상품개발이나 메이커의 물류 시스템,

생산계획까지 총체적으로 대응해 나가는 전략이다. 지난날 슈퍼마켓이 출현했을 때 그것을 유통혁명이라고까지 불렀는데 세븐일레븐의 정보전략을 정보에 의한 경영 시스템 혁명이라고 해도 조금도 이상할 것 없다.

세븐일레븐의 경우, 정보전략이 마케팅 전략을 더욱 돌출시켜 놓았는데 특이한 것은 세븐일레븐은 호스트 컴퓨터(host computer)를 소유하고 있지 않으면서도 모든 정보를 외부에 위탁해서 세계 제일이라고 할 정도의 전략 정보 시스템을 만들어 냈다. 이처럼 대규모의 정보 시스템이라면 통상 그 규모와 정보의 기밀성 문제로 보아 내포화(內包化)하는 것이 당연하겠지만 세븐일레븐은 다만 정보 시스템의 노하우 만들기와 전략에의 정보활용에만 전념하고 그밖의 것은 일체 외부에 위탁했다.

외부에 위탁하는 것이 자사에서 정보를 관리하는 것보다 기밀유지가 잘되고 고도의 분석도 가능하기 때문이다. 외부 위탁의 경우 만일 정보가 새나가면은 위탁을 받은 기업 자체의 존속에 관계되므로 매우 엄격한 기밀유지 관리에 철저를 기하게 된다. 그러나 자사가 극비자료를 직접 갖고 있으면 관리가 소홀해져 누설의 가능성이 높아진다. 이것은 역전의 발상, 즉 마케팅적 발상의 기본 스타일이라고 할 수 있다.

또 외부위탁이기 때문에 고도의 전문지식을 지닌 사원을 고용할 필요도 없고 대형 컴퓨터를 구입하거나 대형 컴퓨터 도입을 위한 설비투자도 할 필요가 없다. 따라서 이에 대한 유지·관리비도 필요없다.

경영자는 의사결정에 도움이 되는 정보만 필요하기 때문에 대형 컴퓨터도 정보처리 담당자도 분명히 말하면 필요가 없다. 좋은 정보를 제공받으면 그것으로 족하다. 세븐일레븐은 이와 같은

참신한 발상과 엄격한 코스트 계산으로 정보전략을 성공시킨 것
이다. 정녕 현대 정보화 사회에 있어서의 마케팅 컴퍼니라고 할
수 있다.

10

마케팅 뻬리에이션

마케팅 베리에이션(Variation)

1. 새로운 마케팅의 탄생

마케팅이라는 학문이 탄생된 지는 약 100년이 되었으며 일본에 마케팅이 수입된 것은 약 30년 전의 일이다. 그동안 마케팅이 많은 변천을 거쳐왔지만 학문적으로나 실무적으로나 아직 발전도상에 있을 뿐만 아니라 더욱 발전이 예상되는 영역이며 상품의 라이프 사이클에 비유하면 성장기의 한 가운데에 위치하고 있다.

그러므로 새로운 마케팅의 개발이나 새로운 마케팅의 응용이 지금 이 시간에도 진행되고 있는 변화가 풍부한 학문영역이다. 마케팅이 이처럼 변화가 풍부한 까닭은 단순히 새로운 학문이라는 점만은 아니다. 마케팅 발상의 기본에 변화를 낳는다는 것은 선(善)이 된다는 신앙과도 흡사한 사고가 함축되어 있기 때문이다.

역전의 발상에서 탄생된 마케팅은 자사를 보다 확실하게 소비자에게 인식시키면서 소비자 만족의 추구를 목적으로 하고 있기 때문에 끊임없이 타사와는 다른 새로운 발상이나 마케팅 수단을 추구하는 면이 강하다. 그래서 어떻게 해야 새로운 발상으로 소비자를 만족시킬 수 있을 것인가를 끊임없이 생각하게 된다. '이렇게 하면 소비자가 보다 만족스럽게 생각하지 않을까? 아니 이런 식으로 마케팅을 생각할 수도 있지 않을까? 하며 머리를 짜낸다. 그 결과 여러 가지의 마케팅이 출현하게 된 것이다.

마케팅 연구의 방법, 즉 어프로치도 여러 가지가 고안되었다. 마케팅의 대상을 누구로 정하느냐에 따라 마케팅 그 자체가 커지기도 하고 변화되기도 한다. 또 소비자를 만족시키는 방법을 바꿈으로써 새로운 마케팅이 제안되기도 한다.

그렇다면 지금까지 어떠한 마케팅이 생각되어 왔는가를 알아보기 위해 대표적인 것을 간추려 보기로 한다.

- 상품별 마케팅
  상품을 일용품, 희귀품, 전문품으로 분류하고 상품분류의 패턴에 의하여 마케팅을 생각해 가는 마케팅이다.
- 경제학적 마케팅
  경제학의 일부분으로서 마케팅을 파악하는 마케팅이다.
- 매너지리얼 마케팅(managerial marketing)
  경영자적 측면에 선 경영학의 일환으로서의 마케팅이다.
- 토탈 마케팅(total marketing : 시스템론적인 마케팅)
  마케팅의 제반 요소를 전체적으로 통합하여 전체적인 측면에서 마케팅을 재검토하려는 마케팅이다.
- 수량(計量)적 마케팅
  수량적 수법으로 마케팅을 분석·통합하려는 마케팅이다.
- 에콜러지컬 마케팅(ecological marketing)
  기업을 생체(生体)라고 생각하고 환경 속에서 어떻게 존속해

갈 것인가를 명제로 하는 마케팅이다.

● 전략적 마케팅

전략을 전면에 내세워 각 기업 단위로 마케팅을 생각해 가려는 마케팅이다.

● 기능주의적 마케팅

마케팅의 기능(기업활동)을 중심으로 체계화를 시도하려는 마케팅이다.

● 행동론적(모든 과학관련론적) 마케팅

각종의 학제론(學際論)을 사용하면서 행동론에서 마케팅을 연구하려는 마케팅이다.

● 기관주의적(機關主義的) 마케팅

메이커나 도매점 등 기관에서 논(論)하는 마케팅이다.

● 사회적 마케팅

사회적 관점에서 마케팅을 생각하거나 사회적 기관의 마케팅을 다루는 마케팅이다.

● 인더스트리얼 마케팅(industrial marketing)

생산재를 다루는 기업을 위한 마케팅이다.

● 논프로핏 마케팅(nonprofit marketing)

비영리 조직을 위한 마케팅이다.

● 소매 마케팅

소매에 관한 마케팅이다.

● 패션 마케팅

유행에 관한 마케팅 또는 의류품의 마케팅이다.

● 서비스 마케팅

서비스업에 있어서의 마케팅이다.

● 라이프 스타일 마케팅

생활양식을 중심으로 전개하는 마케팅이다.

● 에어리어 마케팅(area marketing)

지역단위로 마케팅을 바꾸어 가려고 하는 마케팅이다.

● 사이즈 마케팅(size marketing)

사이즈를 축(軸)으로 전개하는 마케팅이다.

● 타임 마케팅(time marketing)

시간을 축으로 전개해 가는 마케팅이다.

● 컬처 마케팅(culture marketing)

문화를 테마로 하는 마케팅이다.

● 붐 메이킹 마케팅(boom making marketing)

붐을 만들어 내기 위한 마케팅이다.

● 디마케팅(demarketing)

수요를 억제함으로써 역으로 소비자 만족을 높이려는 마케

팅이다.

● 법(法)적 마케팅

마케팅을 법적인 측면에서 본 마케팅이다.

● 도시(都市) 마케팅

도시 그 자체의 마케팅이다.

● 글로벌 마케팅(global marketing)

기업의 글로벌화에 따른 마케팅이다.

● 수출 마케팅

수출(輸出)을 위한 마케팅이다.

● 국제 마케팅

국제화를 위한 마케팅으로서 글로벌 마케팅과는 다르며 어

디까지나 국경을 의식한 마케팅이다.

이상과 같이 각양각색의 마케팅이 생겨나고 있는데 대상물에
따라서는 없어지기도 한다. 이 모든 마케팅을 다 언급하기는 어
렵지만 이 장에서는 대표적인 것만을 골라 논하려고 한다.

2. 장소가 바뀌면 마케팅도 변한다—area marketing

소비자 만족을 계속 추구해 나가다 보면 소비자 행동 그 자체가
이질적인 것이기 때문에 마케팅도 다양해진다. 이런 소비자 행동의
차이를 지역마다의 차이로 정리하려는 것이 에어리어 마케팅이다.

일본은 국토가 협소함에도 불구하고 오랫동안 지역이 분할되어
있었기 때문에 지역에 따라 소비자의 기호나 소비자의 행동도 크게
달랐다. 예를 들어 정초에 끌이는 떡국의 떡 모양만 보더라도 둥근
형이 있는가 하면 네모진 형도 있으며 국도 소금이나 간장만 넣은
맑은 장국이 있는가 하면 된장을 넣은 장국도 있다. 또한 국에
생선을 넣어 끌이는가 하면 야채를 넣어 끌인 것이 있듯이 지역에
따라 여러 가지가 있다.

따라서 떡국의 레토르트 팩(retort pack) 마케팅이라면 그 지역
단위로 떡국의 재료를 변형시켜서 팔지 않으면 안된다. 이처럼
지역 특성에 따라 마케팅을 바꿔나가는 것이 에어리어 마케팅이다.

에어리어 마케팅은 일본에서 생겨난 것인데 인스턴트 라면이
최초의 에어리어 마케팅으로서 부각되었다. 인스턴트 라면의 제
조에 있어서 차별적 유리성을 확립한다는 것은 쉽지 않으며 특히
타사가 모방하기 쉬우므로 지역에 따라 맛과 기호가 다른 점을
키포인트로 해서 팔아야 한다는 것이 에어리어 마케팅의 시작이
었다.

예를 들면 규슈(九州) 지방은 돼지뼈 라면에다 백색의 걸쭉한

스프, 간사이(關西) 지방은 단백한 맛에 투명한 스프, 간토(關東) 지방은 진한 맛의 스프, 도호쿠(東北) 지방은 짠맛이 가미된 라면이라는 식이다.

그 후 메이지 유업의 우마카보(棒)(원핸드형 아이스크림바)가 규슈지방의 한정판매로 크게 히트쳤으며, 이것을 모방해서 하우스 식품이 인스턴트 라면의 규슈 한정판매판(版)의 우마갓장을 발매해 대히트를 쳤다. 이에 가세하여 산토리 맥주의 지역별 축제(祝祭) 맺주 제1호로 아하오도리(阿波踊り) 맥주가 크게 히트를 치자 에어리어 마케팅은 일약 붐을 일으키게 되었다.

지역적으로 미묘한 기호의 차이가 있는 일본에서 에어리어 마케팅은 쉽게 성공할 수 있어 다양한 제품이 착안되고 있다. 처음에는 미각(味覺)의 차이를 호소하는 식품 메이커의 마케팅이 붐을 일으켰으나 최근에는 자동차나 주택에까지도 확산되고 있는 실정이다.

과거에는 우마카보나 우마갓장처럼 처음에는 지역 한정 상품으로 히트되다가 전국적으로 판매되는 상품이 많았지만 지금은 지역을 한정하고 프로모션 활동을 실시해서 특정지역 안에서만 판매하고 있다. 따라서 전국 판매를 지양함으로써 희소가치를 높여 상품의 라이프 사이클을 연장시키려는 에어리어 마케팅이 많아졌다.

전국 원패턴(스테레오 타입)의 구색 갖추기로 생각하기 쉬운 컨비니언스 스토어도 지역 단위로 구색 갖추기를 변화시켜 에어리어 마케팅을 도입해 성공하고 있다. 즉 소비자가 의식하지 못하는 가운데 에어리어 마케팅을 교묘히 활용해 소비자의 지지를 획득하고 있는 것이다.

에어리어 마케팅의 최대의 문제점은 에어리어 마케팅을 고집하면 할수록 비용이 비싸게 먹힌다는 채산상의 문제이다. 그러므로 세세한 데까지 신경을 쓰는 중소기업이라면 지역을 한정하여 모든 힘을 그 지역에 쏟아붇는다면 대기업도 이길 승산이 있다. 이를테면 에어리어 마케팅은 시장세분화 전략과 같은 것으로써 시장 세분화 전략의 지역판(地域版)이라고 할 수 있다.

이 에어리어 마케팅은 소비자나 경영자가 납득하기 쉽고 성공하는 일도 많기 때문에 일본에서 곧잘 활용되는 마케팅이다. 해외에서는 일본만큼 섬세한 에어리어 마케팅은 코스트가 많이 먹혀 효과가 적다. 일본에서는 지역성이 주민들의 소비행동이나 발상에까지도 크게 규정한다는 생각이 강하다. 그래서 에어리어 마케팅이 정면으로 받아들여지고 있는 것이다.

3. 세계는 하나—global marketing

현대의 기업활동에서 특징적인 것은 글로벌화의 진행이다. 글로벌화, 즉 지구를 한울타리로 생각하고 국경이 없는(borderless) 사회를 전제로 비즈니스를 생각한다. 지금까지는 일본과 세계, 일본에서 미국으로 수출하는 식의 형태를 취해 왔다. 그러나 오늘날의 비즈니스 사회에서는 국경을 의식하거나 자신의 회사의 국적이 일본이라는 강한 민족의식을 갖고 있다면 효율적인 비즈니스는 하기 어렵고 세계 속의 기업으로 성장할 수 없다. 특히 대기업의 경우가 그런데 세계의 소비자가 모두 고객이며 세계의 모든 소비자에게 봉사하는 것을 기업목적으로 하지 않으면 안된다.

예를 들어 일본 제일의 기업인 도요다는 일본의 소비자만을 위하거나 일본에서만 봉사하는 도요다가 아니다. 도요다는 세계 소비자들의 도요다이며 세계 자동차 업계의 리더로서의 도요다이다. 그러므로 설사 일본이라는 나라가 멸망하더라도 조직으로서의 도요다는 살아남는 것이 최고의 과제이기 때문에 세계의 도요다로서 사업을 존속시켜야 하며 일본을 버리는 한이 있더라도 살아남지 않으면 안된다.

도요다에게 있어서 일본이라는 나라는 단지 탄생지에 불과하며 일본의 소비자는 도요다 고객의 일부에 지나지 않는다. 만일 도요다의 고객이 일본보다 세계에 더 많이 존재해 있다면 세계의 보다 많은 고객을 위해 사업활동을 하는 것이 기업으로서의 올바른 역할이다.

이와 같이 현대 비즈니스 사회에서는 실질적으로 국경이 사라져 가는 추세이며 기업은 세계 속에서 어떠한 형태로 사업활동을 해나갈 것인가를 생각하지 않으면 안되는 시대가 되었다. 국가적인 입장 때문에 구애를 받는다면 소비자 만족의 추구에 지장을 주게 된다. 이것이 보더레스 사회이며 글로벌 사회이다. 이러한 사회에 있어서의 마케팅을 글로벌 마케팅이라고 부른다.

혼다나 소니는 일본의 기업들 중에서 글로벌화에 앞장서가는 회사이며 슈퍼마켓의 야오한도 본부를 홍콩으로 이전하는 등 모두 훌륭히 세계전략을 전개하고 있다. 특히 야오한의 글로벌화는 눈부시게 발전되고 있는데 동남 아시아에서는 유통의 주도적인 역할을 다하고 있으며 동남 아시아에 없어서는 안될 기업이 되어지고 있다. 야오한은 일본의 소비자 만족보다 어쩌면 싱가포르나 브루나이나 홍콩 등지의 소비자 만족이 훨씬 더 중요할지도 모른다. 야오한은 글로벌화로 인하여 보다 많은 소비자 만족을 추구하고 있다.

기업이 글로벌화 전략을 펴게 되면 종래와는 마케팅이 크게 변화된다. 표적으로 하는 소비자가 달라지고 유통채널도 바뀌며

프로모션이나 영업, 물적 유통, 가격, 상품 만들기조차도 전혀 달라진다. 그리고 마케팅 발상도, 마케팅 수단도, 마케팅 결과도, 마케팅 효율도 모두 달라진다. 그러므로 글로벌 마케팅은 기존의 마케팅 이론을 크게 수정하지 않으면 안된다.

그런데 글로벌이라든가 보더레스라는 용어가 마케팅에 사용된 결과 국제라든가 인터내셔널이라든가 수출이라는 용어가 마케팅에서 사라지기 시작했다. 지난날에는 국제 마케팅이나 수출 마케팅, 다국적 기업의 마케팅 등이 강조되었지만 지금은 그 낱말조차도 거의 소멸된 상태가 되었다. 국제라든가 인터내셔널, 수출 등은 어디까지나 나라가 기본단위로서 나라와 나라 사이의 관계에서 성립되는 것이기 때문에 나라라는 의식이 소멸되어 가는 현재의 비즈니스 사회에서는 완전히 과거의 유물에 지나지 않게 되었다.

다국적이라는 용어도 국제에서 글로벌로 개념이 이행된 과도적(過度的) 용어로 끝나 버려 소멸된 전문용어가 되었다. 경제학은 이런 면에서는 비즈니스보다 훨씬 뒤떨어져 있고 아직까지 국가 단위의 발상에 머물러 있어 비즈니스의 글로벌화에 홀로 남아있는 학문이 되었다.

이 글로벌화는 세계 속에서 민족의식이 다시 높아져 경제 블럭화가 진행되더라도 결코 약화될 수 없다. 그 까닭은 세계 기업의 기술력, 상품력, 마케팅력, 판매력 등은 말할 수 없을 정도로 강하고 독자적이기 때문에 도저히 한 나라가 컨트롤할 수 없다.

예를 들어 에크슨, GM, IBM, 도요다, 로열더치셸 등의 매출액은 선진국 중 하위국의 GNP에 필적(匹敵)할 만하다. 또 이들 기업들의 행동력도 활발하고 국가 아니 세계에 대한 발언력도 강해 한 나라의 힘으로 이들 거대기업을 컨트롤한다는 것은 매우 어렵다. 이들 거대기업이 국가나 지방자치단체에 납부하는 세금만도 엄청나며 고용문제나 이들에 관련된 하청기업 문제는 일국의 힘으로는 도저히 어떻게 할 수 없을 만큼 거대해졌다. 만일 국가가 이들 기업을 규제하려고 한다면 본사를 타국으로 이전할 것이며 사업활동도 타국으로 옮기게 될 것이므로 국가적인 경제손실이 클 것이다.

거대기업은 세계의 소비자들로부터 수입을 얻지만 국가는 국내의 개인이나 법인(法人)들로부터만 얻기 때문에 세계적 거대기업과 한 나라의 경제력 격차는 앞으로 더욱 확대될 가능성이 높다. 그러므로 보더레스화와 글로벌화는 더욱 진행될 뿐 결코 제자리로 돌아오는 일은 없을 것이다.

글로벌 마케팅은 학문상으로나 실제상으로나 앞으로 비약적으로 발전할 마케팅으로서 보더레스화된 세계 고유의 새로운 마케팅 기법이나 이론이 생겨날 것으로 예측된다.

4. 업자를 상대로—industrial marketing

마케팅론에서는 통상 일반 소비재를 염두에 두고 체계화한다. 그러나 상품에는 메이커가 사용하는 기계나, 소매점이 사용하는 형광등이나, 호텔 등에서 사용하는 비누처럼 업자가 사용하는 상품(경제학에서 말하는 생산재)도 있다. 이러한 업자지향 상품의 마케팅을 인더스트리얼 마케팅이라고 부른다.

인더스트리얼 마케팅이 대상으로 하는 생산재의 판매는 지금까지 영업노력과 가격만이 최대의 문제라고 생각해 왔다. 생산재의 판매에 마케팅은 필요없다고 오랜 기간 생각해 온 결과 마케팅의 도입이 늦어진 분야가 되어 버렸다.

그러나 생산재에도 마케팅이 응용되기 시작하자 마케팅과 인더스트리얼 마케팅은 예상 외로 큰 차이를 보이고 있음을 알게 되었다. 최대의 차이는 대상으로 하는 고객이 다르다는 점이다. 마케팅에서는 일반 소비자이지만 인더스트리얼 마케팅에서는 기업의 구매 담당자라는 전문가가 매입을 한다. 구매 담당자는 구매가 주된 업무이기 때문에 상품지식도 풍부하며 교섭력도 강해 일반 소비자와는 전혀 다른 차원의 고객이다.

두 번째로 큰 차이점은 인더스트리얼 마케팅의 일회 구입량은 압도적으로 많고 가격도 대폭적으로 할인된다는 점이다. 구매 담당자들은 메이커의 속을 들여다보면서 거기에다 다른 메이커와 엄격히 비교하면서 구입하기 때문에 영업활동은 매우 엄격해 진다.

이밖에 큰 차이점으로는 특별 사양(仕樣) 상품이 많고 반품, 리베이트(rebate) 등은 당연하게 여기며 애프터 서비스도 높은 수준이 요구되고 접대 등의 비포 서비스도 과당경쟁이 되기 쉽다. 또한 계열사 거래나 안면이 중요시되며 메이커의 침투 여지가 적고 이면거래가 많다.

이처럼 인더스트리얼 마케팅은 일반 마케팅과 다소 색다른 방법이나 이론이 필요하다는 것을 알게 되자 이에 대한 연구가 시작되었다.

인더스트리얼 마케팅에서는 마케팅 믹스의 각종 기본전략 중 상품전략과 가격전략, 그리고 영업전략과 서비스 전략이 대단히 중요시되는 한편 채널전략은 거의라고 할 정도로 경시되는 편이다. 프로모션 전략의 광고도 그다지 중시되지 않으며 물류 전략도 신속성, 정확성, 저렴성만이 높이 평가된다. 역시 가장 중시되는 것은 저렴한 가격이다.

특히 업자에 국한해서 파는 상품의 경우, 이들 특징은 더욱 강하게 나타나기 때문에 심한 저가격 경쟁에 빠지기 쉽다. 그러므로 메이커 사이에 행하는 카르텔도 흔히 볼 수 있으며 전문가들끼리의 이면작업이 심해진다.

인더스트리얼 마케팅에서는 돈을 지불하는 측, 즉 구매자가 절대적이라고 할만큼 강력한 입장에 서게 되며 반품이나 캔슬, 리베이트, 디스카운트의 요구는 당연하고 경우에 따라서는 뒷돈이나 접대의 강제도 생겨 석연치 못한 부분이 많다. 이러한 비용을 납품업자는 어떻게 해서라도 가격에 전가시키려고 하지만 구매하는 기업은 대부분이 그것을 인정해 주지 않아 결국 납품업자는 울며 겨자 먹는 입장이 되고 만다.

특히 사양서(仕樣書)로 발주하는 상품의 경우 신제품 제조에 투입된 비용마저 가격 속에 전가하지 못하는 납품업자도 많아 납품업자의 하청화가 행해진다. 하청화가 진행되면 납품업자의 마케팅은 쇠퇴해 버리고 소극적인 수동적 영업활동과 지정가격의 수용으로 끝나기 쉽다.

납품업자가 하청화를 지양하고 독자적인 마케팅을 전개하기 위해서는 경쟁타사에게서 발견할 수 없는 독특한 상품을 개발하지 않으면 안된다. 구입자가 프로이기 때문에 상품을 보는 눈이 있으므로 독자(獨自)의 상품이나 기술력이 있으면 확실히 인정받을 수 있고 납품시 경비의 감소로 이익이 높아지는 것이 인더스트리얼 마케팅이다.

그러나 인더스트리얼 마케팅이 전개되는 상품의 대부분은 실지로 업자지향만이 아니라 일반 소비자에게도 판매된다. 이러한 상품은 납품업자도 구매자가 하자는 대로 끌려다닐 필요없이 단지 수량할인과 납기(納期)가 마케팅의 중요한 요인이 되는 경우가 많다.

또 인더스트리얼 마케팅에서는 외국기업과의 경쟁도 많이 발생한다. 외국기업은 상사(商社)나 메이커와의 판매제휴로 참여하는 경우가 많기 때문에 외제(外製)의 경쟁상품의 연구나 외국의 경쟁기업의 마케팅 전략의 연구도 필요하다.

생산재의 영업활동은 경험이나 육감이 지배하기 쉬운 분야이므로 효율성있게 활동하기 위해서라도 인더스트리얼 마케팅이 필요하다. 또한 마케팅 기법을 도입함으로써 효과가 가장 올라가기 쉬운 것도 이 분야이다.

5. 붐을 조성한다—boom making marketing

마케팅에서도 가장 화려한 것은 상품이 마케팅의 힘으로 크게 히트해 붐을 조성하는 일이다. 이처럼 기업 스스로가 붐을 만들어내기 위해 실시하는 마케팅을 붐 메이킹 마케팅이라고 한다.

붐 메이킹 마케팅은 시장을 자극해서 창조하는 마케팅으로서 기업능력 전부를 활용해 전개하는 토탈 마케팅의 대표이다. 소비자 만족을 꾸준히 추구하는 타입의 마케팅과는 차이가 있는 적극적인 시장 창조형 마케팅으로서 단기적이고 강력한 마케팅이라고 할 수 있다.

때에 따라서 소비자도 붐 메이킹 마케팅에 기꺼히 편승해 오는 경우가 있는데 비즈니스 활동에 꽃을 곁들이는 의미에서도 불가결한 마케팅이다.

붐 메이킹 마케팅의 좋은 예는 닌텐도의 패미컴 붐, 패션의 DC 브랜드 붐, VHS의 VTR 붐, TV의 트렌디 드라마(trendy drama) 붐 등이 있으며 기업 스스로 기도(企圖)한 붐이 성공하면 새로운 문화가 탄생된다. 붐 메이킹 마케팅에서 성공하면 닌텐도의 경우에서 보듯이 예상을 훨씬 상회하는 이익을 낼 수 있어 기업의 지명도도 상승하고 앞으로의 기업활동에도 좋은 영향을 미치게 된다.

그러나 반대로 실패하면 붐을 만들어 내기까지의 비용이 막대하기 때문에 경영위기를 가져올 수도 있다. 예를 들면 지난날 데이징(帝人)이나 도레이(東 ray) 등의 합섬(合纖) 메이커가 업계적으로 크게 붐을 일으키고자 시도했던 '피콕(peacock) 혁명'은 완전히 실패로 끝났으며 일본 코카콜라의 뉴코크 캠페인이나 코카콜라 라이트 캠페인의 실패, CATV나 위성방송이나 VAN 등의 뉴미디어의 실패, 각종 지방 박람회나 커뮤터(commuter) 항공사업의 실패 등 많은 예가 있다.

붐 메이킹 마케팅은 마케팅만이 아니라 사회 심리학이나 커뮤니케이션론 등의 연구대상이 되고 있어 비즈니스학과 사회학의 공통영역의 학문이라고도 할 수 있다. 유행을 비즈니스화하기 때문에 소비자 행동의 예측이나 비즈니스 채산이라는 엄격한 감각도 요구되므로 고도의 마케팅 능력이 필요하다.

붐 메이킹 마케팅 전략은 상품의 라이프 사이클론(論)을 축으로 입안, 실시하는 언제 붐이 소멸될지 모르는 상황에서의 전략 전개이기 때문에 항상 시간과의 싸움으로 숨쉴 틈 없이 바쁘고 긴장되는 일이다.

붐 메이킹 마케팅에서 가장 어려운 것은 새로운 소비자 행동을 자사에서 만들어 내어 붐을 조성하는 일과 붐이 소멸하는 시기를 예측하고 경영적으로 모든 뒷처리를 사전에 끝내야 한다는 것이다. 실패하면 그 어느 것이든 손실이 크기 때문에 붐의 종료시기를 잘못 판단하면 조직면에서나 시스템면에서나 일의 순서가 장치되어 있기 때문에 기업 전체적인 충격이 커 경영위기에 빠지는 경우가 많다.

예를 들면 미놀타의 α-7000이나 니혼 빅터의 VHS 비디오, 아사히의 슈퍼드라이나 마쓰시다 전기산업의 가오(画王) 등은 붐이 장기간 계속될 것이라는 예상으로 지나치게 설비투자를 했는데 갑작스러운 붐의 소멸로 인해 생각한 것 이상의 업적악화를 경험했다. 부동산이나 골프장, 리조트 맨션은 붐 자체가 투기로 전화(轉化)했기 때문에 붐의 소멸과 동시에 자산은 동결되고 기업 체력도 소모전에 빠져 업계는 최대의 도산위기를 맞게 되었다.

붐은 통상 추수기업(追隨企業)이 출현함으로써 비로소 붐이 되기 때문에 각 사의 경쟁에 휘말려 더욱 불꽃을 튀기게 된다. 그러나 추수기업이 전혀 출현하지 않은 상태에서도 붐이 일어나는 경우가 있다. 이런 경우의 상품의 라이프 사이클은 단명(短命)으로 끝나는 경우가 많고 그 마케팅의 관리는 통상의 붐 메이킹 마케팅보다 더욱 어렵다.

붐 메이킹 마케팅은 모든 마케팅 테크닉을 완전히 활용해 실천하는 것이기 때문에 마케팅 능력이 우수한 기업이 아니면 할 수 없다. 상품 그 자체의 혁신성보다 마케팅 노하우의 수준이 성공의 열쇠가 되는 경우가 많다.

붐은 통상 끝난 후 뒤돌아보면 무엇 때문에 그토록 붐이 되었는지 알 수 없는 경우가 많은데, 새삼 마케팅 노하우의 위력을 실감하게 된다. 붐 만들기의 노하우는 두세 번 되풀이해서 사용할 수 있는 경우도 있지만 대체적으로 곧바로 싫증을 느껴 새로운 노하우를 개발하지 않으면 안된다. 그러므로 붐 메이킹 마케팅은 혁신적 노하우를 필요로 하는 종합적이며 고도의 마케팅이라고 할 수 있다.

6. 시간을 축으로—time marketing

현대 비즈니스의 특징을 키워드(key word)로 표현한다면 시간이 첫째라는 말에 누구도 이론(異論)을 제기하지 못할 것이다. 시간은 현대 비즈니스 사회에 커다란 영향을 미치고 있는 데도 마케팅에서는 본격적으로 시간을 주제로 해서 체계화하려는 노력을 기울이지 않고 있다. 이것은 경영학에 있어서도 마찬가지다.

마케팅은 시간과의 싸움이라는 면이 강함에도 불구하고 시간을 기축(基軸)으로 체계화되지 못했다. 만일 시간을 축으로 체계화한다면 어떠한 전개가 되어지는가를 나타낸 것이 타임 마케팅이다.

소비자에게 있어서 시간의 메리트란 무엇인가. 기업에 있어서 시간의 메리트란 무엇인가. 시간을 마케팅 발상의 중심에 가져간다면 어떠한 마케팅이 전개되고 어떠한 메리트가 마케팅에 초래되는가를 생각하는 것이 타임 마케팅이다.

즉 민첩성, 신속성, 시간적 정확성, 동시성, 항상성(恒常性), 적시성(適時性), 특정기간, 특정시점, 주기성, 지연, 그리고 시간을 잊어 버리게 하는 등의 시간적 특징을 통해 전개되는 마케팅을 생각해 보자는 것이다.

타임 마케팅을 전개해 가는 메리트란 어떤 것인가?

우선 통상의 마케팅보다 시간의 중요성을 재인식시킨다. 예를 들어 시간의 일과성적 특징이 강하게 인식되기 때문에 마케팅 행동이 효율적으로 전개된다든가 타이밍을 체계적으로 분석하기 때문에 실수를 적게 한다든가 하는 것들이다.

다음으로는 시간적인 비즈니스 찬스를 발견하기 쉽게 만드는 것이다. 또 시간관리가 철저하기 때문에 효율적인 마케팅을 실시할 수 있다. 그리고 시간적으로 마케팅을 재평가할 수 있기 때문에 미래의 예측이나 과거에 일어난 일들의 체계화도 쉬워진다. 즉 타임 마케팅은 전혀 새로운 마케팅 전개의 가능성을 함축한 마케팅이다.

타임 마케팅은 크게 나누어 6가지로 분류된다. (1)특정시점의 타임 마케팅 (2)특정기간의 타임 마케팅 (3)시간 경과상에 있어서의 타임 마케팅 (4)동시성의 타임 마케팅 (5)주기성의 타임 마케팅 (6)시간 인식상의 타임 마케팅 등이다.

특정시점의 타임 마케팅에서는 즉시(real time)나 타임리, 시간차(時間差)나 예약, 시간 특정이나 얼람(alarm)이라는 하는 시간의 특징을 마케팅에 살려 나간다. 특정기간의 타임 마케팅에서는 이벤트나 데드라인, 붐이나 계절성, 기간한정이나 정기성 등을 전면에 내놓는다.

시간 경과상의 타임 마케팅에서는 스피드나 시간절약, 항상성이나 일과성, 시간지연이나 자유시간, 진부화(陣腐化)나 예측이나 측정 등의 면에서 마케팅을 전개한다. 동시성의 타임 마케팅에서는 동시 병행형과 세계 동시형이 있으며 주기성 타임 마케팅에서는 주기형과 부정기형이 있다. 그리고 시간 인식상의 타임 마케팅에서는 시간망각이나 레트로(retro), 시간엄수나 편리성 등을 테마로 마케팅이 전개된다.

타임 마케팅은 발상전개의 흥미로움을 전면에 내세운 마케팅인데 시간적으로 비즈니스 찬스를 재정리함으로써 새로운 찬스를 발견하려는 데에 최대의 장점이 있다.

7. 발상에 환경지향을—ecological marketing

21세기는 환경문제의 세기(世紀)라고 흔히들 말하고 있는데 마케팅에서도 옛부터 적극적으로 환경문제를 받아들이고 있다. 마케팅에 있어서 기업은 소비자 환경이나 사회환경 그리고 경제환경이나 법적(法的) 환경 등 갖가지의 환경 속에서 살아가지 않으면 안된다는 사고가 기본이므로 환경문제를 순순히 받아들이게 된다.

환경을 다룬다거나 환경적인 발상을 하는 마케팅을 에콜러지컬 마케팅이라고 한다. 이 에콜러지컬 마케팅에는 크게 나누어 2가지가 있다.

하나는 공해문제가 심각하게 거론되기 전부터 존재했던 에콜러지컬 마케팅이다. 이것은 기업을 생체(生体)로 파악하고 기업에 있어서 모든 외부요인을 외부환경이라고 생각한다. 그 환경 속에서 기업 스스로의 적소(適所)를 찾아 환경에 끊임없이 적응하면서 존속을 위해 기업이 노력을 해나간다는 이론적인 의미로 생태학적인 접근을 연구하는 것이 에콜러지컬 마케팅이라고 한다.

또 하나는 지구(地球)라는 유한적인 환경 속에서 인간이나 기업이 살아가기 위해서는 환경을 악화시켜서는 안된다는 기본적인 사고에 입각하여 공해나 각종 환경문제를 적극적으로 받아들여 사회적 책임을 다해야 한다는 것이 에콜러지컬 마케팅이다.

최근에는 후자의 에콜러지컬 마케팅이 일반화되고 있지만 전자는 약 40년 정도, 후자는 약 10년 정도의 역사를 지니고 있다.

본인의 마케팅론은 전자의 기업을 생체로 파악하는 에콜러지컬 마케팅이다. 그런데 소비자나 일반인들은 에콜러지컬이라고 하면 후자의 환경을 의미하는 것으로 생각하기 때문에 소비자 제일주

의를 채택해야 하는 마케팅 학자로서는 유감스럽게도 후자의 에
콜러지컬 마케팅을 여기에서 설명하지 않을 수 없다.

에콜러지컬 마케팅의 특징은 환경을 소중이 한다는 관점을 마
케팅의 사고나 의사결정의 중요한 판단기준으로 받아들이는 것
이다. 예를 들어 환경에 해롭다고 생각되는 신제품이라면 판매를
중지해야 하며 공해를 발생시키는 공장이라면 기업의 사회적 책
임에 비추어 조업(操業)을 정지해야 한다는 환경을 우선으로 하는
마케팅이다.

마케팅은 본래 소비자 만족의 추구를 목적으로 하고 있지만
에콜러지컬 마케팅에서는 환경을 우선하는 가운데에서 소비자
만족을 추구하게 된다. 만일 소비자가 편리하다든가 소비자에게
이득이 된다 해도 환경에 좋지 않으면 소비자도 참아야 하며 기업도
생산을 중단하거나 판매를 중지해야 된다는 사고가 기본적이
다.

환경을 해치지 않기 위해서는 코스트가 많이 들더라도 소비자가
부담해야 하며 기업은 환경에 해를 끼치지 않는 상품을 속속 개
발하지 않으면 안된다는 규범적(즉 무엇무엇은 해야 된다는 강한
입장)인 사고의 마케팅 발상법이다.

기업도 환경보존을 위해 연구나 사회공헌 등에 경비를 아끼지
않고 사용해야 하며 환경을 위해 노력한다면 소비자들도 그 기업에
대해 좋게 평가해 결국 매출액은 향상될 것이라고 생각한다.

또 사회적 가치관과 기업의 가치관은 대립하기 쉽고 갭도 생기기
쉬우므로 기업의 의사결정기관에 기업 이외의 인사를 참여시켜야
한다고 생각한다. 예를 들면 상품개발부문에서는 홈 이코노미스트
(기업 내 家政學士) 제도의 도입이라든가. 최고 의사결정 기관
에는 사외(社外) 중역이나 사외 감사역을, 그리고 소비자와 직접

관계되는 부문에는 소비자 대표가 참여한다는 식이다.

또 외부로부터의 기업행동에 대한 환경면이나 소비자 보호면에서의 감시도 강화해야 한다고 생각해 옴버즈먼(ombudsman) 제도를 도입해서 법원에 고발하는 권한을 외부인사에게 맡기거나 환경법의 강화로 단속을 강화하거나 한다. 또 세계적인 환경기준을 설정하고 지구 규모로서의 환경보호에 적극적으로 참여, 기업은 그 기준을 준수해야 하며 기업 내부로부터의 판단기준보다 우선해야 된다고 생각한다.

이와 같이 에콜러지컬 마케팅의 환경중시 지향은 소비자를 존중하는 데 따르는 환경중시라고 할 수 있는 것으로써 어느 쪽인가 하면 환경지향을 우선한다는 사고이며 마케팅보다 에콜러지컬에 중점을 둔 발상법이다. 그러나 마케팅의 일종임에는 틀림없으며 발상의 기점을 소비자가 아닌 환경에 두고 다음으로 소비자에게 두는 형태를 채택한다. 다른 마케팅과는 기본 형태가 다른 마케팅이다.

이어서 설명하고자 하는 사회적 마케팅도 발상의 관점을 사회에 두었다는 점에서 에콜러지컬 마케팅과 같이 다른 마케팅과 구별된다.

에콜러지컬을 생태적 또는 생태론적이라고 번역하는 경우가 많은데 생태라는 말에는 밸런스라든가 있는 그대로의 모습이라든가 상태라는 뜻이 강하며 에콜러지컬 마케팅에 있어서의 에콜러지컬과는 약간 다른 의미가 있기 때문에 여기에서는 굳이 생태적이라고 번역하지 않고 그냥 에콜러지컬이라고 표기했다. 그런데 에콜러지컬 마케팅의 에콜러지컬은 기업행동이나 마케팅이 지나치게 강해져서 환경을 쉽게 붕괴시키거나 균형을 깨뜨리기 때문에 기업으로서 굳이 환경을 생각하지 않으면 안된다는 발상이 강하게 나오고 있다.

에콜러지컬 마케팅은 많은 화제를 낳고 있는데, 이 마케팅의 가장 큰 문제점은 환경우선을 어느 수준에서 한정할 것인가 하는 것이다. 지나치게 환경우선이 되면 기업활동은 고사하고 인간도 공해의 원흉이 되어 버리므로 궁극적으로 마케팅 자체까지도 부정하게 된다. 에콜러지컬 마케팅을 적용하면 할수록 에콜러지컬 마케팅 자체를 부정하지 않을 수 없게 되는 것이다.

따라서 환경중시의 사고의 한계를 처음부터 명확히 설정해 놓지 않으면 이 마케팅은 붕괴될 가능성이 있다.

또 에콜러지컬 마케팅은 항상 채산성과 환경과의 대립관계를 유지하고 있기 때문에 환경을 중시하는 일에 막대한 비용이 들어간다면 업계가 들고 일어나 환경 카르텔을 맺고 환경대책에 자금을 투입하지 않겠다는 집단행동으로 나올 가능성도 있다. 이렇게 되면 정치문제화되거나 법적 문제화될 가능성이 높다. 또 에콜러지 대책의 비용이 막대하기 때문에 이익률이 저하되거나 환경규제가 약한 나라의 기업의 메이커가 유리해 코스트 경쟁에서 패하는 일도 있을 것이다. 이런 일은 국가의 경제력 문제와도 얽혀 대단히 곤란한 마케팅이 될 우려가 있다. 에콜러지컬 마케팅은 금후 피해 갈 수 없는 것이기 때문에 장래의 크고 복잡한 문제를 끌어안는 마케팅이 될 가능성이 높다고 할 수 있다.

8. 발상에 사회성을—social marketing

기업이 대규모화되면 당연히 기업행동 자체가 사회성을 띠게 된다. 기업은 싫든 좋든 간에 기업과 사회와의 관계를 생각하지 않을 수 없다. 마케팅도 같아서 사회적인 관점을 받아들이지 않으면 사회 속에서 살아가는 기업으로서는 존속하지 못할 우려가 있다. 그래서 등장한 것이 소셜 마케팅(social marketing), 즉 사회적 마케팅이다.

사회적 마케팅은 환경중시의 에콜러지컬 마케팅에 앞서 탄생했는데 기업이 사회성을 받아들이려는 움직임에서 발전하여 마침내 기업이 환경문제를 받아들이는 행동을 낳게 한 것이다.

즉 사회적 마케팅은 에콜러지컬 마케팅의 모체(母体)라고 할 수 있다. 사회적 마케팅이 태어나지 않았더라면 에콜러지컬 문제는 소비자 운동론에서 출발하여 사회운동으로 발전, 비즈니스와 대립하는 규제요인으로 파악될 가능성이 높았다. 그렇게 되면 에콜러지컬 마케팅의 탄생은 더욱 늦어졌을런지도 모른다.

대기업이 정치와 결부해 사회성을 지니게 된 것은 비즈니스 사회가 탄생했을 때부터 보아 온 현상이지만 자사의 행동에다가 사회적 관점을 받아들여 스스로의 규범에 의해 사회성을 비즈니스 활동에 조화시켜 실천하려는 사고의 출현은 1960년대에 들어와서이다. 미국에서는 필랜스러피(philanthropy : 자선활동)가 옛부터 대기업간에 행해졌는데 비즈니스 활동 자체에 사회성을 끌어들인 것은 1960년대 이후이다.

사회성을 마케팅에 수용한다는 것은 구체적으로 소비자의 불평불만이 나오지 않도록 소비자 문제를 전향적(前向的)으로 다루고 기업이 사회적 활동을 적극적으로 추진해 사회적 책임을 다한다는 것이다. 1960년대에 미국에서는 소비자 운동이 대두되었는데 지금까지 낙관적이었던 마케팅이 소비자 문제라는 중요한 테마에 직면했기 때문이다.

그 결과 새로운 관점을 받아들이지 않는다면 소비자 지향을 우선하는 마케팅으로서의 존재가치가 없다고 생각하여 사회적 마케팅이 태어난 것이다.

소비자 문제는 기업의 마케팅 활동이나 그밖의 기업활동에 대한 소비자의 불만에서 비롯되기 때문에 소비자 지향을 제일로 하는 마케팅은 그 무엇보다 우선적으로 시도해야 할 과제이지만 사회적 마케팅에 의해 정식으로 다뤄지기 전까지는 컨슈머리즘(consume-rism, 소비자 운동)을 별개의 문제로 생각하고 굳이 마케팅과 연관시키지 않았었다.

기업의 사회적 활동도 사회적 마케팅이 출현할 때까지 경영학이나 마케팅에서는 거의 손도 대지 않고 무시해 왔다. 기업의 사회적 활동은 마케팅 활동과는 별개의 자선활동이며 경영자 스스로의 판단에 의해 행해지는 것으로 마케팅과는 하등 관계가 없는 것이라고 생각해 왔다.

사회적 마케팅에서는 기업이 사회적 활동을 보다 많이 함으로써 기업과 사회와의 관계가 강화돼 기업의 사회적 존재의의가 높아지는 동시에 기업과 소비자간의 마케팅면에서의 커뮤니케이션도 촉진된다고 생각한다. 또 기업의 사회적 책임도 사회적 마케팅에서는 대단히 중요한 주제이기 때문에 사회적 책임을 다하지 못하면 기업으로서의 존속가치가 없다고 생각한다.

지금까지의 마케팅에서는 기업의 사회적 책임은 인정하지만 일반적으로 생각하는 사회적 책임의 범위 안에서라면 자유롭게 마케팅 활동을 할 수 있다는 정도의 인식밖에 갖고 있지 않았다. 그러나 사회적 마케팅에서는 보다 한걸음 나아가 사회적 책임을 수행하기 위해서는 무엇을 어떻게 할 것인가의 문제의식을 가지고 마케팅을 재검토하게 되었다.

사회적 기준을 마케팅에 적극적으로 반영시키려는 움직임은 종래에 없었던 발상법이며 마케팅 이론의 발달은 이 사회적 마케팅의 출현으로 보다 큰 전환점을 맞이했다고 할 수 있다. 사실 사회적 마케팅의 출현으로 마케팅은 크게 변화할 수 있게 되었다. 앞에서 언급한 에콜러지컬 마케팅의 출현, 논프로핏 마케팅의 출현 그리고 디마케팅의 출현 등으로 인하여 종래와는 별개의 새로운 진화의 흐름의 가지를 뻗기 시작했다. 그 분기점이 된 것이 사회적 마케팅이라고 할 수 있다.

특히 초기의 마케팅에는 사회적 조직이 행하는 마케팅도 포함되어 있었다. 예를 들면 국가의 마케팅, 지방자치단체의 마케팅, 국공립대학의 마케팅, 수도국(水道局)의 마케팅, 교통국(交通局)의 마케팅 같은 것이다. 이들 마케팅은 그 후 논프로핏 마케팅에 집약됨으로써 사회적 마케팅의 그림자는 희미해지고 말았다. 그러나 사회적 마케팅의 출현으로 마케팅 그 자체에 역사적으로 중요한 변화가 왔다.

9. 비영리조직의 마케팅—nonprofit marketing

마케팅은 원래 기업을 대상으로 하는 학문이었지만 마케팅의 효과가 널리 인식되면서부터 기업 이외의 조직에도 응용되기 시작했다. 게다가 사회성을 마케팅에 받아들이는 시도가 행해짐으로써 사회적 조직의 마케팅이 출현하게 된 것은 지극히 당연한 결과였다.

비영리 조직, 즉 논프로핏 오거나이제이션(nonprofit organization) 마케팅의 등장이다. 비영리 조직의 예로는 국가, 지방자치단체, 학교, 종교조직, 조합, 도서관, 공단 등이 있다. 이들 조직은 조직을 유지하기 위해 최저의 예산을 확보하지 않으면 안된다. 그렇다고 해서 영리를 취하기 위해 매달리는 조직도 아니다.

예를 들어 지방자치단체가 크게 흑자를 내고 있다면 주민세나 수도요금 등을 낮춰 주민들에게 서비스해야 한다는 결론이 된다. 이들 조직은 이익을 내기 위해 만들어진 조직이 아니기 때문에 수지가 균형을 이루는 채산성이 가장 이상적이다. 예외적으로 이익을 얻기 위한 특수한 조직도 존재하지만 글자 그대로 비영리 조직이기 때문에 이익을 지향하지는 않는다.

조직을 유지하기 위한 재원을 지나치게 찬조금이나 보조금에 의존하지 않고 스스로의 힘으로 해결하려면 어떠한 마케팅을 전개할 것인가.——이것이 논프로핏 마케팅의 테마이다. 지나치게 노골적인 방법을 채택해서도 안되며 그렇다고 해서 점잔만 빼고 있으면 소비자들이 이용하지 않아 수입이 끊기고 만다. 품위있는 이미지를 유지하면서 건전하게 꾸려나가는 방법이 이상적이다.

비영리 조직은 대부분이 서비스업이기 때문에 마케팅 믹스로 말하면 유통경로나 물적(物的) 유통은 관계가 없고 영업활동도 적으며 가격과 서비스(상품)와 프로모션을 중심으로 하는 마케팅이 실시된다.

가격은 교섭에 의해서 결정된다기보다 조직측에서 일방적으로 결정하는 경우가 많은데, 이를테면 귀족적인 장사라고 할 수 있는 서비스업이다. 서비스를 받는 소비자측도 가격선택의 자율성 없이 요금을 지불하는 경우가 많은데, 수도요금이 비싸다고 해서 값싼 소도시로 이사를 갈 수도 없는 것이다. 상품화되고 있는 서비스마저도 선택의 여지가 없는 것이 많아 설사 불만이 있더라도 불평을 제기하는 일이 거의 없다.

이러한 특징을 지닌 비영리 조직의 업무를 마케팅하려면 어떻게 할 것인가를 생각해서 제안하는 것이 논프로핏 마케팅이다. 논프로핏 마케팅을 실천하는 사람에게 있어서 가장 중요한 것은 자신이 하고 있는 일은 고객을 만족시키는 서비스를 제공함으로써 비로소 성립된다는 것을 철저히 인식하는 일이다. 비영리 조직에서 일하는 사람들은 자칫 자신들의 급여가 상부에서 지급되기 때문에 소비자 서비스를 소홀히 해도 좋다는 식의 생각을 많이 갖고 있다. 아무리 서비스가 나빠도 손님들이 이탈하지 않고 조직도 와해되지 않는다고 안이하게 생각하는 사람도 있다.

논프로핏 마케팅에서 다음으로 중요한 것은 끊임없이 좋은 서비스가 되도록 개선의 노력을 기울여야 한다는 것이다. 비영리 조직의 최대의 맹점은 서비스 내용의 개선노력을 태만이 하며 십년을 하루같이 반성의 빛조차 보이지 않는다는 것이다. 소비자는 끊임없이 변화해 가고 있으며 이러한 소비자의 변화에 대응해 나가는 것이 마케팅이다. 그런 의미에서 보더라도 비영리 조직에 있어서의 마케팅은 필요불가결의 학문이라고 할 수 있다.

이밖에도 논프로핏 마케팅의 중요성은 조직이 제공하려는 서비스를 올바르게 소비자에게 전달하고자 노력하는 데에 있다. 소비자와의 커뮤니케이션을 도모하기 위해서는 경우에 따라서 프로모션을 적극적으로 전개해야 한다. 비영리 조직의 서비스는 소비자가 임의로 선택하지도 못하며 억지로 이용하는 경우가 많고 서비스의 내용도 모르면서 요금을 지불하며 설사 불만이 있더라도 체념하지 않을 수 없기 때문이다.

특히 공공의 서비스 조직은 소비자 불만이 높을 가능성이 많으므로 논프로핏 마케팅에서는 조금이라도 이러한 불만을 해소시키기 위해 커뮤니케이션 활동에 힘을 쏟지 않으면 안된다고 생각한다. 약자의 입장에 있는 소비자가 자신의 주장을 내세울 수 있고 불평불만도 충분히 반영시킬 수 있는 기회마련이 논프로핏 마케팅의 사명이다.

또 논프로핏 마케팅에서는 비영리 조직의 존재의의를 소비자가 충분히 납득할 수 있도록 설득에 힘쓰지 않으면 안된다. 비영리 조직은 상위조직(上位組織)으로부터 일방적으로 만들어진 경우가 많으며 소비자가 수용(受容)한 조직이 아닌데도 서비스를 구입하지 않으면 안될 입장에 놓일 때가 많기 때문이다.

이상과 같이 다른 마케팅과는 다소 변화된 것이 논프로핏 마케팅이다. 비영리 조직에 속해 있는 사람들은 자신들이 장사를 하고 있지 않기 때문에 마케팅 따위는 필요없다고 생각하기 쉬운데 비영리 조직에 속해 있는 사람들이야말로 마케팅의 소비자 지향 이념이 꼭 필요하다. 비영리 조직의 구성원들에게 있어서 마케팅은 의식혁명(意識革命)을 일으킬 만큼 큰 영향을 준다.

10. 법적 문제와 마케팅—legal marketing

마케팅은 기업과 기업 외부와의 접점(接點)에 위치하고 기업 외부와의 관계를 주로 다루는 학문이기 때문에 각종 룰이나 관행에 따라 행동하는 일이 많고 만에 하나라도 분쟁이 생겼을 때에는 법적으로 해결하지 않으면 안된다. 특히 마케팅을 둘러싼 비즈니스 환경이 복잡하고 다이내믹하고 글로벌하게 전개되기 시작하면 법적 문제는 기하급수적으로 증가한다.

그러나 지금까지의 마케팅에서는 법적 문제를 약간 다루기는 했지만 소극적이고 후향적(後向的)인 자세로 행해 왔다. 마케팅을 둘러싼 법적 문제를 보다 더 적극적으로 마케팅에 받아들여 법적 문제 자체를 마케팅 찬스로 보고 법적 문제와 마케팅의 관련을 체계화하려는 것이 법적 마케팅이다.

법적 마케팅은 법적 문제와 마케팅을 클로즈업시킨다는 전혀 새로운 발상의 마케팅으로서 앞으로 더욱 활발하게 연구될 영역이다. 그 까닭은 마케팅 분야에서 비즈니스 활동이 확대되어 글러벌화되며 비즈니스 활동 자체도 고도화되어 치밀해지기 때문에 이에 수반해서 법적 문제도 복잡하게 얽혀 법적 문제만을 마케팅 문제와 떼놓고 해결할 수 없게 되었기 때문이다.

원래 마케팅 학자와 비즈니스 법학자는 각기 별도의 연구를 하고 있으며 서로간의 교류도 없었다. 그러나 마케팅과 법적 문제가 싫든 좋든간에 얽히기 시작하면서부터 양측의 연구가들은 서로 협력해서 이 영역의 문제를 연구하지 않을 수 없게 된 것이 실상이다. 법적 마케팅은 어디까지나 마케팅의 범주에 속하며 마케팅 활동에 있어서 법적 문제를 받아들여 마케팅 전략에 이용하거나 마케팅 발상법에 활용해 보자는 것이다.

법적 마케팅의 요체로 세 가지가 있다. (1)마케팅 활동에 있어서의 법적 규제의 이해와 (2)법적 규제를 마케팅 활동에 이용하는 것과 (3)앞으로의 마케팅 활동과 법적 규제와의 관계를 예측하는 것이다. 물론 법적 마케팅을 확대시켜 환경문제나 소비자 문제의 법적 부문도 연구대상으로 하고 있다.

일반적으로 마케팅은 법적 문제와 그다지 결부되지 않는다고 생각하기 쉬운데 신제품을 판매하거나 영업을 하거나 광고를 하는 데에도 법적으로 관계를 맺고 있다.

예를 들어 과자를 발매할 경우 제조 년월일은 식품 위생법〈후생성〉, 내용과 중량은 JAS〈농림성〉와 공정경쟁규약〈공정거래 위원회〉과 계량법〈통산성〉으로 컨트롤 되고 있다. 거기에다 과자의 명칭은 식품 위생법과 JAS와 공정경쟁규약, 원재료는 JAS와 공정경쟁규약, 식품 첨가물은 식품 위생법과 JAS와 공정경쟁규약의

룰에 따르지 않으면 안된다.

전화카드를 발매할 경우도 출자법〈은행국이 담당〉과 지폐유사 (紙幣類似) 증권 취체법〈증권국이 담당〉 그리고 전화카드를 대량으로 발행하면 금융정책에도 영향이 미치므로 일본은행의 규제도 받게 된다.

광고활동을 하는 경우에 관계되는 법적 제약은 민법, 상법, 소비자 보호 기본법, 소비자 보호 조례, 부정경쟁방지, 경품표시법, 독과점 금지법, 계량법, 공업표준법, 저작권법, 의장법 (意匠法), 상표법, 경범죄법 등이 있으며 이들 모두를 완벽하게 하지 않으면 안된다.

또 법률이나 조례가 조금만 개정되어도 비즈니스가 크게 달라지는 경우도 있다. 예를 들면 패밀리 바이크(family bike)를 주부들이 이용하여 일시적이나마 붐을 일으켰는데 교통사고가 빈번해지자 헬멧 착용을 의무화하는 법규가 개정되었다. 그랬더니 여성들은 헬멧을 쓰면 헤어스타일이 망가진다는 이유로 패밀리 바이크를 타지 않게 되었다. 그 결과 혼다, 야마하, 가와자키 등이 발매하던 패밀리 바이크의 매출이 급작스럽게 반감되어 바이크 메이커는 하루아침에 불황에 빠지고 말았다.

반대로 차고법(車庫法) 개정으로 인해 대도시에서는 경자동차 (輕自動車)도 차고증명이 필요하게 되었다. 이것이 마케팅이 되어 입체 주차장 건설 붐이 불붙기 시작해 이시가와지마 하리마 중공업 등 메이커들은 매출액을 급신장시킬 수가 있었다.

이처럼 법적 문제는 마케팅 활동에 직접 영향을 주는 경우가 많고 그 영향도 매우 커 법적 마케팅의 연구는 앞으로 더욱 활발해질 것으로 전망된다. 다만 이럴 때 유의해야 할 점은 법률이나 조례 등의 법적 문제가 기업에 모두 해당되는 것이 아니라는 점이다. 때에 따라서는 기업 스스로 또는 업계적으로 정치에 작용하는 어필 운동을 전개하여 법적 문제를 변화시킬 필요가 있다.

예를 들어 야마토의 택급편은 규제 투성이의 운수행정에 대하여 고군분투해 성공했으며 다이에나 혼다도 정면으로 행정규제에 도전했다. 예를 들어 혼다의 적색투쟁(赤色鬪爭)이 바로 그것이다.

옛부터 차체(車体)의 적색은 우편수송 차량에 한하도록 되어 있었으며 민간차량의 도색(塗色)으로는 사용하지 못한다는 규제가 있었다. 그런데 혼다는 신차(新車)를 발매할 때 혼다의 젊은 이미지를 확립하기 위해 적색을 고집했던 것이다. 외국에서는 적색차가 인정되고 있는데 국가가 차량의 적색을 독점한다는 것은 사리에 맞지 않는다고 항의했다. 결국 그 항의가 받아들여져 민간차량의 차체도 적색의 도색이 허용되었으며 일반 소비자들은 적색차량을 즐기게 되었다.

이처럼 소비자를 위해서라면 어필 운동이나 항의를 일으키는 의지가 필요하며 이러한 의지를 갖게 하는 의식 만들기는 법적 마케팅의 역할이기도 하다. 단순히 법망(法網)을 피해 돈을 벌어 보자는 것이 아니라 소비자를 위해, 자사의 마케팅 활동을 위해 법률이나 조례나 규제 등에 더욱 적극적으로 작용하거나 활용하는 것도 법적 마케팅인 것이다.

11. 문화의 마케팅—culture marketing

1945년대, 문화남비〔文化鍋〕를 비롯하여 문화천화(文化天火), 문화주택 나아가서는 문화제(文化祭), 문화인 등 문화의 붐이 일었다가 잠시 진정 기미를 보였는데 1965경에 이르러 또다시 컬처 쇼크(culture shock)이나 컬처 스쿨(culture school) 등 이번에는 외래어로 문화가 유행되기 시작했다. 그 후 한동안 조용하더니 평성시대(平成時代), 즉 1989년경에 이르러서는 메세나 활동과 더불어 문화가 다시 부활해 문화와 비즈니스의 관계가 운위(云謂) 되기 시작했다.

마케팅에서도 1975년경부터 문화의 냄새를 풍기기 시작해 문화로 화장된 상품이나 서비스를 마케팅해 가려는 컬처 마케팅이 태어났다. 이 마케팅도 일본에서 발생했는데 파르코와 세이부 백화점이 미술과 음악으로 독특한 젊은이들의 문화를 만들어 내 문화와 비즈니스를 훌륭하게 연동시켜 성공했던 것이다.

백화점에서 미술전(美術展)을 개최하면 관심있는 사람들이 많이 몰려오는데 이들은 대체적으로 고소득자이며 내점한 기회에 상품을 구입하게 된다. 그때 점포의 접객태도 등이 좋으면 그들은 단골이 되고 백화점의 이미지가 상승한다는 점을 고려해 컬처 마케팅에 역점을 두게 된 것이다. 예전에도 백화점에서 미술전은 열기는 했었지만 전략적으로 정착시켜 마케팅 활동으로까지 승화시킨 것은 바로 1975년경이다.

그 후 양판점 등에서도 카운터 서비스의 하나로 문화행사 티켓을 판매하거나 문화활동을 후원해서 지금까지 나빴던 양판점의 이미지 개선을 도모하기 위해 컬처 마케팅을 적극적으로 도입해 백화점을 뒤쫓게 되었다.

한편 옛부터 메세나 활동에 힘을 쏟고 있던 산토리를 비롯하여 메이커나 은행, 부동산 또는 서비스업자들이 거품경제의 전성기에서 모은 윤택한 자금으로 문화활동이나 메세나 활동에 경제적으로 참여하여 문화의 붐을 일으켰다.

문화 자체를 팔거나 마케팅하는 것은 불가능한 일이지만 팔고 있는 상품이나 마케팅 자체가 문화가 되는 것은 가능하다. 예를 들면 코카콜라나 리바이스의 진즈(jeans)는 미국문화이며 닌텐도의 패미컴이나 소니의 워크맨 등은 일본문화가 되었다. 또 광고나 캠페인은 현대문화의 상징이 되고 있으며 현대의 소비패턴도 소비문화가 되어가고 있다.

컬처 마케팅은 문화활동을 마케팅할 수는 있어도 문화 그 자체를 마케팅하는 것은 어렵기 때문에 소비자에게 문화를 느끼게 함으로써 소비자의 만족도를 높여 주는 마케팅이라고 할 수 있다. 소비자에게 문화를 느끼게 한다는 것은 연출(演出)로써 문화를 활용하거나, 문화활동을 통해서 이미지를 향상시키거나, 문화활동 자체를 마케팅한다든가, 그 어느 것인가에 속한다.

문화란 일반 소비자에게 좋은 이미지를 갖게 하는 말이고 고가격과 연계시키기 쉬운 말인 동시에 무엇인지 잘 모른다 해도 문화의 냄새를 풍길 수가 있다. 그 때문에 각 사는 경쟁적으로 컬처 마케팅을 실시하게 되는 것이다. 이를테면 문화! 문화! 하면서 소비자를 부추겨 부가가치가 높아지면 좋지 않는가 라고 생각하는 기업도 꽤 많이 있다. 문화의 이용방법 여하에 따라 악질(惡質)의 마케팅이 될 우려도 있다.

하찮은 것이라도 좋은 것이라고 믿게 되면 존귀해 보인다는 말이 있는 것처럼 문화도 소비자가 잘 납득만 한다면 돈과 바꿀 수 없을 만큼 품격이 높은 것이 되기 때문에 기업에 의한 문화 이미지 창출에 성공한다면 믿기 어려울 정도의 성과를 올릴 수 있다. 그러니까 사용방법에 따라서 엄청난 마케팅이 될 수 있다는 것이다.

또 문화라는 말을 광고나 캐치프레이즈에 사용하더라도 비용이 들지 않으므로 각 사가 다투어 문화! 문화! 하고 외치는 것이다.

만일 소비자가 문화의 좋은 이미지를 자사의 이미지에 오버랩(over-rlap)시켜 준다면 그것으로 목적은 달성되었다고 할 수 있다. 설사 악용했다 해도 기업 자신은 그다지 죄책감을 느끼지 않고 도리어 문화에 공헌했다는 착각을 하기 쉽다. 이러한 위험성을 방지하기 위해서라도 컬처 마케팅을 실시할 경우에는 결코 그런 방향으로 흐르지 않도록 기업의 강한 자제심이 요구된다. 마케팅은 어디까지나 소비자에게 메리트가 되도록 기업노력을 한다는 마케팅의 본질을 결코 잊어서는 안된다.

이런 의미에서 볼 때 컬처 마케팅을 전개할 수 있는 것은 진정한 의미에서의 마케팅 컴퍼니가 아니면 안된다. 아무런 생각도 없이 가볍게 컬처 마케팅을 실시한다거나 애매모호한 상태에서 실시한다면 컬처 마케팅은 위험한 독소(毒素)에 오염되고 만다. 그리고 마케팅 본래의 소비자 중시라는 생각을 잊어 버리고 문화라는 이미지로 소비자를 기만하는 반마케팅 컴퍼니로 전락될 위험성이 높다.

한 번 컬처 마케팅으로 악의적(惡意的)인 잘못을 저질러 소비자에게 적잖은 피해를 주었을 때에는 신용을 회복하기가 매우 어려우며 컬처 마케팅에서 얻은 거품과 같은 이익을 훨씬 웃도는 비용을 지불하지 않으면 안되는 것이다.

예를 들어 미쓰코시 본점에서 주최한 페르시아 비보전(秘宝展)의 가짜 사건은 미쓰코시 백화점의 무려 2년 동안의 매출액에 맞먹는 마이너스를 초래하여 원상으로 회복되기까지는 약 5년이 걸렸다. 그 사이에 타사는 매출액이 신장되었고 특히 경쟁회사인 다카지마야(高島屋)와 비교해 볼 때 10년이 경과된 오늘날까지도 매출액에서 뒤떨어지고 있는 실정이다.

컬처 마케팅은 대단히 쉽게 전개할 수 있는 메리트가 있는 반면 그늘에 가려진 해독(害毒)도 매우 크다.

12. 서비스업을 대상으로—service marketing

일본의 경우 산업구조에 있어서의 제3차 산업의 구성비율이 높아지고 있는데 그 중에서도 소매나 도매업을 제외한 서비스업의 발전은 놀라울 정도여서 가히 서비스 사회라고 해도 과언이 아니다. 그러나 서비스의 중요성이나 사회적인 역할을 충분히 인식하고 있음에도 불구하고 서비스에 대한 연구는 본격적으로 이루어지지 않고 있다. 마케팅 역시도 본격적인 연구라고 할 수 없는 상태로서, 말하자면 경시되어 온 분야의 하나이다. 그렇다고 해서 이대로 방치해서는 안되며 서비스업에 대한 마케팅은 지금 당장이라도 체계화하지 않으면 안된다는 것이 마케팅 학자들의 공통된 바램이기도 하다.

서비스업에 있어서의 마케팅을 여기에서는 서비스 마케팅이라고 부르지만 서비스 마케팅의 최대의 특징은 패턴화하기 힘들 정도로 다양하다는 점이다. 금융에서 수송, 교육에서 방송·레저, 종교에서 예능 프로덕션에 이르기까지 각양각색의 업종이 북적거리고 있으며 각기 독특한 마케팅을 전개하고 있다.

서비스업처럼 다양성이 풍부한 분야를 체계화하는 데에는 우선 분류하는 것부터 시작하지 않으면 안된다. 서비스업은 세분하여 5개의 서비스군(群)으로 분류할 수 있다. ① 원활적(圓滑的) 서스비업—금융, 보험, 수송, 인재파견, 변호사, 메인터넌스(main-tenance), 통신 등 ② 정신적 서비스업—종교, 문화, 오락, 스포츠, 예능 등 ③ 정보적 서비스업—교육, 조사, 매스컴 등 ④ 공간 서비스업—호텔, 창고 등 ⑤ 건강 서비스업—병원, 미용, 세탁,

대중 목욕탕, 애슬래틱 클럽(athletic club), 스포츠 클럽 등이다.

다음으로 서비스업을 마케팅으로 체계화할 경우 대상으로 하는 기업의 기업목적에 따라 마케팅 그 자체가 크게 달라지기 때문에 기업목적의 연구를 시도하지 않으면 안된다. 서비스업이라는 것은 상품 자체가 무형이기 때문에 어떤 스타일로도 변화시킬 수 있어 사업내용이 당초의 목적과 크게 달라지거나 사명(社名)이나 사업내용이 전혀 달라지는 경우도 생긴다.

그러므로 서비스 마케팅을 전개하는 데 있어서 기업목적의 명확한 설정이 중요하다. 같은 업종이라도 기업목적의 설정 차이에 따라 마케팅 활동이 크게 달라진다. 예를 들어 프로야구의 구단(球団)이라면 기업목적으로 프로로서의 야구경기를 관객에게 보여주는 것을 모토로 하고 있는 구단인가, 아니면 야구를 통해 오락을 추구하는 구단인가, 패밀리 스포츠의 정점(頂點)을 추구하기 위한 구단인가, 국내 시리즈에서 우승하여 국내 제일이 되기 위한 구단인가, 회사의 지명도 향상을 위한 구단인가를 명확히 함으로써 프로구단의 마케팅은 크게 달라진다.

서비스 마케팅에서는 제공하는 서비스의 내용에 따라 마케팅 믹스가 크게 달라진다. 예를 들면 대학의 마케팅 믹스는 상품이 되는 교육 서비스, 등록금 등의 가격, 광고 등의 프로모션, 동창회나 부모들의 모임 등의 애프터 서비스를 포함하는 서비스라는 4가지의 요소로 성립되고 있다.

한편 은행에서는 상품이 되는 금융 서비스, 예금을 획득하기 위한 영업, 광고 등의 프로모션, 자동 인출기를 설치하거나 하는 서비스, 현금수송 등의 물적 유통이라는 5가지의 요소로 마케팅 믹스가 성립되고 있다. 미술관의 경우라면 상품이 되는 회화(繪畫)의 감상 서비스, 포스터 등의 프로모션 활동, 그리고 입장료라는 가격의 3가지 요소로 성립된다.

이러한 것들의 마케팅 믹스에서 각기 마케팅 전략을 책정하여 표적을 향해 전략을 실시해 나간다.

또 서비스업은 이업종(異業種)의 서비스와 경합되는 경우가 많아 서비스 마케팅의 경쟁은 기업존속을 건 냉혹한 것이 되기 쉽다. 예를 들어 J리그의 축구 팀이라면 라이벌은 J리그 내의 다른 팀만이 아니라 야구나 씨름이나 스키나 음악 심지어는 패미콤 게임에까지 이르게 된다. 그러므로 마케팅 목적과 표적 그리고 전략이 명확한 통일적인 계획이 되지 않으면 소비자로부터 언제 외면당할지 모른다. 이런 면에서는 메이커의 마케팅보다 서비스 마케팅이 훨씬 어려운 마케팅이라고 할 수 있다.

서비스 마케팅에서는 인재가 자산이라고 말하는 기업이 많은데 인건비는 높고 사람에 따라 서비스 수준이 달라지고 인재이동 (이직률)도 높으며 인간 그 자체가 상품이 되는 서비스업이 많아져 인간관리가 직접적으로 마케팅 효율이나 마케팅 능력에 영향을 준다.

또 가격이 있으면서도 없는 듯한 서비스가 많아 고객과의 가격교섭에서 크게 에누리되는 등 가격관리가 가장 어려운 마케팅 중의 하나가 된다. 고객이 요구하는 서비스 내용이나 수준에도 기복이 심하고 고객만족과 불만족이 뒤섞이는 복잡한 상품이기 때문에 더욱 가격설정이 어렵다. 통상적으로 재주문이 오고서야 고객이 만족해 하고 있다고 나중에 판정할 뿐 언제 경쟁자가 디스카운트 전략으로 고객을 탈취해 갈지 모르며 고객에게 예속되기 쉬운 영업자세가 되기 쉽다. 그러므로 서비스 마케팅은 스스로의 기업목적과 위치설정을 명확히 하지 않으면 항상 불안정한 무목적 비즈니스에서 벗어나지 못한다.

이와 같이 서비스 마케팅은 대단히 수준 높은 마케팅이 요구되지만 마케팅으로서는 아직까지 연구의 초단계적인 미숙한 것이어서 앞으로의 발전이 기대되는 마케팅이다.

13. 탈매출액 지향—demarketing

마케팅도 다양하게 발전해 개성적인 마케팅이 출현하고 있지만 그 중에서도 가장 개성적인 마케팅의 하나로 디마케팅(demarketing)이 있다. 디(de-)란 '무엇무엇이 아니다'라는 의미를 지니고 있기 때문에 마케팅이 아닌 마케팅이라는 뜻이 된다.

정확한 의미는 소비자 만족을 강력히 추구하기 위해 비록 판매를 제한하더라도 소비자 만족을 오로지 추구해 간다는 마케팅이다. 소수의 소비자만이라도 충분히 만족해 주었으면 좋겠다, 심지어 자사 제품의 결함을 공개하는 일이 있더라도 소비자가 이해하고 만족을 누릴 수만 있다면 더할 나위 없이 기쁘다는 식의 마케팅이다.

디마케팅에는 3가지의 타입이 있다. 수요를 억제함으로써 소비자 만족을 추구하는 타입Ⅰ과 기업에 불이익이 되더라도 소비자가 알아야 된다면 그것을 알려 주어 소비자 만족을 추구하는 타입Ⅱ 그리고 소비자에게 판매하기 전에 디메리트를 미리 알려 주어 훗날 발생할지도 모르는 불만을 최대한으로 해소시켜 줌으로써 신뢰를 획득하는 타입Ⅲ이다.

타입Ⅰ에는 회원제 골프장, 고속도로 정체를 위한 램프 규제, 한정판매, 입장(入場) 제한 등이 있다. 타입Ⅰ은 다시 2종류로 분류할 수 있는데 소비자가 많으면 곤란한 경우와 판매를 한정함으로써 가치를 높여 주는 경우가 있다. 소비자가 많으면 곤란한 것은 유명 골프장의 경우이며 판매를 한정함으로써 가치를 높인 성공의 예로서는 전화카드인데 수집광일 경우 전화카드를 사용하지 않고 수집하는 데에 만족하고 있기 때문에 NTT로서는 전화 서비스도 제공하지 않고 돈을 벌어들이는 멋진 장사를 하고 있다는 것이다.

타입Ⅱ의 디마케팅의 예로서는 단위가격표시(1그램당의 가격을 표시), 내용표시, 내용연수(耐用年數) 표시, 상미기한(賞味期限)의 표시, 첨가물 표시 등이 있다. 소비자로서는 명기(明記)함으로써 안심하고 구입할 수 있지만 기업으로서는 가급적 표시하고 싶지 않은 정보인데도 소비자 만족을 위해서 굳이 표시하는 것이다. 이러한 정보를 표시하지 않으면 불신이나 불만이 높아져 기업활동이나 마케팅 행동에 큰 지장을 주게 된다.

타입Ⅲ의 디마케팅의 예로서는 디메리트 표시나 위험표시, 부작용 표시나 바겐 이유의 표시 등이 있다. 디메리트 표시는 예를 들어 의류의 경우 자연성을 나타내기 위해 굳이 특수처리나 특수가공을 하지 않아 세탁하면 색이 바래거나 줄어드는 일이 있다. 이런 경우 색상이 바래거나 줄어드는 것을 상품에 표시해 두면 세탁해서 색이 바래거나 줄어들더라도 소비자는 그것을 인정하고 구입했기 때문에 별로 불만이 없을 것이다. 이렇듯 소비자에게 불리한 점도 표시한다는 것이다.

약의 부작용 표시도 소비자에게는 고마운 정보표시로서 예를 들어 감기약의 경우 약을 먹으면 졸음이 오므로 운전을 삼가해 달라는 표시가 붙어 있으면 소비자는 그것을 이해하고 운전을 하지 않게 된다. 만일 부작용 표시가 없다면 소송문제로까지 비화될 수 있는 중요한 문제이다.

이 타입Ⅲ의 표시는 미리 상품에 명시해 두지 않으면 불만은 그만두고라도 최악의 경우 목숨까지도 위태로운 지경에 이르기 때문에 메이커로서는 꼭 표시해 두지 않으면 안된다.

이처럼 디마케팅은 보다 많은 소비자에게 큰 만족을 제공할 뿐만 아니라 한정된 극히 소수의 소비자에게 보다 많은 만족을 주기 위해 실시하는 마케팅이다. 이를테면 성숙된 마케팅이라고 할 수 있으며 종래와는 전혀 다른 세계를 확립한 마케팅이 되고 있다.

내용은 콜럼버스의 달걀처럼 당연한 것이지만 마케팅으로서 주목을 받게 된 점은 높이 평가할 만한다. 이 극히 당연한 디마케팅을 기업이 실행한다는 것은 매우 어려운 일이며 좀처럼 실행하기 힘든 마케팅이다.

탈매출액 지향의 디마케팅의 정반대의 마케팅이 붐 메이킹 마케팅이다. 붐은 기업 스스로가 만들어 낸다. 디마케팅을 일반 손님은 받지 않는 폐쇄적인 고급요정으로 비유한다면 붐 메이킹 마케팅은 매스컴을 최대한으로 활용해서 붐을 조성 일반 대중이 이용하는 대형 패밀리 레스토랑에 비유할 수 있다. 양쪽 마케팅 모두 그 나름대로의 특징이 있으며 마케팅 이론에 있어서 불가결의 중요한 마케팅으로 꼽히고 있다.

디마케팅은 경제의 저성장 시대나 자원을 유효하게 활용하는 시대, 그리고 사람들에게 포화감(飽和感)이 항상 넘쳐흐르는 시대에는 여러 면에서 응용될 수 있는 마케팅이기 때문에 앞으로 디마케팅의 발전은 눈부시리라고 생각한다.

본문에서 발췌한 성공과 실패의 사례

＊(　)안의 숫자는 본문의 페이지임.

● 새로운 분야에 도전해서 성공한 카시오, 파이어니어, 야쿠르트(32)
● 공해문제로 도산위기에 몰렸다가 발상전환으로 회생한 시코쿠가세이(32)
● 판매능력을 신뢰하고 납품을 해 성공한 하우스 식품, 아지노모토(33)
● 제품의 고급화 전략을 채택해서 성공한 산토리, 시세이도(34)
● AV(Audio-Visual)분야에서 전략실패로 찬스를 놓친 소니(34)
● 독선에 빠져 기업경영을 망친 리크루트(35)
● 자기도취에 빠져 한때 고전했던 일본생명(36)
● 새로운 발상으로 성공한 일본경제신문사(38)
● 깨지지 않는 스테인리스 보온병을 개발해 성공한 일본산소(38)
● 의약품을 영양 드링크화해서 크게 성공한 오츠카 제약(39)
● 0.7밀리의 볼펜심을 0.5밀리로 바꿔 성공한 파카저팬(40)
● 자사의 장점을 강화시켜 사업확대에 성공한 가오(花王)(45)
● 적은 투자액으로 높은 수익률을 올린 야마토 운수의 택급편(46)
● 삼륜차를 고집해 사향길을 걸은 다이하쓰(54)
● 사소한 이익에 눈이 어두워 폴라로이드 카메라를 외면한 코닥(55)
● 문고본을 고집하다가 시장에서 밀려난 이와나미 문고(55)
● 소비자 만족의 추구로 성공한 캐논, 산요전기, 아지노모토(57)
● 창조적 마케팅으로 성공한 맥도널드, 닌텐도(58)
● 소비자 불만을 해소시켜 성공한 야마토 운수, 샤르레(60)
● 소형 전자계산기(탁상용)를 만들어 대성한 카시오(62)
● 젊은 TV탤런트를 기용해서 매출을 증가시킨 알긴Z 드링크(63)
● 일회용 카이로(chiro)로 재미를 톡톡히 본 롯데(63)
● 복합기능 상품인 라지카메로 실패한 마쓰시다 전기(64)
● 이질상품의 등장으로 침몰된 타이프라이터 업계, 8밀리 카메라 업계(31)
● 비즈니스 찬스를 놓쳐 시장을 선점당한 히다치, 도시바(33)
● 독점이익으로 자기도취에 빠져 있다가 붕괴된 제록스 왕국(70)

313

● 해외 유명상표를 등에 업고 이미지를 높인 세이브, 도부 백화점(211)
● 이질업계에 침투해서 재미를 본 요넥스, 샤프, 레나운, 구리코(213)
● 철수가 늦어져 시장에서 침몰한 데이징 섬유, NMBS 반도체 회사(216)
● 컴퓨터 분야에서 재빨리 손을 떼는 영단을 내린 마쓰시다 전기(218)
● 액정사업 선투자의 고통을 이겨내고 끝까지 버틴 샤프(219)
● 레이저 디스크 사업의 적자를 메꾸어 준 가라오케의 파이어니어(219)
● 의사결정 실책을 반성하고 편의점 사업에 재도전해서 성공한 세이유(220)
● 마케팅 전략의 상승효과로 마켓셰어를 확대시킨 마쓰시다 전기(228)
● 마케팅 전략과 영업전략의 밸런스를 잘 유지한 일본 코카콜라(229)
● 쇠퇴상품을 새로운 아이디어로 히트시킨 마쓰시다의 아이론 사업부(238)
● 모델 체인지로 라이프 사이클 연명(延命) 전략에 성공한 햄버거(239)
● 퍼블리시티의 명수인 세계 제일의 완구전문점 토이자라스(242)
● 한마디의 캐치프레이즈로 매출액이 10배 이상 껑충 뛴 후지모토(243)
● 기업명이나 브랜드명이 통일되지 않아 손해를 보는 마쓰시다, 산요(244)
● 유통경영전략에서 성공한 일본 코카콜라(259)
● 양주 올드시장을 개척할 때 음식점 루트를 공략해 성공한 산토리(259)
● 세계적인 정보 시스템으로 대성한 세븐일레븐(266)
● 글로벌 마케팅에서 승리한 도요다, 혼다, 소니(280)
● 붐 메이킹 마케팅에서 성공한 닌텐도(285)
● 붐조성을 위해 막대한 경비를 투입하고 실패한 데이징, 도레이, 니혼 빅터(286)
● 관계법 개정으로 크게 손해를 본 혼다, 야마하, 가와사키, 스즈키(301)
● 관계법 개정으로 크게 덕을 본 이시가와지마 하리마 중공업, 혼다(301)
● 가짜 전시회 사건으로 막대한 타격을 입은 미쓰코시(305)

감수
김 동 기(金東基)

고려대 상과 졸업.
미국 하버드대 경영대학원 졸업.
경제학 박사.
아시아 경영대학원 교수 역임.
전국 경제인연합회 자문위원 역임.
행정고등고시위원 역임.
국제교류위원회 위원장 역임.
현 고대 국제경영대학원장

편역
한국산업훈련연구소

한국산업훈련연구소는 1972년 박달규
회장이 설립한 이래 우리나라
산업교육훈련 업계의 선구적인 역할을
하였으며 국내 유수기업을 대상으로
위탁교육과 교육상담을 실시하는
산업교육의 선도기관.
한편 경제, 경영, 비즈니스, 세일즈
분야에 걸친 120여 종에 달하는 도서를
발간하여 업계 발전에 기여하고 있음.

이것이 마케팅이다

값 7,500원

초판1쇄 발행 1993년 11월 13일

7쇄 발행 1997년 6월 14일

저 자 미 야 에 이 지

편역자 한국산업훈련연구소

발행인 박 경 일

발행처 한국산업훈련연구소

주소 서울시 동대문구 신설동 104-30 2층

전화 234-4174~5 팩스 234-6070

등록 1978년 6월 24일 제1-256호

ISBN 89-7019-119-4 13330